户外运动拓展与荒野生存探险

刘晓燕　高誉松◎编著

北京工业大学出版社

图书在版编目（CIP）数据

户外运动拓展与荒野生存探险 / 刘晓燕，高誉松编著. —北京：北京工业大学出版社，2025.7重印
ISBN 978-7-5639-6451-2

Ⅰ. ①户… Ⅱ. ①刘… ②高… Ⅲ. ①体育锻炼②野外—生存 Ⅳ. ①G806②G895

中国版本图书馆 CIP 数据核字(2018)第 226717 号

户外运动拓展与荒野生存探险

编　　著：刘晓燕　高誉松
责任编辑：张　娇
封面设计：王　斌
出版发行：北京工业大学出版社
（北京市朝阳区平乐园 100 号　邮编：100124）
010-67391722（传真）　bgdcbs@ sina. com
经销单位：全国各地新华书店
承印单位：三河市元兴印务有限公司
开　　本：787 毫米×960 毫米　1/16
印　　张：13
字　　数：312 千字
版　　次：2021 年 10 月第 1 版
印　　次：2025 年 7 月第 4 次印刷
标准书号：ISBN 978-7-5639-6451-2
定　　价：52.00 元

前　言

户外运动是一项新兴的体育运动，自20世纪60年代进入中国以来已逐渐发展成为人们休闲娱乐的一种重要方式，因其愉悦身心、锻炼自我、亲近自然的特性受到广大群众的青睐。户外运动拓展与荒野生存探险是对户外运动的进一步深入探讨，是户外运动健康有序发展形势下的产物，可以在增进人与自然互相了解、和谐发展的同时传达一种健康的行为观念，可以对全社会的体育运动起到一定的积极推动作用。

本书基于把握实质，注重内涵，与时俱进的撰写思想，图文搭配，对户外运动拓展与荒野生存探险项目进行详细说明，以期让读者对户外运动拓展与荒野生存探险有一个全面了解。不仅有相应的理论意义，还具有一定的实际价值。

从内容安排上，本书第一章为户外运动概述，主要对户外运动概念与特点、户外运动起源与发展、户外运动的分类与价值进行介绍；第二章为户外运动的基本技能，探究了气候天气辨别、方向辨别、野外行进技术；第三章是定向运动，分别就定向运动概述、定向运动基本知识、定向运动基本技术、定向运动的组织与参赛指南进行了说明；第四章为户外运动的计划与准备，内容包括户外运动前的准备、户外运动的计划制定、方案范例等；第五章、第六章分别为户外运动的陆地项目和户外运动的水上项目，介绍了登山运动、攀岩运动、山地自行车运动等陆地项目，以及潜水、漂流运动、溯溪和溪降等水上项目；第七章为户外运动的健康管理，主要分析户外运动的体能训练、户外运动的营养支持、户外运动的心理训练、户外运动急救；第八章为户外运动的野外装备，分别对野外宿营装备、野外着装、野外专用包、野外生存的必要工具、野外生存的必需物品进行说明；第九章为户外运动的野外生存探险技巧，详细介绍野外生存基本知识、野外生存探险技能、野外生存应急措施。

本书在参考大量相关文献的基础上，结合作者多年的教学与研究经验编撰而成，全书力求内容丰富，逻辑清晰，希望可以为广大读者提供一定帮助。

在本书的写作过程中，得到了许多专家学者的帮助，同时参考了许多相关的文献，在这里表示真诚的感谢。然而限于水平，虽经多次细心修改，仍会存在疏漏，恳请广大读者批评指正。

目　录

第一章　户外运动概述

随着全民健身活动的不断深入，以及阳光快乐体育运动的广泛开展，大学生健身运动已经进入了一个新的阶段。体育运动健身已经成为大学生课外生活一种新元素，并且是不可缺少的。为了体验大自然给生活带来的乐趣，大学生就一定要走出校园，将狭小空间的束缚摆脱开来，投身于大自然的怀抱，为了缓解心理压力、保持生理压力和心理健康等，开展各种形式的体育活动。

图 1　户外运动协会

（据董立，大学生户外运动，2012 年）

户外运动不仅能满足大学生好奇心和新颖性的心理需求，而且能使他们在严酷的自然环境中得到训练，提高他们克服困难的能力，突破自我，超越自我，从而体现出自我价值，培育集体主义精神。高校户外运动虽然起步较晚，但发展势头迅猛。什么是户外运动，它的起源和发展，以及分类，本章将逐一介绍。

第一节　户外运动概念与特点

一、户外运动的概念

户外运动是一种新兴的体育运动，受到人们的热烈欢迎。我国的户外运动俱乐部发展得非常快速，参与户外活动的人数增加得很快。2003 年，国家体育总局登山管理中心户外运动部主任李书平先生做了一个《登山 · 户外运动在体育领域中的研究与对策》

的研究，在这个研究报告中给户外运动下了一个定义：户外运动是把自然环境（非专用场地）作为场地的一组体育项目群，并且带有一定的探险性质或体验探险；同样在2003年，国家体育总局登山管理中心主任李志新先生也做了一个《户外运动的健身意义及其规范化》的研究，在这个研究报告中同样也给户外运动下了一个定义：户外运动指的是在自然场地（非专用场地）开展的一项体育活动。由于人们对户外运动的理解不一样，因此国内外关于户外运动还没有一个统一的概念。将国内外专家的认识和意见相结合，分别给户外运动进行了广义、狭义和具体概念的界定。

图 1-1-1　漂流

（据董立，大学生户外运动，2012年）

图 1-1-2　徒步旅行

（据董立，大学生户外运动，2012年）

有些人认为户外是“走出庭院”，而“运动”指的是人体的空间位移。因此，户外运动的定义是在开放的庭院下进行的活动。在这个定义下，玩耍、跑步甚至在户外环境中行走都是户外活动。我们暂时将这一概念定义称为广义的户外运动，即非人工自然环境中的空间位移可以看作是户外运动。但是这个定义过于宽泛，容易与其他体育在认识和理解上混淆，表现不出户外运动的独特魅力。

狭义的户外运动是指在自然场地（非专用场地）进行的体育活动。这应该是一个更恰当的定义。其中，自然场地（非专用场地）是户外运动的一种自然状态，不包括足球、沙滩排球、高尔夫球等在室外人工专门场地进行的体育运动项目，它主要包括大自然和人工非运动目的的建筑物，如公路、楼房等。此外，狭义的户外运动规定活动的性质，即体育运动，这也就排除了在自然场地中进行的其他活动，如旅游、生产等。

图 1-1-3　登山

（据董立，大学生户外运动，2012 年）

图 1-1-4　探险

（据董立，大学生户外运动，2012 年）

山地户外是户外运动中的主要内容，也是最受欢迎的户外运动形式。山地户外运动是户外运动的一个特定的概念，山地户外运动是指海拔 3500 米以下的山区、丘陵进行的与登山有关的户外运动。这是中国登山协会章程中规定的关于高山概念的海拔。四川和云南的高山雪线一般在 3500 米左右，而青藏高原的雪线一般在 4500 米左右。如果你在雪线 3500 米以上的地区从事活动，一般需要特殊的器械和设备，如特殊行军、饮食设备、住宿和攀登用的特殊器械等，以及在海拔 3000~3500 米以上的地区居住，由于空气中含氧量和气压的降低，人们会出现明显的身体不适，这就是高山反应。因此，3500 米是一个合理的界限，海拔超过 3500 米的地区通常会被定义为高原。

二、户外活动的基本特点

户外运动的本质决定了它是一项高风险的运动，将面临复杂甚至严酷的环境，户外运动也没有统一的运动规律，复杂多变的情形，队员之间的心理状态微妙，事故的抢险救援难度很大。正是由于这些原因，户外运动实际上是一个综合性非常强的体育项目，包括生理、心理、医学、地理、气候、天文现象、动植物、人文学等方面的知识，还需要良好的心理素质、沟通技巧、团队精神、丰富的经验和果断的性格。因此，要成为一名优秀的户外运动者，不仅要成为运动方面的专家，还要“上知天文下知地理”，更要具有高尚的人格和良好的心理素质，勇于付出和牺牲。综上所述，户外运动具有以下几个特点。

（1）以自然环境为运动场地，有回归自然，返璞归真的特征。人们要想对大自然的真谛有所了解，它要求人们对大自然有一种内在的热爱和亲和力。

（2）户外活动总是具有不同程度的挑战性和探索性。我们要有准备挑战自己的极限的心理准备，做好吃苦耐劳的准备，保持积极健康的态度。

图 1-1-5　野足

（据董立，大学生户外运动，2012 年）

（3）户外活动特别重视团队精神。特别是在恶劣环境中，团队的力量要比个人的力量大得多。

（4）户外活动对身体和意志有着全面的要求。户外运动是一项专业性非常强的体育运动，有着非常科学的训练方法和手段，对参与者的身心意志有很高的专业要求。

（5）户外运动是一门综合性学科。户外运动不仅受地理环境的影响，还受气候、动植物、水文等因素的影响。

（6）户外运动是体验式教育的重要组成部分。通过组织和指导学员亲自实践，自觉、自然地学习相关知识，培养他们的毅力、良好的团队意识和良好的行为习惯。

此外，大学生的户外运动应具有以下特点。

（1）活动空间的自然性。大学生户外运动应在远离学校、教室、远离城市的风景优美的自然环境中进行。他们可以暂时远离课堂和学校学习的压力，远离城市的浮华和喧嚣，在接近自然的状态下进行体验和学习。

（2）活动性质的实用性。大学生在课堂教学中主要通过学习书本上的知识来间接体验活动。而户外运动与其不一样，对于各项活动，户外运动要求学生通过亲自动手、亲身参与和实践来完成，并按照自己参与活动的实践经验对活动的体会进行总结，通过亲身实践直接获取直接经验。

（3）参与者之间的互动性。在学校和课堂中所举行的活动，一般都要求大学生通过上课、作业等相对独立的行为来完成。而户外运动与其不一样，对于各项具体的集体活动，户外运动要求多名学生组成一定的团队来开展，参与者以小组成员的身份参加，与小组的其他成员一起生活、玩耍和学习。在成为团队成员的过程中，熟悉并理解规则、责任、理解和协作的重要性。

（4）活动内容的综合性。大学生户外运动可以全面考察和锻炼他们的身体素质、智力水平和组织合作能力。就活动内容而言，它不仅包括体能拓展等身体素质训练，还包括野外物种训练、自然知识学习与考察、野外生存训练等各种生存与生活技能的训练与掌握。

第二节 户外运动起源与发展

一、户外运动的起源

户外运动是指在户外自然环境中进行的运动，不包括在户外运动场所进行的球类运动、游泳、田径等体育运动。户外运动的许多内容、技巧和技能来源于人类早期在战争、生产劳动和日常生活中获得的生存经验。例如，为了上山采摘，人类创造了攀登和下降的采山技术；为了作战和迁徙，积累了长途跋涉、翻山越岭的“穿越”经验；为了狩猎，发现了辨路追踪的方法；为了捕鱼和寻找新大陆，发明了泅渡、舟渡和潜水的本领；还有其他如负重行军、道路设计、放牧捕鱼、洞穴探险、高山探险、科学考察等技能，在这些生产劳动和开拓人类生存发展空间的拼搏中，都可以找到户外运动的影子。也可以这样说，户外运动是从原始的战争、劳动生产、科学探险中提炼出来的体育运动。户外运动一旦成为一种体育运动，其目的不再是获得生产、生活资料或物质财富，而是促进人类在身体、心智方面的发展，帮助人们认识自我、提高自己、挑战自我，不断向这项运动注入新的文化和科学内涵，为人类提供娱乐和身体锻炼的方式，从而丰富生活内容，提高生活质量。

二、户外运动的发展

（一）国外户外运动的发展

自古以来就有户外运动，户外运动发展到近代，慢慢地形成了一项体育项目，如远足、登山、探险等。从第二次世界大战早期开始成为有目的地开展的一组体育训练科目。为了能够隐蔽、安全地进入敌军后方，实行突袭性重点攻击，保证重大战略目标的实现，英国组织了特种突击队。为了能够达到出其不意的目的，他们要通过高山峻岭、激流峡谷、浓密丛林等异常困难的路段。针对这些困难，当时英国的突击队创办了“越障训练”科目，其特点是利用各种自然障碍和绳网技术进行训练，以提高突击队员执行野外作战任务和团队合作的能力。随后，通过对遇险海员的研究，发现遇难者成功生存的机会与遇难者的生存欲望和信心有着直接的关系，同时也取决于他们的整体素质，包括生理、心理素质和各种在野外生存技术和技能。在此基础上，很快研究出了开发了对相关人员进行野外探险训练的课程。这种提高野外生存能力的课程，在早期被拿来对航海人员进行训练。例如，受训者被安排在海洋中的独木舟上接受各种各样的试验，以提高他们的个人潜能和整个团队的团队合作意识。当时的训练被称为“拓展训练（Outward Bound）”。后来，人们利用山地、峡谷、急流、丛林和沙漠的艰难、复杂和危险的地理环境，创造出越来越多的不同类型的户外运动课程，即探险体验课程。由于绳索技术在这些活动中经常被使用，有时它被称为绳网课程。近几十年来，人工场地的户外拓展训练已经开始出现。人们在高山、峡谷、岩壁、沼泽、高空架、断桥、绳网或障碍物、人工池塘等模拟场地设施中，精心设计了一个个惊险项目，通过模拟体验冒险，在克服困难的努力中，个人的能力和团体合作的能力得到了迅速提高。人工场拓展使拓展训练更具计划性、目的性和易操作性。它可以更好地结合思想的传播、认知的启迪、互动的教育和体验的强化。它对团队沟通建设，提高领导力和执行力有独特的影响。

登山运动和探险运动以其探索精神和攀登技术极大地促进了户外运动的发展，国外在20世纪70年代到80年代达到高潮。我国山区在20世纪80年代初开始对外开放。除了高山探险，中国登山协会每年都要接待数十支国外登山旅游、露营、漂流、越野自行车、沙漠穿越等团队。

户外运动以其独特的魅力吸引着越来越多的参加者。在美国，有一半的公民在他们一生中至少参加过一次户外冒险活动。新西兰是一个旅游国家，它的拳头产品是体验探险的户外运动。在新西兰的人口大约有3500000，其中有2000000参加过不同形式的户外运动。丰富多彩的户外活动吸引了大量的外国游客到新西兰度假。尼泊尔的登山和户外运动产业已成为外汇收入的主要来源和经济总量的重要组成部分。

户外运动越来越受欢迎，同时，它们也在向另一个方向发展，逐渐形成新的体育竞赛。

如下讲述的是铁人三项赛和探险越野挑战赛的由来和发展。

1. 铁人三项赛

1973年，一群年轻人激烈地争论着长距离自然水域游泳、山地自行车和马拉松运动中哪项运动最艰苦。这场争论没有结果。最后12名运动员同意连续参加这三场比赛。

这是历史上的第一次铁人三项赛。随后，在新西兰诞生了平原和山地铁人赛。1980 年，铁人比赛包括滑雪、山地跑、激流皮划艇等。1983 年，Judkrus 创办了在新西兰南岛从东海岸披荆斩棘穿越到西海岸的比赛。在这次比赛中，首次引进了野外夜间连续比赛的做法和团队赛的概念。

2. 探险越野挑战赛（Adventure Race）

探险越野挑战赛起源于 1987 年，是法国记者热拉尔·菲西在阿根廷采访怀特布雷德环球帆船赛的时候突发奇想想到的，把麦哲伦环球航行历险的赛事搬到陆地上来，让更多的人有机会体验户外探险，并有机会在户外探险中一决高低。

他提出了比赛计划：比赛日程安排为七天以上，每组五人，不分白天黑夜一直在进行，按照规定通过设置的几个检查站，期间不得使用任何机械化交通工具。经过两年的坚持不懈，这次赛事终于找到了赞助商。

1989 年，为期两周第一届的莱德加洛伊斯赛（Raid Gauloises）在新西兰南岛举行，这是国际上第一次举办的探险越野挑战赛。目前，莱德加洛伊斯赛的赛程的直线距离至少有几百公里，赛期比较长，大约持续 10 天。这场比赛大多是在世界上最危险的地形上举行的。它由五名选手和两名替补队员组成。比赛方式包括：徒步、游泳、攀岩、骑马、泛舟等。2002 年，莱德加洛伊斯赛行程长达 1000km，就是最快完成这项比赛的队伍也耗时 12 天，经受住了中越边境山区和森林的严重考验。该项目每年举行一次，举办 8~10 场预赛，最后根据预赛情况抽取几支队伍进入决赛。

美国人马克·本内特（Mark Burnett）于 1993 年邀请 4 名海豹特种兵组队参加了当年的莱德加洛伊斯赛后，就提出了自己的一些想法，然后与探索（Discovery）频道合作，创办了艾科挑战赛（Eco Challenge）。这项赛事在探索（Discovery）频道的高度曝光，间接地对这类赛事的普及起到了推动作用。艾科挑战赛要求不能全部男性组成一队，也不能全部女性组成一队，而是男女混合组队，这也是这项比赛的一个特色，另一个特色是一天 24 小时在不同地方进行比赛。第一届艾科挑战赛于 1995 年 4 月在美国犹他州举行，其收视率在同类赛事中是最高的。目前，艾科挑战赛的赛程直线距离大约为 1000 公里，赛期超过 10 天，参加比赛的队伍要少于 30 支。艾科挑战赛的设计者对探险越野很是注重，尤其是对文化和生态环境更多关注，设计中将人文因素和风土民情凸现出来。该赛事举办时间为：每两年举办一次，曾经在 2004 年由于某种原因停止举办，后来在 2008 年由重新开始举办。

群策业务推广公司、国际管理集团（IMG）和普利斯公关公司于 1997 年在日本七星烟草财团的资助下，在中国举办了七星国际越野挑战赛（Mild Seven Outdoor Quest）。七星国际越野挑战赛的举办时间为 4 天，是典型的分段赛，比赛的项目包括：山地车、皮划艇、团队划船、直排旱冰、越野跑、山地车/跑步交替赛、越野技能等。在整个比赛过程中把个人能力作为基础，突显团队合作精神。该项比赛要求以队伍形式参赛，每队由四人组成，每支队伍的成员要求不能全部是男性，也不能全部是女性，而是男女混合组队。该项赛事举行的时间为：每年一届，在中国举办了 5 届后移师马来西亚婆罗洲的沙巴，一直办到 2004 年第八届。该项赛事项目种类多，赛道设计出色，比赛节奏跌宕起伏，强度、难度及娱乐性调整、衔接合理，既能最大限度调动运动员的兴奋性和紧张性，又避免一些探险越野赛的单调和枯燥。2005 年，由于某些原因，赞助商不再资助这项赛事了，该项赛事也就停止举办了。

现在，越野挑战赛正在迅速发展。每年在世界上大约有一百个国家都在举办这类赛事。近年来，大约近百个各种形式的知名越野挑战赛，如欧洲锦标赛、世界冠军赛等，相继诞生。世界各地有数千个各种区域性的、赛时较短的（最短为 3 小时）、生动活泼的大小赛事。冒险越野赛令人筋疲力尽，但在浩瀚的大自然中，它又给人们带来无穷的能量。

有趣的是，除了专业或训练有素的业余爱好者参加专业比赛外，许多越野挑战都是大众性的，爱好者可以自费参加，比赛只是一种形式，重在参与、重在体验。这种理念正在被世人慢慢地接受。

（二）国内户外运动发展概述

1．20 世纪 80—90 年代后期

20 世纪 80 年代，随着中国山脉的对外开放，外国登山者和探险家带来了关于户外运动的新概念。当时，外国游客主要进行山地穿越、徒步旅行、江河漂流、山地自行车、山间滑雪、攀岩等活动，使中国人民认识了这些令人耳目一新的体育运动。一些国内探险家和旅游爱好者正逐渐参与到这些活动中来。1989 年，昆明成立了第一家从事户外运动的民间社团。

1993 年，中国登山协会在北京举办了首届“全国野外运动研讨会”，对户外运动进行讨论和整理。随后，一些地方成立了一些相关组织，在困难条件下积极开展活动。其中，北京市王晓征在积极开展有计划、有目的的户外活动。1994 年，他在攀登阿尼玛卿峰时不幸遇难。

1998，中国登山协会在昆明举行第二届“全国野外运动研讨会”。

20 世纪 90 年代末，我国户外运动和户外俱乐部发展迅速，相关组织有 100 多个。每逢节假日，都有一批爱好者背上背包在山里组织各种活动。当时，国家体育委员会的有关领导指示，中国登山协会组织人员开展这方面的研究，并提出召开“全国野外运动大会”的构想。随后，中国登山协会组织者在全国进行了广泛的调查，在认识情况、探讨理论、规范运作、促进发展等方面提出了一系列建议，为决策提供依据。2001 年，中国登山协会提出了“服务、引导、规范”的方针，为促进户外运动的发展做了大量的开拓性工作。1998 年以来，中国地质大学（武汉）对“大学生野外生存对大学生综合素质培养的意义”进行了研究。研究成果很快就得到了教育部的认可，并在全国范围内推广应用。

2．1999—2001 年

2000 年至 2001 年，中国登山协会承办了体育总局批准的《登山户外运动在中国体育发展战略中的地位和发展对策》研究项目。对 229 家俱乐部进行了访问，并走访或信访了其中一半的俱乐部。这是我国对全国户外运动和户外运动俱乐部进行的首次全面调查。

研究发现，我国户外运动虽然刚刚起步，但已显示出强劲、快速的发展势头。到 2001 年，就已经有 229 个户外俱乐部了，会员人数有几万人，每年组织数十万人参加各种形式的户外运动。其中，大部分俱乐部成立于 1999 年后，表明了户外运动发展的迅猛势头。这些自发成立的俱乐部，虽然缺乏指导和国家呼吁，但已形成燎原之势，并在促进户外运动的发展中发挥了重要作用。有越来越多的户外运动爱好者以个人或结伴的形式参加户外活动。中国户外运动用品的销售在3年内每年增长50%以上。

课题组在资料基本完整的俱乐部中抽取了45家，对其相关数据进行了统计分析。结果如下：1989—1998年，俱乐部数量和会员数量及参加活动人次数的发展基本上都一样；1999—2001年，俱乐部数量和会员数量及参加活动人次数的发展，几乎每年都翻一番（图1-2-1）。

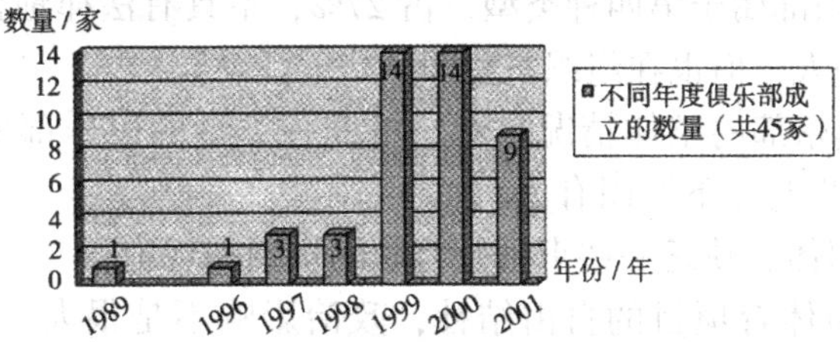

图1-2-1　1989—2001年户外运动俱乐部的数量

（据国家体育总局职业技能鉴定指导中心，户外运动，2017年）

1999—2001年，户外运动组织发展非常迅速。俱乐部组织的，以及人们自发组织的户外活动有：登山、攀岩、漂流、穿越、溯溪、山地车、独木舟、野外生存、拓展训练等，涵盖了户外运动的各个方面。

1999年，45家户外运动俱乐部每年注册会员人数为6925人，参加活动人数为17098人次；2000年，45家户外运动俱乐部每年注册会员人数为14386人，参加活动人数分别为39626人次；2001年，45家户外运动俱乐部每年注册会员人数为30197人，参加活动人数分别为105759人次。1999—2001年，这三年共有162483人次参加活动（图1-1-2）。参加户外运动的男女比例基本一样，年龄以25~40岁居多，占80%以上。职业分布按所占比例顺序大致为企事业职员、公务员、自由职业者、个体工商业主、学生、军警等。在不同地区，不同项目的职业分布有所不同。例如，在广州，由于当地举行了校园攀岩巡回赛，所以学生占的比重比较大；在闽、浙地区，由于个体经济发达，参加户外运动的个体工商业主明显增加；在大城市，既有经济实力，又有休假时间，还有提高生活质量要求是那些大中型企业白领，所以参加户外运动的人群中，大中型企业白领的人数最多。而那些从事制造业的工人参加户外运动的比较少，农民仅在个别地区有极少数的人参加这种户外运动。

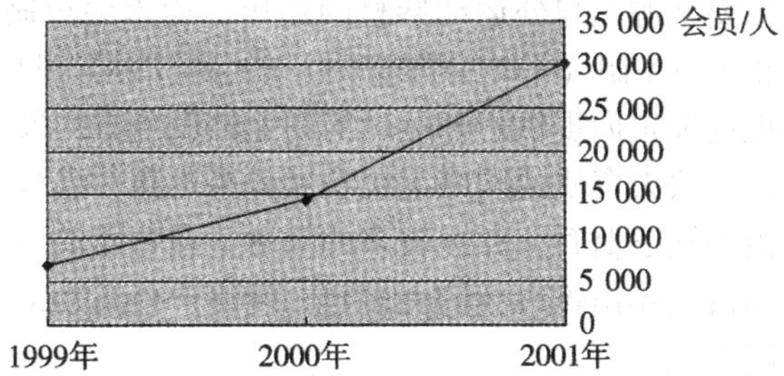

图1-2-2　1999—2001年俱乐部会员发展趋势

（据国家体育总局职业技能鉴定指导中心，户外运动，2017年）

根据国家体育总局公布的《2001年中国群众体育现状调查》结果显示，我国群众登山运动在体育人口活动项目的前10名中名列第七位。由此可以看出，登山户外运动已成为全民健身项目中的一项重要内容。

在上述户外运动俱乐部的组织形式中，前两个具有法人地位。本文调查的45家俱乐部中有29家属于这两种，占本样本的64%。第三种虽然不是独立法人，但其隶属于法人单位，具有能承担法律、行政责任的责任人。本样本中属于此种情况的俱乐部有3家。其余的12家俱乐部属于第四种类型，占27%，不具有法律地位，没有可以承担法律、行政责任的责任人，但也在组织一些团队户外活动。

从全部229家俱乐部的整体情况来看，第四种类型的俱乐部所占比例较大，这种“不合法”情况的发生与以下原因有关。

（1）对于网上团体，缺乏一些审批及监管的机制和规定。

（2）对于一项新体育项目的自由结社，政治影响不是很大，各方面也关顾不及，任由它自生自灭。这里面有不少团体也在积极寻找“娘家”，希望能成为合法组织。

（3）对于那些没有挂靠单位的民间社团，由于政策不够明确，手续要求严格，不少地方的民政部门对其审批相当困难。不少俱乐部由于种种原因被拒之门外。

（4）对于户外运动的部门或人员而言，由于大部分省级体育局都没有对其进行指导和管理，因此俱乐部也就得不到指导和支持了。

3. 2002—2004年

2003—2004年，中国登山协会再次进行了全国性的调查。结果表明，我国户外运动在产业结构、组织形式、项目开发、运行机制、管理体制等方面变化不大，但在户外运动俱乐部数量、户外运动参与者数量、活动次数、产值等方面都呈快速、大幅度跳跃式发展。例如，新成立的俱乐部已增至近700家，遍布全国各地。2003年，对54家俱乐部进行了问卷调查。结果显示，从1989年到1999年间成立的俱乐部占20.8%，其余的79.2%的俱乐部都是在2000年以后成立的。在这个阶段，大多数俱乐部经营良好，其中34.6%的俱乐部开始盈利，57.7%的俱乐部保持持平。

2005年底，中国登山协会进行的第三次户外运动调查表明，我国户外运动俱乐部的发展水平已明显分化。凡是经过三年以上艰苦奋斗的俱乐部，大多数俱乐部都找到了自己的定位和发展方向，核心竞争力不断提高，发展迅速。俱乐部的经济支持已逐步转变为以承办拓展培训及开办户外运动用品店为主。到2008年，几乎所有俱乐部都开展了拓展训练业务，其中80%以上的俱乐部以拓展训练（包括户外拓展）为主要业务。俱乐部资源的另一个主要来源是户外运动器材的销售。周末会员制活动逐渐大幅萎缩，大多数俱乐部已经停止了AA制（平均分摊费用）的会员活动。只有少数俱乐部仍在进行户外运动，但它们也逐渐走向提供户外运动的商业性服务方向发展，而不是早期意义上的会员活动。同时，无法人资质的网络组织发展势头迅猛，已成为组织周末AA制户外活动的主要团体，由于缺乏监管，存在较多的问题。在每年的山难事故统计中，此类活动中的山难事故比例占当年山难事故的大多数。网络户外运动组织的规范发展已成为备受瞩目的一个社会问题。

在过去的两年里，户外运动俱乐部已经有回归户外、回归自然的迹象。一些俱乐部注重组织群众性的户外运动和竞赛（如露营大会、徒步大会、体验式户外比赛等），并为长期和短期的户外旅行提供服务型产品，这是一个令人欣慰的现象。虽然探索十分艰巨，但是户外运动的产业化和私人组织的积极参与得到了积极的开展，并已成为中国户外运动的总体发展方向。这些民办组织举办的户外活动已成为政府资助活动的重要补充，这些有组织的户外运动在全国健身运动中发挥了积极的作用。

4. 我国户外运动产业的发展

户外运动的兴起和发展，形成了一条新的产业链，包括制造、建设、营销、规划、开发、服务、培训、咨询、媒体产品制作等环节，以及人工攀岩壁和人工攀岩场地的建造。截至 2001 年，中国已有五多家人工岩板制造厂商，产品材料涉及金属、有机、无机、木板等。最早的产品用于比赛和训练，并很快普及到大、中、小学甚至幼儿园、综合体育场馆，消防、武警、安全局训练场馆，社区体育活动场地等。1999 年，人工岩板销售产值为 200 万；2000 年，人工岩板销售产值为 340 万；2001 年，人工岩板销售产值为 590 万。人工岩板的销售产值，在 1999—2001 年期间分别增长了 70%以上。

与此同时，户外设备的生产和销售也在迅速增长。室外设备可分为两大部分：一部分是专业技术设备（如登山绳、防护设备、登山设备等），另一部分是户外生活设备（如帐篷、睡袋、炊具、服装、背包、鞋、水壶、头灯等）。对具有代表性的奥索卡、火狐狸、风雨雪、小山等户外运动产销商的统计表明，从 1999 年到 2001 年，它们的销售额急剧增长。四家公司的每年的总销售额分别为 1255 万元、1855 万元和 2752 万元，年增长约 50%。现在，全国有数百家户外用品商店，户外用品市场迅速扩大，消费迅速增长。

户外运动市场的另一大组成部分是组织比赛、活动、训练并提供服务。中国登山协会近 1/3 的资金来自于举办各种竞赛和活动。上述 45 家俱乐部按每人次活动费为 80 元的平均收费标准，在 2001 年度达到 800 万元人民币。其所带动的相关消费应为 800 万的 1~3 倍。还有信息传播、图书出版等为户外运动市场的拓展做出了很大贡献。如今，户外运动正渗透到旅游业中，成为体育旅游、探险旅游项目，许多户外运动场馆发展成为新的旅游景点，带动了旅游业的发展。

据保守估计，2001 年我国户外运动产值已经达到 8000 多万元以上，到 2005 年底，户外运动产值已经超过 4 亿元。中国户外运动产业已初具规模，初步形成产业形态（图 1-2-3，表 1-2-1）。截至 2011 年，中国户外运动的年销售量为 107. 6 亿元，比 2011 年增长了 50. 91%，发展势头迅猛。

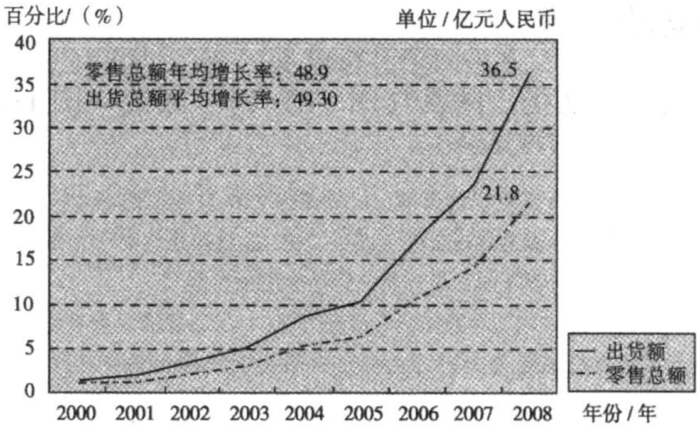

图 1-2-3 2000—2008 年中国户外用品产业规模发展概况

（引自中国纺织协会户外运动分会资料）

（据国家体育总局职业技能鉴定指导中心，户外运动，2017 年）

表 1-2-1 中国户外运动用品市场年度销售情况

项目	2007 年/亿元人民币	2008 年/亿元人民币	同期增长/(%)	可比增长/(%)
零售总额	23.80	36.50	53.30	42.7
户外店零售总额	10.60	14.60	37.70	
商场店零售总额	13.10	20.70	58.00	
其他渠道零售总额	0.86	1.20	39.50	
出货总额	14.10	21.80	54.60	43.8
国内品牌出货总额	6.60	9.10	37.90	
国外品牌出货总额	7.50	12.70	69.30	

注：引自中国纺织协会户外运动分会资料。

在发达国家，户外运动产业产值在 GDP 中占有重要地位。户外运动在美国社会关注的体育热点排行榜中排名第八。户外运动的产值也令人惊讶。户外运动器材销售排名第三，仅次于健身运动和高尔夫球运动。

与欧美发达国家的户外运动产业相比，我国与其存在较大差距，但发展速度很快，前景十分乐观。

第三节 户外运动的分类与价值

一、户外运动的分类

户外运动可根据户外运动自然场地的不同，分为三大类：水上户外运动、空中户外运动和陆地户外运动。目前，我国开展较广泛的当属陆地户外运动。

（一）水上户外运动

水上户外运动主要包括扎筏、溯溪（图 1-3-1）、漂流（图 1-3-2）、泅渡等。

图 1-3-1　溯溪

（据董立，大学生户外运动，2012 年）

图 1-3-2　漂流

（据董立，大学生户外运动，2012 年）

（二）空中户外运动

空中户外运动主要包括热气球、跳伞（图 1-3-3）、滑翔（图 1-3-4）等，而滑翔又分为有动力和无动力两种。

图 1-3-3　跳伞

（据董立，大学生户外运动，2012 年）

图 1-3-4　滑翔

（据董立，大学生户外运动，2012 年）

（三）陆地户外运动

所谓陆地户外运动，指的是在陆地区域（包括大陆和岛屿内）地面进行的户外活动。陆地户外运动主要包括四大项，分别是山地户外、海岛户外、荒漠户外、高原户外等（表 1-3-1）。

表 1-3-1　户外运动分类

大项	系列	项目
山地户外	丛林系列	定位定向、丛林穿越、山地自行车、露营、急救等
	峡谷系列	溯溪、溪降、过涧、漂流等
	岩壁系列	攀岩、岩降等
	洞穴系列	洞穴探险
海岛户外	荒岛生存	觅食、露营、联络、救援等
	滩涂系列	沙地拔河、负重、滑沙等
	水域系列	水筏岛、水中滚木等

续表

大项	系列	项目
荒漠户外	沙漠系列 戈壁系列 荒原系列	沙漠生存、沙漠穿越等 戈壁生存、戈壁穿越等 穿越、生存等
高原户外	高山探险 高原探险	高山滑雪、登山等 高原徒步、峡谷穿越、高山探险等

图 1-3-5　丛林穿越

（据董立，大学生户外运动，2012 年）

图 1-3-6　攀岩

（据董立，大学生户外运动，2012 年）

图 1-3-7　洞穴探险

（据董立，大学生户外运动，2012 年）

图 1-3-8　荒岛宿营

（据董立，大学生户外运动，2012 年）

图 1-3-9　沙地拔河

（据董立，大学生户外运动，2012 年）

图 1-3-10　水筏岛

（据董立，大学生户外运动，2012 年）

图 1-3-11　沙漠穿越

（据董立，大学生户外运动，2012 年）

图 1-3-12　戈壁穿越

（据董立，大学生户外运动，2012 年）

图 1-3-13　荒原穿越

（据董立，大学生户外运动，2012 年）

图 1-3-14　高山滑雪

（据董立，大学生户外运动，2012 年）

图 1-3-15　高原徒步

（据董立，大学生户外运动，2012 年）

二、户外运动的价值

（一）健身价值

2007 年 4 月，教育部、国家体育总局、共青团中央联合发布了主题为“全国亿万学生阳光体育运动”的通知，通过阳光体育的引导，促进各级各类学校形成浓郁的校园体育锻炼氛围和全民参与的群众性体育锻炼风气。吸引广大青少年学生去操场，走进大自然，去阳光下，培养体育锻炼的兴趣和习惯，提高学生的身体健康。而户外运动则利用空气、阳光、水、河流、湖泊、海洋、海滩、田野等自然条件，并根据实际情况进行登山、攀岩、徒步旅行、溯溪等项目或比赛。这些活动响应了“阳光体育运动”，能够有效地促进大学生新陈代谢，提高身体抵抗力，能充分提高人的力量、耐力、速度、敏捷、柔韧、协调、反应等素质。活动内容丰富多彩，形式各式各样。大学生可以根据个人喜好和身体健康状况，有目的地进行体育锻炼。

图 1-3-16　攀岩

（据董立，大学生户外运动，2012 年）

图 1-3-17

（据董立，大学生户外运动，2012 年）

（二）健心价值

心理学家调查了遇险又成功生还的人，发现在户外遇险时最大的问题常常不是技术，而是心理。恐惧和焦虑、焦虑和孤独使户外运动的心理发生了巨大的变化。在生活中，不难发现这样的情况：一些经验丰富、知识渊博的人，往往不能将自己的才能发挥出来，完成原本能发挥自己的能力可以胜任的工作；许多拥有着健康的体魄、很有天赋的运动员，平常的运动成绩很好，但是在正式比赛时往往不能将自己的水平发挥出来，甚至经常失误。这些都与心理素质都有很大的关系。户外运动等一系列体育运动作为改善人们心理健康的有效途径，已被越来越多的人所接受。

（三）社会适应价值

户外运动的过程是一个合作的过程，合作是指在运动中，为完成共同的任务而采取的有明确责任分工的互助性组织形式。通过这一过程的合作，可以使学生思维敏捷，反应迅速，有助于参与者在运动过程中体验情感，了解个人与集体的关系，从而培养学生、团结友爱和相互帮助的情操，激发参与者不甘落后、积极向上的竞争意识。此外也能培养人们尊重权利、履行义务的意识，形成正确的价值观和道德观，理解公平竞争的含义。

可以说，通过户外运动，学生不仅可以提高对身体、生命、环境和体育的认识，形成正确的体育价值观，还可以学会社会生活所需要的能力、行为方式和行为规范，提高人们对社会的适应能力，使他们更好地融入社会，成为一个完整的社会人。

（四）精神减压价值

当前，我国教育发展正处于改革时期，改革过程中不可避免地会产生大学生就业问题、大学生心理压力问题等一系列问题。户外运动的参与可以以独特的方式减轻压力。攀岩、登山等一系列活动锻炼了大学生的毅力，增强了他们面对困难的勇气和信心，使他们敢于挑战自我，超越自我。经过户外运动的考验，我相信他们会保持平静的心态，用新的方式迎接生活和学习的挑战。

（五）情感体验价值

三五个朋友一起提着主绳和几把铁锹，带上帐篷和睡袋，在崎岖的山路上出发，寻找陡峭的悬崖。走路累了，坐在地上歇息，口渴了就喝一捧甘洌的溪水，饿了就拿出随身带的食物，旅行生活充满了无尽的乐趣。当太阳下山时，大家找到一片平坦的土地，搭起帐篷，打开睡袋，开始为自己临时搭建一个家，还能做一顿美味的晚餐。当夜晚静悄悄的时候，大家围着篝火仰望天上的星星，倾听大自然的美丽声音，你会感到一切世俗的远离你而去，烦恼的事情也消失了，也许这就是户外运动的魅力。

（六）教育价值

当前，高校体育教学正处于改革的浪潮中。它的教学内容、教学方法、教学目标随着社会的进步和时代的变化发生了根本性的变化。体育教育内容由“以体育技术为中心”向“体育方法、体育动机、体育活动、体育经验”转变。教材内容突出健身性、娱乐性、趣味性、终身性和实用性。“阳光体育”“快乐体育”“健康第一”是高校体育教育的核心。户外运动作为一种新型的体育运动进入了一些高校的教学，成为大众化、高教育价值的体育课程。它突出了健身性、娱乐性、趣味性、终身性和实用性，符合素质教育的要求，正在逐步推广和迅速发展。2002 年，教育部在《全国普通高校体育课程纲要》和《全国大学生体育课程计划》两个重要文件中将户外运动项目列为大学生体育的主要的课程之一。到 2005 年底，全国 100 多所高校开设了野外生存、攀岩、发展、定向等户外活动课程。

（七）观赏价值

以刺激、兴奋、竞争和激烈的竞争为特征的户外运动具有很大的观赏价值。在自然环境中，陡峭的悬崖、湍急的河流和多刺的丛林等待着人们挑战和征服，并激发观众观看。各种户外运动极大地满足了不同爱好、不同欣赏水平人们的观看欲望。

（八）促进了终身体育观的树立

所谓终身体育，是指一个人终生接受体育锻炼，使自己的身体健康、身心愉悦、终身受益。终身体育是社会发展和现代生活方式的需要，也是现代体育发展的重要方向。学校体育以终身体育为指导思想，注重学生体育意识的提高、体育能力的培养、经常体育锻炼习惯的养成，为能够终身从事体育锻炼打下良好的基础。要重视学生终身体育能力的培养，使他们不仅能够获得全面的体育知识和技能，还能够发现自己喜欢的体育项目，并有规律地坚持锻炼，培养学生终身热爱体育的态度，终身参与体育锻炼能力，使他们能够在体育锻炼中获得自我发展。

户外运动具有很强的娱乐性、趣味性，强调了集体合作等的特点，可以有效打破体育课内容简单且低效的重复以及高校体育停留在以运动技术为主的现象。参加户外体育活动不仅能锻炼身体，增强体质，掌握走路、跑步、跳跃等基本活动技能，促进身体全面发展，还能娱乐休闲。快乐的锻炼可以使人们获得心理升华，缓解日常生活的压力，调节情绪。在活动中，能得到一种积极向上的荣誉感和人与人之间交往的亲切感，可以给人一种情感体验。户外运动不仅是一种积极的健身方式，也是锻炼头脑、提高社会适应能力的重要途径。学生可以利用业余时间和假期组织户外运动，体验体育学习和体育锻炼的乐趣，养成经常参加体育锻炼的习惯，最终为终身体育观念的培养奠定坚实的基础。

三、户外活动初学者应该注意的事项

户外运动之所以充满无穷的吸引力，是由于爱好者对大自然回归的渴望以及挑战极限、超越自我的体验心境。诚然，户外活动能够欣赏到一路的美景，可是严酷环境对参与者的体力、经验、装备以及团队意识等方面也有很大的考验。即使是专业户外运动员，在从事这项运动过程中都有可能出现一些没有办法预料的事故，所以初学者更加要慎重，在从事户外这项刺激运动过程中一定要学习一些必要的知识。

（一）认清危险，树立安全意识

据有关机构调查发现，我国大部分户外消费者近年来才开始参与户外运动。“中国登山协会”户外产业管理组织办公室主任张博士也指出，我国的户外运动近年来发展迅速。在不到十年的时间里，参与者、项目和涉及的领域的数量都增加了。面对这种变化，国内应对的准备有一些不足，如缺乏充分的组织和准备，管理体制和机制没有迅速制定相应的管理法律法规。大公众，尤其是初学者，认识不到户外的危险程度等，正规的培训机构也不足够。众所周知，客观危险包括雪崩、落石、雷击、低温、缺氧等自然灾害，但初学者往往对这些现象的理解不同，他们往往忽视这些危害，认为没有办法应对这些自然灾害，还不如把它们丢在脑后。

事实上，这是有经验和没有经验的最好区别，有经验的人会合理地避免自然灾害。户外运动爱好者成熟的标志是他在户外行进过程中是否感到害怕以及知道如何在户外旅行时遇到危险懂得放弃。这里的害怕和胆小是两个完全不同的概念。当人们害怕的时候，他们会知道如何谨慎和小心地防止发生的危险。因此，户外运动者初学者，必须认真对待和尊重生命，从学习“害怕”开始。

（二）选择安全专业的户外装备

户外运动是一项对装备有专业性要求的运动，在前期需要投入一定的资金。但是，许多初学者往往对装备的重要性不够重视，认为只要稍微改变一下日常生活中的服装和器具就可以应用。殊不知户外产品的诞生和户外产业的发展有其自身的原因。举一个简单的例子：城市里穿的运动鞋一般不具有防水功能，如果穿普通的运动鞋到户外，很容易进入水中，给户外活动带来极大的不便。

图 1-3-18

（据董立，大学生户外运动，2012 年）

（三）加入正规户外团体

中国登山协会认为，与旅游部门管理和固定旅游路线分开的活动，都应当属于户外运动。根据类别，户外运动可分为两类：没有探险性质（类似于旅游的性质，安全得到保证，去的地方的风险是可预测和可控的）和有探险性质。组织有探险性质类活动须具备两大前提：其一，需由具有法人资格的组织发起，因为此类户外活动危险性难以预见，一旦出现事故能找到承担责任的主体；其二，需由具备资质和资历的专业人员带队，即领队或者教练员，可以有效规避危险。

按照组织方式，户外活动主要分为两种形式：有亲友自发组织和通过网络召集。很多新手一般不独自行动，都会找户外运动俱乐部或户外社团组织，此时团队组建往往就决定了该团队事故率发生的高低。专业户外俱乐部一般会有活动预案，线路都经过事先考察后确定，具备完善的后勤保障和联络系统。相比之下，无责任的自发群体活动有很大的盲目性和随机性，这样的户外活动不设领导者，完全自助，所有费用 AA 制，出行路线大多人迹罕至，景色各异，出现问题后，往往会造成各执一词等加剧户外风险。对于初学者来说，最好的成长方式就是找一些比较正式的团队加入，他们具备法人资格，内部建立了完善的管理机制，拥有专业技术人员，会员对于权利和义务有清楚的认识，并得到当地体育部门认可。

第二章　户外运动的基本技能

作为一种非常具有挑战性、探险性以及刺激性的运动项目，户外运动在爱好体育运动的人群中极具人气。对于一名户外运动者来说，基本技巧是进行户外运动的前提条件。这是因为户外运动不同于其他体育运动项目，它对于场地要求不高，只要是自然形成的环境，都可以成为户外运动爱好者前往开展活动的场所，如山地、森林、沼泽等。根据环境的不同，户外运动者需要掌握不同技能。一般来说，户外运动的基本技能包括天气辨别、方向辨别以及在野外活动所必须具备的多种技术等，下面进行具体论述。

第一节　气候天气辨别

在对气候天气进行辨别之前，我们首先要了解气候与天气之间的区别。天气，是指在短时间内，大气现象的总和，而气候，是指在长时间内，天气状况的总和。之所以注重气候天气的辨别，是因为户外运动的场所都是复杂的自然环境，在进行户外运动的时候，常常受到气候与天气的影响，如果不对此加之关注，就容易产生安全问题，因此户外运动者需要具备较强的辨别气候天气的基本能力。下面进行具体论述。

一、气候的辨别

通常人们在进入一个新的自然环境时，面对新的气候，会出现一些不适应的症状，这些症状可能是生理上的，也可能使心理层面的。因此户外运动者在正式进入场所开展运动的时候，一定要对气候有所了解，涉及野外活动所在的地理位置、经纬度、海拔等相关地理知识。

（一）辨别温带气候

作为最适宜人类生存的气候类型，温带气候主要包括温带草原气候、落叶林气候以及温带山区气候，不同的气候类型具有独特的地理特征与和气候特征。

1. 温带山地气候

（1）气候地理特征：温带山地气候多分布在山区。

（2）气候的特征：气温的变化与高度的变化成正比，高度每上升 100 米，气温就会下降 0.5℃～1℃。对于户外运动者来说，如果活动区域在温带的高山处，那么就可以在上山的途中，在不同高度见到不同的自然风光。

除此之外，四季分明也是该气候类型的主要特征，但有时也会出现冬季温度低于零度，夏日的夜晚无霜的现象。由于该气候所处的地形较为复杂与特殊，故对风产生较大的影响，易在迎风坡面形成降雨。

一旦减弱现象在背风坡面分离时出现，那么气温也会随之上升，而降雨量则与气温变化正相反，会随之减少，形成雨影的天气效应。

2. 温带草原气候

（1）气候地理特征：内陆地区为温带草原气候的重要分布区域。

（2）温带草原气候的特征：夏热冬凉，降雨量适中。通常，该气候所处区域为世界食物最大的产地区域。在这里要强调的是，运动者在温带草原气候所处地域活动的时候，既要充分考虑到在夏季运动时，由于天热炎热可能造成的缺水问题，故水源是关键，还要考虑由于冬季气温寒冷，及时、正确地找到避难休息的场所也非常重要。

3. 落叶林气候

如果针叶林出现在冬季非严寒天气，且天气在逐渐变暖的地域，它就有极大的可能被落叶林所替代。在不同的地理区域，树木的种类具有极大的差异，如在美洲地区的经常可以见到的树木有橡树、山毛榉、枫树和核桃树；而栗树、菩提树、橡树和山毛榉则多出现在亚欧大陆地区。

一般来说，当落叶林上的树叶掉落后，土壤会因此而富有腐殖质，这种土壤有益于很多植物与真菌的生长。由此可见，对于户外运动者来说，在落叶林气候所处地域运动与探险往往具有较高的安全性。

（二）辨别热带气候

热带气候包括的气候，可被划分为如下几类：热带森林气候、热带大草原气候、沙漠气候以及热带山区气候。

1. 热带森林气候

（1）气候地理特征：热带森林气候所处的地域为在南北回归线之间的内陆地区，其中包含了面积广大的可耕作区以及各种环境的沼泽和沙漠地。通常，热带森林气候所在的地区多被热带雨林、亚热带雨林和高山林等原始森林所覆盖。

（2）气候的依据基本表现：山川粗犷，降雨量大，江河数量多，一般会在接近海岸的区域以及低洼区形成大面积的沼泽地。

2. 热带大草原气候

（1）气候地理特征：该气候主要分布在沙漠与热带雨林之间的地域。

（2）气候的特征基本表现：在热带大草原气候的边缘区域经常出现大面积野草。气候所处地区的一年平均气温较高，但水源较少，因此多数植物以及群居野生动物多出现在水源充沛的地区。

3. 沙漠地区气候

（1）气候地理特征：因为沙漠地区的植被覆盖率低且干旱贫瘠，所以沙漠地区为不宜动植物生存的地域环境。但沙漠地区的沙漠并非全由沙子构成，其他构成部分为干涸河床的戈壁碎石。由于沙漠地区没有大量植被，地表的沙子与碎石会伴随风移动的方向而发生移动。

（2）气候特征基本表现：通常为太阳直射，昼夜有很大的温差，具体为白天温度高但夜间却因未能保温而大幅度降温，甚至会降到零摄氏度以下。

4. 热带山区气候

（1）气候的地理特征：多出现在南北回归线之间的山地地区。

（2）气候特征基本表现：常年空气干燥，每年降水量偏少，温度变化显著。部分山区还会出现微型气候，换言之，山区的两面表现出的气候特征差异性较大，如山的一侧面对赤道，则气候特征就为阳光充足、雨水充沛；而山的另外一侧的气候特征就是终年无雨。

（三）辨别极地气候

极地地区通常指的是北纬60°33′以北，南纬60°33′以南的地区。该地区终年气温低下、非常寒冷，所在地区多被冰雪所覆盖。一般来说，人们把极地气候分为如下两种：苔原地区气候与针叶林区气候。

1. 针叶林区气候

针叶林气候多分布在北半球，即该气候主要在北极苔原和温带主大陆中间的宽度为1300千米的森林带出现。

针叶林气候所处区域，有很多珍贵的动物。常见生物为麋鹿、黑貂和松鼠以及各种鸟类。

在针叶林区，夏冬气候差异明显。冬季主要表现为：天气严寒且持续的时间长，多数时间为大地封冻。由此可见，如果户外运动者想冬季在针叶林区活动，则应该穿着防寒衣物。

在该地区的河中，有多种鱼类在此生存，这些鱼类味道鲜美。如果在该地区运动，可以利用随处可见的林木制作一个木筏，顺流而下，享受自然美景。

通常，针叶林区的夏季不会持续太长时间，多为5个月，该时期气候的主要表现为：大量存于底层的冰冻会先解冻融化，降水充沛，充足的水资源能够满足植物的生长需求。另外，大量草木经常出现在针叶林区的河流两岸，而冰雪融化的积水则常年存积在低洼地，从而形成沼泽。综上，如果运动者想要在该地区活动，行进比较困难。除此之外，在该地区活动经常会被蚊虫叮咬。

2. 苔原地区气候

苔原地区气候多分布于极地的南部。该地区的底层被永久存在的冰雪所封冻，同时草木生长也会因此而受到阻滞。苔原地区气候主要表现为：冰雪会在夏日融化，而植物的根部却依旧无法刺穿坚硬的封冻地层。苔原地形也会在高海拔的地区出现。

二、天气的辨别

除了关注地理环境的气候之外，户外运动者还需要对天气予以关注，可以借助形式各异的媒体来了解最新、最全面的天气信息。“天有不测风云”，再精准的预测也无法将实时天气情况全部正确地广而告之，故而掌握通过观察大自然的实时变化来推断短时间内的天气情况对于户外运动者来说也是非常重要的。天气辨别的具体技巧主要涉及两个大方面，下面进行具体论述。

（一）云层

通常，人们可以通过对云层的观察来对天气进行预测，具体涉及如下两方面的内容。

1. 相关谚语与天气预测

我国民间以云层的变化为主要依据来识别未来可能出现天气的谚语有很多，下面就举例介绍几个常见的谚语及对天气的预测情况。

（1）“早上云如山，黄昏雨连连”预示夏天清晨，乌云遍布，则有雨水或是大风降临出现。

（2）“日落火烧云，明朝晒死人”预示傍晚日落出现红云，则第二天为大晴天。

（3）“日落黑云接，风雨定猛烈”预示乌云在太阳落山时出现，则有猛烈风雨在半夜或是第二天降临。

（4）“红云变黑云，必是大雨淋”预示红云在太阳初升时变为黑云，则有大雨降临的可能。

（5）“朝霞不出门，晚霞行千里”预示早晨出现彩霞，则天气将开始变坏，所以最好不要出远门；而在傍晚时出现彩霞，则天气维持良好情况，可安心出远门。

2. 云层形态与天气预测

云层形态多种多样，其中，常见的主要有以下几种，并且不同的云层形态会预示着不同的天气情况，具体如下。

（1）积云，多出现在海拔2.5千米处。通常，积云发展的情况以及前端情况与雨水天气有关，前者越大、前端越多，就有暴风雨出现的可能；一旦积云相互分离，且在空中漂浮，则代表美好的晴天即将出现。

（2）积雨云，也可叫作低层雷云，多在6千米左右的高空出现。一般来说，积雨云以底平顶圆的形状呈现，乌暗色。若天空出现积雨云，那么则代表强风暴雨与雷鸣电闪即将到来。

（3）层云，与灰色云朵在形状上相似，却是由海量的水滴形成的。一旦上空出现层云，那么可能出现降雨或降雪。而夜间的层云越厚，并在清晨时，将天空覆盖，则预示当日的好天气。

（4）卷云，也叫作“马尾云”，形状似羽毛，由微小的冰粒构成，通常，在地表上空6千米处出现。一旦出现卷云，则代表未来有好天气。如果是在冬天的上空出现卷云，同时强劲的北风来袭，则意味着大风雪要即将来临。

（5）雨层云，它是一种低层乌云，雨层云出现后的4个小时内一般会出现降雨天气，且持续时间较长。

（二）雾气

除了云层，雾气也可以帮助户外运动者预测未来的天气，具体如下。

（1）“久晴大雾阴，久雨大雾晴”表示晴朗天气的持续将影响空气的湿润度，一旦空气过于干燥，气压也会随之升高，故不易形成云层与大雾。所以一旦大雾出现，气压骤降，阴天出现。一旦在一段时间内保持连续降雨的天气，则地面上的水分会慢慢蒸发，从而形成雾气。如果雾气蒸发，则预示天气即将转晴。

(2)“雾收不起，大雨不止”或是“日出雾难消，当日有雨”则代表一旦雾气在阴天出现，通常就不会随意消失。雾不动，则云会向雾靠近，或者有雾升高和云连起来，云层变厚，预示坏天气的出现。

(3)“十雾九晴”“早雾晴，夜雾阴”“早上雾蒙蒙，中午晒得皮肉痛”则代表一旦雾气在清晨出现，当时会有好天气；但晚上有雾，则预示第二天为坏天气。

(三) 动物

动物对天气的敏感程度很高，故而户外运动者可以通过对所在地区动物的反应来预测天气。

1. 蝉

如果户外运动者发现所在地区的蝉趴在树上，并在雨天尽情鸣叫的时候，就代表天气要转晴。能够充分反映这一现象的谚语主要有“雨中蝉鸣，很快放晴”等。

2. 兔子和松鼠

如果出现兔子或松鼠在寻找食物、贮存粮食的情况，则预示第二天会出现坏天气。

3. 蚯蚓和蛇

由于蚯蚓和蛇惧怕雨水，一旦发现蚯蚓和蛇爬出洞，就预示未来有雨水天气出现。“蚯蚓上路，出门有雨”“蛇挡道，大雨到”的谚语就充分说明了这一现象。

4. 蚂蚁

蚂蚁对天气变化的敏感度是最高的。一旦户外运动者发现黑色的长脚蚂蚁忙碌着寻找食物并且搬土垒窝，这就代表较大规模的雨水天气要降临。“蚂蚁垒窝，要涨大水”“蚂蚁筑防道，准有大雨到”“蚂蚁筑坝阵，雷雨盈寸深”等都可以证明这一点。除此之外，一旦发现黄蚂蚁在由低处向高处搬家的情况，则意味着即将有雨水天气到来；反之，则是天气可能很快就会转晴的预兆。“蚂蚁搬家，天将雨”的谚语则充分证明了这一情景。

5. 蚊子和苍蝇

如果出现蚊子、苍蝇到处乱飞，且特别活跃的情况，这预示未来会出现有雨水天气。“蚊子飞成球，风雨将临”“蚊子骤然多，明日雨滂沱”等谚语都可充分说明。

6. 蜻蜓

一旦发现蜻蜓等昆虫的飞行高度低，也就意味着雨天即将来临。“蜻蜓满天飞，风雨在眼前”就可以说明这一点。

7. 燕子

一旦发现燕子在高空中捕食，就意味着未来是晴天；反之，燕子飞得较低，就意味着暴风雨要来临。

(四) 其他预测方法

除了从常见的几种方式来预测天气之外，还有其他具有实用性的方式可以帮助户外运动者预测天气，具体如下。

（1）若发现太阳周围有一个“大晕圈”，则说明未来要下雨；若月亮的周围有一个“小晕圈”，则预示大风天气要出现。

（2）若声音传得较远，或可以闻到空气中的味道，并且暴露在空气中的皮肤有黏黏的感觉，那么就代表阴雨天气即将出现。

（3）如果有关节炎、鸡眼或者曾经动过手术的人，感觉身体不适，那么就说明阴雨天气要出现。

（4）若烟火缓慢地上升，则代表第二天的天气变化不大；若出烟火闪烁不定，则说明未来会有暴风雨。

（5）若卷发的人发现自己的头发容易缠在一起，则预示未来天气将变差。

（6）若握住木制工具的把手变紧，或者盐的潮气增加了，则说明未来会有暴风雨。倘若出现清晨满山是雾，到了傍晚时还没有消散，且夜间气温会升高，很闷、很热，并在黎明前星光闪烁不定，这就代表天气情况将会变得越来越差。反之，一旦发现清晨地面上有露水或是霜冻，傍晚或深夜，天空的星光很稳定，只有很少的星星在闪烁的情况，那么就预示着天气情况会变好。

通过上文的论述，我们已经知道如何从云层、雾气以及动物的状态来预测天气。在这里需要强调的是，即便户外运动者已经熟练掌握了如何正确地辨别天气情况，但天气的变化往往比人们预测的还要复杂。面对变化莫测的天气，结合实际情况加之随机应对才能把握实时天气情况，尽可能避免因天气情况而发生的种种危险。

第二节　方向辨别

对于户外运动者来说，方向感是必备的技巧，身处复杂的环境中，迷路是很常见的事，这就需要户外运动者应该熟练掌握全面的户外运动定向技巧。下面对一些具有实用性的辨别方向的方式介绍给读者。

一、利用指向仪器辨别方向

户外运动者可以借助指向仪器来识别方向，如指南针、罗盘以及卫星定位系统等。

（一）罗盘

事实上，罗盘可被划入指南针的类型之中，从构成部分来看，罗盘比指南针多两个部分：刻度盘与标尺（图 2-2-1），基于此，人们也称罗盘为“分度规指南针”。罗盘旨在帮助人们指示方向以及配合地图确定自己所处位置、测量距离、校正前进方向等。罗盘的使用方法主要分为如下几个步骤。

（1）首先，通过指南针正确找到正北方向，之后依据上北下南的位置放置地图。

（2）把自己目前所处的位置与要前往的地点在地图上找出来，并在已标记的两点之间画线。

（3）把罗盘最下面的边缘与已经画好的直线重合，这个时候边缘刻度会测量位于地图上的两个地点之间的距离，而后利用比例尺可以将两点之间的实际垂直距离换算出来。

(4) 把指针与直线之间的夹角度数精准地读出，此时的角就是将要前进的方向角。

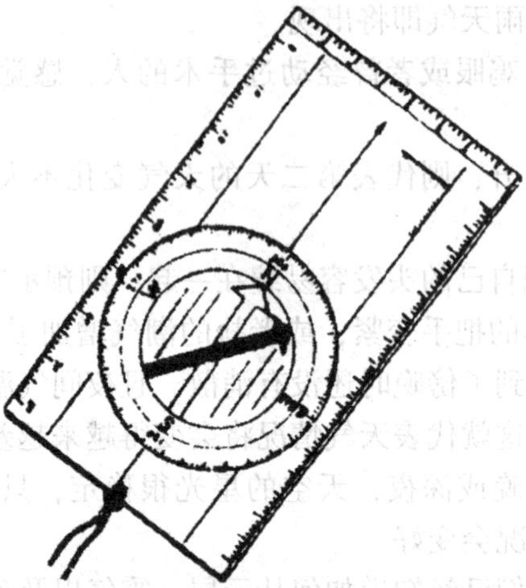

图 2-2-1　罗盘

（据余亮，高校户外拓展运动教学与实践研究，2014）

(二) 指南针

指南针的使用方式与具体的操作步骤如下：其一，先水平放置指南针，让气泡在指南针的最中间，当磁针从摇摆不定到静止不动后，观察指南针，标记为“N”的黑色一端即北方；其二，先将指南针打开，把照准器对准目标，或者把刻度盘上的 0 刻度对准目标，使磁针中点、目标、0 刻度都在一条直线上，在指南针水平静止之后，“N”端所指的刻度就是从当下的测量点到目标的方位。

在这里需要强调几点：第一，水平放置是进行所有测量活动的基础；第二，使用指南针的时候，最好远离其他磁性物质；第三，如果使用指南针的时候，人在磁场区内，那么需要了解所在区域的磁偏角，这对于多方向校正是有益的。

(三) 卫星定位系统

卫星定位系统，简称 GPS，它是如今较为先进且用途最为广泛的定位仪器之一。卫星定位系统的主要原理是：以高速运动的卫星瞬间位置作为已知的起算数据为主要依据，采用空间距离后方交会的方法，将待测点的位置确定下来。

二、没有指向仪器的方向辨别

如果户外运动者发现自己身上没有可以用来辅助辨别方式的指向仪器时，可以通过其他事物或是工具来帮助自己进行方向的辨别，具体如下。

（一）通过工具辨别方向

在户外运动中，起到应急辅助作用的常见的方向辨别工具为：手表与金属丝。

1. 手表

在进行户外运动时，户外运动者通过手表确定方向是一个好选择。具体如下：在上午9点至14点（下午2时）之间利用手表确定方向的话，使用原则为“时数折半对太阳，‘12’指的是北方”，如现在是上午9点，此时需要将4时30分的位置朝向太阳；如果现在为14时40分（即下午2时40分），此时就应该把7时20分的位置朝向太阳，而“12”字的方向就是北方。为了保证准确性，应该在“时数折半”的位置上竖一根草棍，同时使它的阴影通过表盘中心（图2-2-2）。

图2-2-2　手表

（据余亮，高校户外拓展运动教学与实践研究，2014）

2. 金属丝

具体来说，运用金属丝辨别方向需要借助用细的金属丝，或是缝衣针。

在头发、化学纤维上按同一方向摩擦，使其产生极性，然后将其悬吊或者漂浮，从而减少阻力，如此一来金属丝就会慢慢把南北方向展现出来（图2-2-3）

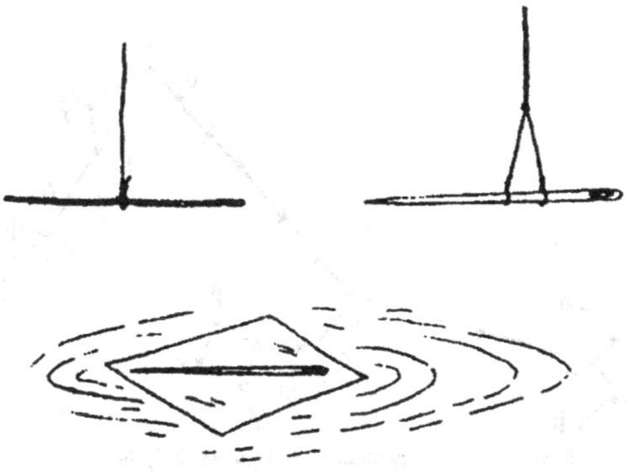

图2-2-3　金属丝

（据余亮，高校户外拓展运动教学与实践研究，2014）

（二）通过植物特征辨别方向

在户外运动中，植物和地物特征也可以作为辨别方向的依据。

1. 利用植物特征确定方向

（1）植物形状：一般来说，可以利用山嘴、岸边、风口处等地理位置的树木来确定方向。以北半球为例，由于季风的作用，通常山口的松树树枝叶子在南侧的较为茂盛，北侧的就相当较少；而岸边的柳树枝条的倾斜规律与上述相同。

（2）植物的趋光性：以北半球为例，多数植物花朵、叶子的朝向为南，而朝南的一侧的枝叶多繁茂，色彩更艳丽，朝北一侧的枝叶情况与朝南正相反。基于此，能够确定方向。

（3）喜阴植物：可以利用喜阴植物来确定方向，如地衣、苔藓等。如果这些喜阴的植物在阳面生长，叶小、偏干、手感硬，有发黄、棕的倾向；反之，喜阴植物在阴面生长，则叶子大、偏湿、以绿色为主。

2. 利用地物特征确定方向

（1）庙宇：由于人们会把庙宇群中殿堂的门设为朝南，观察庙宇的位置即可辨识方向。

（2）凸出地物：由于墙、地埂、石块等朝向北方的基部会有些潮湿，苔类植物就可能在此处生长。

（3）凹入地物：河流、水塘、坑等向北一侧的边缘的情况与上述相同。

（三）通过星星辨别方向

我国位于地球的北半球，所以在天气情况尚好的夜晚，不管位于何处，都能够见到北极星。我们可以通过下述两种方式来寻找位于正北天空的北极星：其一，以北斗七星（即大熊星座）为主要依据予以确定，这是因为北斗七星是七个比较亮的星，形状像一把勺子，将勺头 βα 两星连一直线向勺口方向延长，约为 αβ 两星间隔的五倍处，有一颗略暗的星，即北极星（图 2-2-4）；其二，利用 W 星（即仙后星座）予以确定北极星。该法多适用于当地球自转，看不到北斗七星时。W 星由五颗较亮的星组成，形状像个“W”字母，向 W 字缺口方向延伸约为缺口宽度的两倍处，便是北极星。

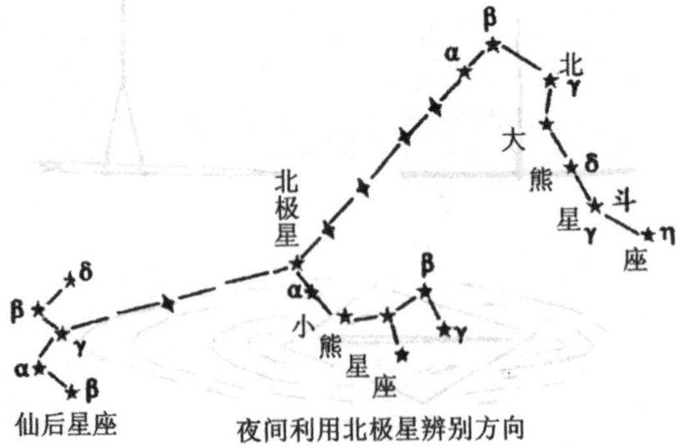

图 2-2-4 北极星

（据余亮，高校户外拓展运动教学与实践研究，2014）

（四）辨别方向的其他方法

风向、残雪以及日影等也可以成为户外运动者确定方向的主要依据。

1. 风向

一般来说，季节风具有一定的方向性，在我国绝大部分区域，以风向为依据进行方向辨别都是一个好方法。通常，春天多为南风，夏天多为西南风，秋天多为东北风，冬天多为北风。在这里需要引起注意的是，需要有针对性地和其他方法结合在一起使用，以便提高方向的准确性。

2. 残雪

残雪也是一种常见的辨别方向的方式。多见于冬天或是下过雪的地区，通过观察残雪的融化状态的方式来确定方向。在这里需要强调的是，只有观察最少为两日天前的残雪才具有效果。通常，与阳面的雪进行比较，阴面的雪更松散。如果气温在零下 15℃左右的话，那么阳面的雪会留下融化的痕迹；如果冬季的日最高温度可达到零下 5℃左右的话，那么阳面的雪还会出现蜂巢状融痕。

3. 日影

根据太阳东升西落的特点来确定方向。在这里需要强调的一点，如果在活动中不慎迷路，那么迷失方向的时间恰好为日出或日落的概率并不高，在这个时候，户外运动者就需要依据日影来进行方向的辨别。具体如下：晴空万日的时候，取木棍在地面竖起，此时木棍的影子会根据太阳位置的变化而移动，这些影子在中午的时候长度最短，它的末端有一条直线作为连线，而这条直线的垂直方向就是人们想要确定的南北方向。

第三节　野外行进技术

野外行进技术在户外运动技巧中属于非常重要的内容。比较常见的技术包括徒步越野技术、涉渡河流技术、穿越丛林技术以及雪坡攀行技术。

一、徒步越野技术

（一）山区行进的具体方式

在山区行进是户外运动者经常会遇到的时候，而迷失方向也常常出现。同时部分经验不足的户外运动者还会出现体力不支的现象，这就需要运动者了解在山区行进的具体方式。具体如下：有道路就不穿林翻山；有大路不走小路；走高不走低、走梁不走沟、走纵不走横。

1. 无道路行进

走在没有规整的道路上时，户外运动者依旧需要遵循一定的原则：走梁不走沟、走纵不走横。具体来说，就是要选择在纵向的山梁、山脊、山腰、河流小溪边缘以及树高、林稀、空隙大、草丛低疏的地形上行进，相对来说，在这些地形上行进的难度要较小一些。除此之外，运动者还可以沿山体斜面和山脊线行进，以便于在夜间可以更好地观察目标以及确定方向，确保行进的安全性。在这里需要强调，在上坡的途中，运动者的身体重心要向前移并下踏，手脚并用，并沿山体斜面行进时，身体尽可能向山体一侧倾斜，两脚侧面用力，维持身体的平衡。

2. 雨季行进

无论是在雨天行进，还是在山地行进，危险系数都很好。更何况是在下雨的山地行进，安全性是关键。具体来说，在雨季行进包括如下几种方式：其一，避免在沟谷、河溪等低洼地活动，避免人员被水流冲走；其二，在户外活动，经常遇到大树，而大树又容易引落地雷于身上，致使人被雷击，可见运动者遭遇雷雨的时候，需要迅速远离大的树木，尽可能较少遭遇雷击的概率。可以选择找到周边的低洼地或稠密的灌木丛；其三，由于户外运动者身上会随身携带一些金属物品，这也易遭受雷击，而当运动者在雨中行走的时候，应该把这些物品及时地放在与自己有一段距离的地方，避免造成格外伤害。

除此之外，在山地活动的时候，一旦遇到风雪、浓雾、强风等恶劣天气，就应该立即停止一切活动，及时找到并躲避在山崖下或山洞里，等到天气情况转好后，需要依据实际的天气情况，再决定是否动身。

3. 预防滑倒与伤情处理

在复杂的山区活动的时候，人们常滑倒，为了安全起见，有几点需要注意：第一点，运动时，谨慎小心，尽可能防止滑倒现象的出现，如果不慎滑倒，不要慌乱，立刻朝向山坡，将双臂打开，两腿尽可能伸直，让身体的重心向上移，上述动作可以起到减低向下滑落的速度的作用；第二点，若不慎滑倒，那么在滑行过程中，应该及时抓住身边的能攀抓物体或是支撑物，旨在降低滑行的速度或者阻止下滑；第三点，为了防止因滑行导致身体翻滚，滑倒的时候，不要面朝外坐。

4. 其他注意事项

在山区开展户外活动，不仅要求运动者对山区的地理情况、气候天气情况予以全面了解，同时还要有充足的体力储备。面对复杂的地理环境，一定不要高估自己的体力。一旦出现疲劳的症状，应及时休息，确保体力充足。一定不能在快累垮的时候再休息，这既不利于体力的及时恢复，也加大了损伤情况出现的概率，从而影响行进速度，严重者还会出现安全问题。

在山区活动的时候，良好的体力是所有活动的基础。保持体力显得至关重要。具体如下：第一点，采取大步伐的行进方式走一段路程，之后再以一种放松的状态，降低速度、缩小步伐来行进一段时间，甚至可以停下来休息，及时调整呼吸与身体状态；第二点，在休息的过程中，卸掉装具背包的做法不可取，此时可在背包下支起木棍，以减轻身体负担；第三点，如果气温较低，切忌不在石头上休息，这是由于石头自身的属性会把人身体的热量迅速吸走，导致体力的丧失。

（二）荒漠戈壁区域的具体行进方式

气候干燥、降水稀少、蒸发量大、植被贫乏、湿润指数在 0. 20 以下；土地十分贫瘠，日气温差很大，风力作用强烈，上述这些都是荒漠戈壁区域的主要地理特征。基于此，在该地形区开展户外活动的时候，如下几个方面需要引起重视：其一，若白天在荒漠戈壁活动，防晒、抗高温是关键；其二，若在夜晚行进，保暖是重点；其三，带够充足的水和食物。

在荒漠地区活动，具有一定的危险性。这是因为该地区没有明显的方位辨识标志，其周边环境相似，尤其是在多流动沙丘分布的地区，地表一直在改变自己的形态，深受大风的影响，地表形态通常会因此彻底发生改变。因此在荒漠分布区活动的时候，应该及时地核对自己所在的方位，避免迷路。下面介绍一些常见的措施：野外行动者需要经常使用地图、罗盘或 GPS 以辨识方位；若没有地图和定位仪器，那么就需要依据太阳、月亮、星星来进行方向的辨别，并且要找到公路、小路、水源等。如果有之前人来过的道路，并留下了一些轨迹线索，那么依此来开展行进活动更好；如果需要在荒漠戈壁中寻找水源，则需要将一些动作作为主要的指向标志，如骆驼和植物。

（三）栈道的具体行进方式

在栈道上行进也非常危险，这是由于栈道两侧的环境都比较险恶，一面为峡壁，另一面为河谷，下方为悬崖万丈，通常只能让一个人通行。除此之外，户外运动者都会背包行进，倘若突然转身或下蹲，背包非常容易碰到岩壁上，将自己顶出去，发生安全问题。由此可见，想要安全通过栈道区域，不仅需要具备安全意识，而且还应该掌握正确的行进方法，具体如下：面向岩壁侧身，使身体或身体重心尽量贴靠在岩壁的一侧，缓慢移动通过，不要过于紧张或疏忽大意。

（四）草坡碎石坡的具体行进方式

在草坡碎石坡行进的方法可被划分为上行方法与下行方法两种。

1. 草坡碎石坡的上行方法

在户外运动时，难免遇到草坡和碎石坡。可见，户外运动者需要熟练掌握草坡碎石坡的行进方法。运动者既要判断路线是否正确性与安全性，又要关注路线的选择是否适。具体来说，适宜在草坡碎石坡行进的方法分为如家几种：直线攀登法与“之”字形攀登法。

（1）直线攀登法

上坡的时候，身体稍向前倾，全脚掌着地，两膝弯曲，两脚呈八字形，步伐不能过大，步速也不能过快。提膝不能太高，需要充分利用大腿肌肉力量，步幅应少。这种行进法多用于坡度在 30 度以下的山坡攀登运动。

（2）“之”字形攀登法

攀登的时候，腿要微微弯曲，上体向前倾；内侧脚脚尖向前，全脚掌着地，外侧脚脚尖要向外撇。利用这种方式行走，身体平衡是关键。如果要向左转弯，应该先迈左脚；如果要向右转弯，则应该先迈右脚。这种行进法多用于坡度大于 30 度的山坡攀登运动。

2. 草坡碎石坡的下行方法

我国有句古话：“上山容易下山难”。这也告诉我们，在下草坡碎石坡的时候，务必按照“上山弯腰，下山凸肚”的原则进行，通俗易懂地说，在上山的时候，上体要前倾，在下山的时候，身体要后倾，从而维持平衡。

根据不同的山坡情况，户外运动者可以采用不同的方式来下坡，具体如下。

（1）在攀登山坡的下坡度小于 30°时，应两腿微微弯曲，膝关节放松，脚跟应先着地，身体重心需要发生变化，先在脚跟处，后到全脚掌，把身体的重量都压在脚上，步子不要太大。

（2）在攀登山坡的下坡度大于30°的时候，应内侧脚用脚掌和脚外侧蹬地，外侧脚用脚跟和脚内侧蹬地；身体向内后方倾斜从而维持身体平衡。

（3）当运动者要经过河流上游的碎石滩地、沟谷出口以及坡麓地带的倒石堆等碎石地的时候，第一步应该试探周围的石块是否稳固，不能用力踩在石块上，尽量避免由于身体失去平衡出现滑倒、受伤等问题，而后才能利用小步子继续活动。

（五）夜间行走的具体方式

我们都知道，在陌生地域夜间行进具有一定的危险性。可见，户外运动者需要熟练掌握夜间行走的方法，方能保证夜间行进的安全性。

通常，夜间并非伸手不见五指，人的室外夜视能力并没有完全消失，所以人们依旧能够对夜间物体的边缘和轮廓进行观察。在半个小时以后，眼睛会对黑暗的环境逐渐适应下来，夜视能力也会随之增强，在这里需要强调的时候，应尽量避免亮光刺激，否则夜视能力会消失，如果需要重新形成夜视能力，则会多花费时间。

如果需要在夜间查看地图，则要把红色滤片覆在电筒前面，从而起到维持夜视能力的作用。在黑暗的环境中，无论是听觉还是嗅觉都会变灵敏，户外运动者可以利用这一特性来辨别在夜间看不到的信息，如利用河中流水的声音来预测流速等。除此之外，在黑暗的环境中行走，步速一定要慢，步幅要小，需要前移之前先做试探，如果需要在夜间下坡，则需要让身体重心后移。

虽然，在夜间户外运动者也能够在感官器官的帮助下，及时获取一些有效信息。但为了确保方向无误，应该充分发挥指南针的作用。另外，尽可能地沿开阔地行进。

二、涉渡河流的基本技巧

前文主要论述了如何在陆地区域安全地开展户外活动，下面将介绍涉渡河流的一些常见且具备实用性的技巧。

如果在开展户外活动的时候，面前出现了河流，户外运动者不要毫无顾忌地涉渡河流，而应该更为小心与谨慎。安全涉渡不仅要求运动者对河流有大体的了解与掌握，而且还有具备一定的涉渡技巧，方可确保渡河的安全性。简单地说，如果河流较浅、流速慢、河底结构稳固，且气温较为适宜，就可以慢慢地趟过去。但是，如果水流湍急，水温低，河床坎坷不平，涉渡时要有适当的保护。

（一）徒步渡河

徒步涉水渡河主要适用于水流不太急或者河水较浅的情况。其又可被划分为如下三种：单人、双人与多人渡河。

1. 单人渡河

单人渡河所需的工具：长棍、保护绳等，其旨在防止运动者因有水而滑倒或被河水冲走。具体来说，单人渡河的时候，应该用一根长棍撑着河底渡河，在这里要引起注意，木棍的支点要在水的上游一侧，并与两脚一起形成三个支点，从而让身体与木棍之间比较牢固的状态，防止滑倒。

合理的渡河方法：向前行进的时候，身体要向上游方向倾斜，借助木棍的支点，待到两脚站稳后，将木棍向前移动。渡河时，一定要谨慎小心。向前出脚的时候，步速要慢，步幅要小，步伐要小，将两个支点固定之后，再移动另一个支点。一旦出现水流过急的现象，为防止被大水冲走，此时两人配合就显得格外重要，需要在两人的腰间系上保护绳，一人渡河，另一人站在岸上做保护。如果渡河的人在水中摔倒或被水冲倒，在岸上的人就能够通过保护绳拉住渡河的人，确保渡河人的安全（图 2-3-1）。

图 2-3-1　单人渡河

（据余亮，高校户外拓展运动教学与实践研究，2014）

2. 双人渡河

双人渡河，相互配合是关键，在保持身体平衡的前提下，缓慢地渡过河流。正确的方法为：两人对面站立，双手相互搭在肩上，做侧向跨步前进。在渡河的时候，有一点需要注意：前进的过程中，两人步调必须一致，否则容易造成两人失去平衡，从而滑倒(图 2-3-2)。

图 2-3-2　双人渡河

（据余亮，高校户外拓展运动教学与实践研究，2014）

3. 多人渡河

如果需要渡河的人较多时，一般会选择多人渡河的方式，具体来说，就是将三到五人分为一组采用一种名为“墙式”渡河法。正确的“墙式”渡河法是：多人站成一列横队，互搭肩膀，身体强壮者应于上游方向，面向对岸移动前进过河。

另外，“轮状”渡河法也是多人渡河时往往采用的方式，其正确的方法为：四五个

人围成一个圆圈，互搭臂膀，朝着水流方向像车轮一样地转动，横渡前进（图 2-3-3）

图 2-3-3　多人渡河

（据余亮，高校户外拓展运动教学与实践研究，2014）

（二）木筏竹筏渡河

在渡河的过程中，如果河流较宽或水深流急，那么需要就地取材制作漂渡工具，如木筏子、竹筏子等（图 2-3-4）。在这里需要注意的是，由于河流较宽或者水深急流时，河流内部的情况较为复杂，难以预测，故为了避免危险的发生，一定不要轻易徒步涉渡。

图 2-3-4　木筏竹筏渡河

（据余亮，高校户外拓展运动教学与实践研究，2014）

（三）泅渡方式渡河

游泳技能是户外运动者必备的能力之一。基于游泳技能，人们在面对河流水深但流速缓的情况下，就能够选择泅渡这种方式渡河。有如下几点需要注意：第一点，提前准备好行装和物品，并把衣袖与裤腿平整地卷叠到手臂和大腿的适当位置；第二点，在下水前，要做好准备活动，以免在泅渡时出现抽筋等身体问题。直接泅渡、利用制式器材泅渡以及借助水上工具渡河为泅渡的几种过河方式。

1. 直接泅渡

利用游泳法，负重过河。负重泅渡的姿势多为蛙泳和侧泳的姿势。通常，在水中游的时候，速度要保持好，匀速游进，控制好划水的节奏，切忌游得太快或太慢，避免过大的体力消耗。在泅渡过河中，如果遇到激流险滩或漩涡等，需要加速游进来应对。

2. 利用制式器材泅渡

如果户外运动者遇到的河流水面比较宽阔，那么就需要利用制式器材泅渡的方式渡河。这种方式需要器材的支持，但多数情况下没有提前准备好器材，此时可以充分利用身边的材料以及物品来制作简易的泅渡器材。雨布浮包、裤气囊以及竹筒漂浮器等为比较多见的泅渡工具。

（1）雨布浮包

可利用自己所携带的雨布、雨衣、塑料袋等来制作。先把雨布、雨衣、塑料袋摊开，胶质面向地，之后把棉衣、空易拉罐、空塑料瓶、泡沫塑料等放在其上仔细密封包捆扎实即可。

（2）裤气囊

制作流程为：先将自己的长裤脱下，利用鞋带来将两个裤腿口扎紧，将其放入河中浸湿后，拧干，两手拿着裤腰处迅速向前兜气，立即压入水中，将裤腰用鞋带等紧扣。

（3）竹筒漂浮器

制作流程为：找4~6段孔径为7厘米、长度为30~40厘米的竹筒（两端必须留节），用绳子并联成排扎紧，扎出两排，留出背带即可。使用竹筒漂浮器泅渡时，要求运动者的前胸和后背要各有一排，每排有2~3段竹筒，通过上述步骤，可以确保有足够的浮力使人在水面上漂起来。

3. 借助水上工具渡河

如果需要渡水面宽阔的河流与湖泊，上面两种方法都不太合适，此时需要利用相关的水上工具完成渡河。在对渡河工具进行选择的时候，需要遵循安全、低价以及有效的基本原则。下述两方面内容需要注意：其一，应该选择有正规的且可以购票乘坐的水上交通工具；其二，最好选择当下所拥有的工具，从而减少制作工具所浪费的时间。

（四）架独木桥渡河

如果出现河道狭窄，水流湍急的情况，泅渡不能保证安全性的时候，多选择架独木桥渡河。但由于架独木桥的难度较大，其要求运动者既要掌握正确的制作独木桥的方法，而且还要熟练掌握过独木桥的方法。

1. 独木桥的制作过程

独木桥的制作过程如下：第一步要采伐1~3根树木（粗竹），在河岸两边高差不大的地方并排放置，用绳子把这些树木扎紧；第二步，在此岸的一端桥头挖一沟槽，把端头嵌入，防止滑倒；第三步，完成独木桥后，将其固定在河流的两岸；第四步；把一根长度比河面宽的木材较粗的一头固定在此岸，靠近较细的一头处用绳索打结，由几个人先把木材拉起来，然后再慢慢地放绳子，把木材放到对岸。

当独木桥架好之后，为了保证安全，需要先找一个技术较好的人先过去，做好保护之后，其余的人再逐个过去。

2. 过独木桥的方法

由于独木桥较窄，在上面行走具有一定难度，这对运动者也有较高的要求，如较高的平衡能力与技术。基于此，在过独木桥时，运动者需要熟练掌握正确的方法。过独木桥的具体流程是：步幅跨开同肩宽，眼睛看前方一公尺左右处，一步步牢固贴在桥上，步速要快。如果桥身不长，步速快一点也无妨，只要保持平衡，通常很容易就能通过。

三、穿越丛林的基本技巧

除了上述的内容之外，丛林穿越也是如今在户外运动者人群中受到欢迎的活动形式之一。丛林的环境较为复杂，在热带雨林穿越与在山区丛林穿越所需要的技巧有所不同，下面进行具体阐述。

（一）热带雨林的穿越技巧

若要在热带雨林穿越，在选择路线的时候，一定要严格遵循最安全、阻碍最小的行进原则。为了确保在热带雨林行进的安全性，需要时刻注意自己的行进方向和所在位置。在正式走进热带雨林之前，需要做好充分的准备工作，具体涉及如下方面：其一，保持良好的身体状况；其二，准备好个人装备与专用装备；其三，准备充足的食物与水；其四，准备良好的导航装备，且具备使用装备的能力。

如果要穿过密集的植物，为了避免植物的枝叶对身体造成伤害，确保安全、顺利地通过热带雨淋，有如下几点需要注意：其一，动作要又慢又稳，同时还要观察周围的动静，确定方位；其二，避免让身体与植物直接基础，通过树枝或棍棒来拨开植物，防止身体触红火蚁；其三，结合之前野兽在地面上留下的痕迹来确定道路，从而寻找到水源或较开阔的地方。

（二）山区丛林的穿越技巧

在野外行进的时候，通常会在山区丛林行进，旨在行进的安全性以及行进的顺利完成，确定方向与保持联系至关重要。由此可见，运动者在穿越不熟悉山林的时候，指南针必须随身携带，同时要加强通讯联络，如果条件允许的话，可以请熟悉该地区地形的人做向导，以避免迷失方向或者队伍走散。另外，运动者还应该穿戴好服装和装备，以避免身体遭受丛林中动植物所带来的伤害。

综上所述，运动者应该结合实际情况，选择更为适宜的行进方式，在保证安全性的同时，提高行进的质量与效率。

1. 服装与装备

在丛林区域活动的时候，充足且适宜的服装和装备至关重要。具体来说，运动者需要提前准备并穿好高腰鞋子。同时还要把裤腿和袖口、领都扎紧，最好把裤腿直接塞到鞋子里面，如果有条件的话，运动者应该随身携带手套。只要保证上述服装与装备都穿戴好，才能够保证自身的安全，换言之，运动员穿戴齐全，不仅可以防止与减少一些植物刺伤或是将皮肤划破，而且还能够起到防止蚊虫叮咬的作用。

除此之外，由于很多具有攻击性的动物在丛林中生活，运动者需要在行进时，格外小心，尽可能地避免这些危险的动物对自己的人身安全造成威胁，对此，运动者需要掌握相关的预防措施，如运动者可以在鞋面上涂驱避剂或肥皂，可以起到防止昆虫往身上爬的作用；在行进过程中，利用木棍“打草惊蛇”，以防毒蛇的袭击。即使遇到的蛇没有毒性，运动者也需要认对待，仔细观察，避免被咬到；如果运动者在行进过程中，遇到成群的毒蜂，此时应该快跑，从而躲避毒蜂的追赶，另外也可以伏地蹲下，利用雨衣来将皮肤遮挡。

2. 正确的行进方式

正因山区丛林地区的地形较为复杂，植被种类与数量丰富。运动者在该区域进行活动的时候，应该结合实际情况选择相应的行进方式。

如果运动者需要在高草地区域内活动，那么就需要选择适宜的行进方式，具体如下：第一步，先要在前方的较高位置的时候挑选一个比较显眼的方位物，对距离与时间进行一下简单的估算，之后为了保护两耳和面部，需要运动者将手套戴上，准备就绪后，就可以行进了；一旦没有在预计时间内到达之前所设定的距离目标，就需要及时停下来，找到之前设定好的方位物，完成方向的校对之后，再行动；一旦在行进过程中，脚下的路被藤蔓竹草所覆盖，此时需要利用工具（如刀之类的尖锐物体）将其隔开；一旦藤木是以横向状态来将道路遮挡的话，此时就需要根据“两刀三段，拿掉中间”的原则，相反，如果藤木是以笔直的状态挡道的话，此时则需要根据的原则就是“一刀两段，拨开就算”。

如果运动者需要在草丛不够茂密的丛林开展活动的时候，则应该依据下述基本原则：“高草分”“低草压”。反之，如果草深较为浓密，则应该利用锋利的工具为自己开路，此时应该遵循的原则是：“不过头，两边分，从中走；不见天，吹个洞，往里钻”。

四、雪坡攀行的基本技巧

在雪坡上活动的难度与危险性不亚于上述三种情况，也就是说，如果户外运动者想顺利通过雪坡就需要熟练掌握一系列雪坡攀行的相关技巧。一般来说，“三拍攀登法”是比较常见的方式：第一步，先把冰镐的把柄插入雪坡内，两手横握冰镐头的两端；第二步，用一只脚尖用力蹬破雪面，形成一个支撑点；第三步，用另一只脚向上，蹬破雪面构成另一个支撑点，向上攀登。

在攀行途中，务必结合雪坡的坡度来选择合适的方式。若雪坡坡度缓，则向前迈出的脚应需要平展地踩在雪面凹部，体重伴随脚的下蹬向前移动，后脚自然跟上。在这里需要强调几点：第一点，在攀行的过程中，上体要放松，并向前倾；第二点，向前迈步下踏时要稍用力，步幅小一点，若步幅过大，则导致身体重心的转移。

上述几个方面可以有效保证运动者能够顺利攀行雪坡。若雪坡的坡度过大，则要选择踢步技术以确保安全。直线攀登、斜线攀登和水平横渡、直线下降及制动式滑降等就是其常见的方式。下面着重介绍直线攀登、水平横渡和斜线攀登。

（一）直线攀登

直线攀登要求运动者具备如下技巧：迈出脚的脚尖朝下，用鞋尖部分沿水平线垂直方向用力踢入冰雪面，身体重心随着脚的左右倒换，向上攀登移动。使用直线攀登法时，需要注意如下两个方面：其一，在踢人冰雪面时，开始应用力踢，使鞋底的二分之一没入冰雪层中；其二，上行步幅要小（图 2-3-5）。

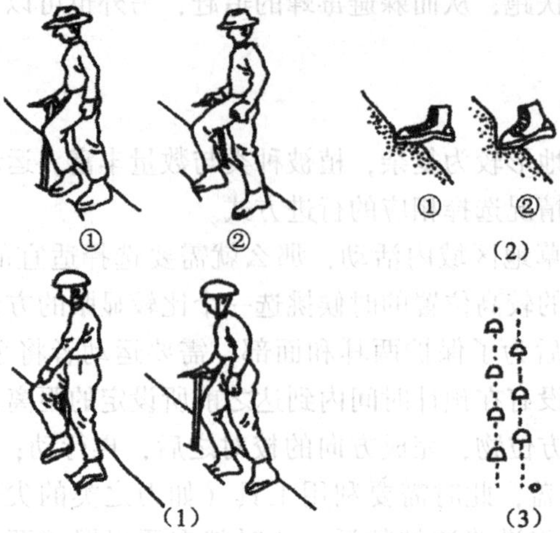

图 2-3-5 直线攀登

（据余亮，高校户外拓展运动教学与实践研究，2014）

（二）水平横渡与斜线攀登

在雪坡上活动，安全性都是第一位。因此无论运动者使用何种方式都应该做到如下：靠雪坡一侧的脚一定要紧贴坡面水平用力踢，使脚切入冰雪面，使踩踏牢固（图 2-3-6）。

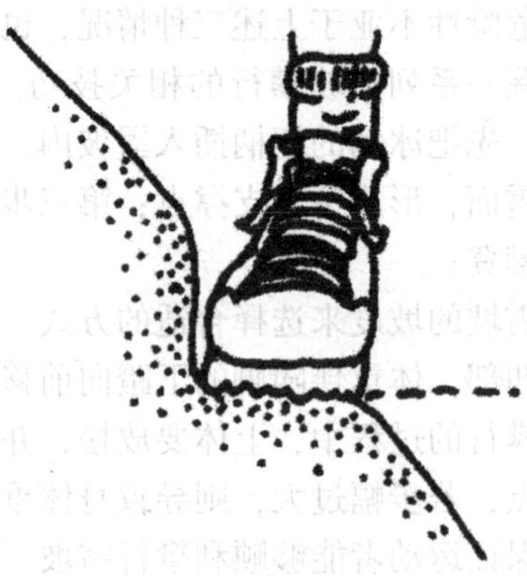

图 2-3-6 水平横渡和斜线攀登

（据余亮，高校户外拓展运动教学与实践研究，2014）

由于冰川表面存在不少裂隙，一旦处于冰爆区和山麓边缘的冰出现裂缝，尤其是一些被积雪所覆盖的裂隙，存在极大的安全隐患，甚至会对人的生命造成威胁。因此在攀登冰川与雪坡的时候，谨慎为上。一般来说，在通过裂隙时，必须由几个人结为一组一同前行，同时要充分利用绳子把队员连接起来，最好让临近队员之间的距离维持在 15 米左右最好。如果在行进过程中，有队员不慎滑倒，此时其他的队员也能够确保整个行进团队的安全性。除此之外，走在队伍前面的人必须保证目前所走的是安全路线，这样一来，跟在后面的队员也可以保证所走的路线为安全的，但重要的前提是后面的队员必须踩着前面队员留下的脚印行走，从而保证与提高行进的安全性。

综上所述，如果运动者的活动范围为冰川和雪坡地区的时候，尽可能地少走，甚至是不走存在裂隙的地面。针对不同的地形上，行进的路线也要有所选择，即有针对性地选择更为合适的行走路线。

例如，在积雪上活动的时候，应该找地面上的雪较硬的地方；在山谷之中活动的时候，应该尽可能地靠着山谷中心线来进行，从而起到躲避山坡滚石的作用。除此之外，为阻止因雪崩之类的自然灾害而造成的安全问题的出现，运动者在活动过程中，尽可能地远离雪檐。

第三章　定向运动

定向运动是一种参与者使用地图和指南针在最短的时间内去往几个标志（检查站）的特殊体育运动，它是一种充分调动运动员脑力和体力相结合的运动，世界定向运动锦标赛冠军奥尔森曾经这样评价定向运动，“定向运动比赛就像一个人同时参加马拉松和国际象棋”，该评价生动地反映了定向运动的本质特征。定向运动是一项个人体验项目，只有亲自参与才能体验其乐趣和价值。定向运动也是一项团队协作项目与个人体验为一体的项目。无线电测向运动是一种类似捉迷藏游戏的竞技运动，也多用于生存训练，是科技与自然的完美结合。无线电测向运动既可以用作个人训练，培养受训者的野外生存能力；也可以用作团体训练，培养队员的团结协作精神。

第一节　定向运动概述

一、定向运动的起源

定向运动起源于 19 世纪后期的瑞典和挪威联合王国及斯堪的纳维亚半岛，至今已有 100 多年的历史。1897 年 10 月 31 日，世界上第一个定向运动活动在挪威奥斯陆的军营举行。那时，只有 8 名参赛者，游戏使用了 1∶3000 的地图，比赛的总长度为 10. 5 公里，共设置了 3 个检查站，冠军花了 1 小时 41 分 7 秒到达目的地。1899 年 2 月 6 日，世界上第一个滑雪定向运动活动在挪威特隆赫姆举行，有 12 名选手参加比赛，比赛总长度 20 公里，冠军花了 2 小时 3 分 2 秒。

1977 年，国际奥林匹克委员会正式把定向运动列为奥运赛事项目之一，如今，定向运动在世界上许多国家开始流行，一些国家还在体育教学中加入定向体育课程。定向运动于 1979 年引入香港，并于 1983 年引入中国大陆，1992 年，国际联合会批准中国正式加入国际定向联合会（IOF），1994 年，第一届全国定向锦标赛在北京怀柔区举行，1995 年，第一届全国高校定向运动锦标赛在吉林省吉林市举行，2002 年，第二届全国体育大会将定向越野列为正式比赛，2004 年，它被列入国家大学生运动会的官方比赛。

二、定向运动的概念

定向运动是指运动员使用方向图和指南针自行选择行进路线，并按照制定者设计的顺序访问地图上标记的地面检查点，在最短的时间内到达检查点或在指定的时间内到达检查点为得分，得分最多者最后获胜。定向运动的场地通常设置在山地丛林中，以及各种大型公园，参与定向运动必须有方向图，方向图上标有方向运动，方向路线通常包括起点“由三角形表示”，终点“由双圆圈表示”和一系列检查点“由单个圆圈”表示。

三、定向运动的分类

（一）定向越野（即徒步定向）

这是定向运动中设置和实施开展最为简单的一种形式，因为它可以最直接地测试参赛者使用地图、路线选择、体力储存的能力，而且对年龄和性别没有严格限制，男女老少都能参与，可以充分感受比赛的乐趣。为了增加游戏的趣味性，在判分标准上，制定者和裁判可以设置多种评判标准，如：单人成绩、团体成绩、个人跑成绩、团体跑成绩等。

（二）接力定向

接力定向主要考验的是选手团体之间的配合与默契程度，其表现取决于每个团队成员的个人能力。在接力定向比赛中，比赛路线被分成几个部分，每个选手只完成其中一个（使用相同地点的另一个地图），并且每个选手的得分进行综合统计，成为团队的最终得分。为了方便观众欣赏选手之间的激烈竞争，接力定向赛场上还有一个“比赛中心”，每位选手都需要通过此区域以触手方式进行交接（没有接力棒）。

（三）山地车定向

山地车定向，是指骑山地车的运动员的定向运动，它需要比徒步定向更大的场地，并且该区域中的大小道路应该形成网络以便于骑行。由于选手骑山地车不便频繁观看地图，所以需要选手培养较强的记图和辨向能力。同时，在崎岖地形上熟练地驾驶山地车的技术也是必不可少的。山地车定向是IOF承认的最年轻的专业项目，它已有了自己的世界锦标赛。山地车定向也是按个人、团体或接力比赛等形式进行。

（四）夜间定向

这是一种难度较高的定向运动比赛形式，因为夜间通常能见度较低，视线不好，对于定向运动参赛者来说，很难辨别方向，极大地增加了比赛的难度，但也增加了比赛的观赏性和竞技性，更能彰显参赛选手的个人能力和水平。夜间定向所使用的器材，主要是点标本身或其上附有被动式的反光材料，只要有一点光线投射到它上面即可反光。参加者也需携带用于察看地图的更强照明设备：它可以很小，如微型手电筒；也可以很大、很专业，如洞穴探险头灯等，也可以自制其他方便携带的照明装置。

（五）公园定向

公园定向是在城市公园、小城镇、居民小区或类似地形上举办的徒步定向比赛。该项目的出现源于近几十年部分定向人（包括我国的爱好者）对定项运动加入国际奥林匹克运动会的渴望。专门举行这个项目比赛的世界性组织叫作“世界公园定向组织（Park World Tour，简称PWT）”。PWT试图用定项运动在公园、城镇里举办的方式，改变那个年代的传媒技术较难在山林地中宣传定向比赛的现象。通过电视转播等直观、详尽的技术手段，把定向的魅力展现在人们面前，以此增强定向的影响力和商业价值。

四、定向运动的益处

定向运动是一项非常积极健康的运动，既体现智力，也考验体力。它不仅可以增强人们的身体素质，还可以培养人们独立思考的能力以及遇到困难和压力，快速反应的能力，除此之外，定向运动还有许多的益处，具体内容如下。

(1) 对于大学生群体来说，定向运动可以有效地培养学生独立分析问题的能力，具有良好的逻辑思维能力。

(2) 定向运动也是一项适合家庭成员共同参与的运动。在周末，全家一起回归自然呼吸新鲜空气，消除工作压力，增进亲人之间的情感和沟通。

(3) 定向运动是一项磨炼人才的运动项目。因为它基于挑战，所以可以激发参与者解决困难的能力和勇气。

(4) 定向运动还是一项非常绿色的运动，该运动可以拉近人与自然环境之间的关系，使人与自然产生亲近感，并且可以让人了解自然的美丽与壮阔，从而增加保护自然的意识。

(5) 定向运动是一项全民参与的项目，没有较高的参与门槛，只需要强健的体魄和识图辨向能力。

(6) 定向运动也是一个促进人与人之间相互交流合作的社交体育项目。参与者不分国籍、年龄、性别、文化背景、宗教信仰，只是为了一个共同的目标而一起协作努力。因此，定向运动吸引了世界各地许多人群的积极参与。

第二节　定向运动基本知识

一、定向地图

地图是一种根据某些数学规则、符号系统，用于在平面上粗略地绘制地球表面上各种自然景观和形状的图形。因此，要读懂地图首先必须了解基本地图语言。地图语言是一种特殊图形视觉语言，它运用地图符号，按一定规则来表达地图的图形要素。地图语言的表示方式有地图符号、地图色彩和地图文字。

定向地图是一种十分详细的地形图，包括地面基本障碍物和交通信息等，以磁北方向线为导向，并且包括三个基本要素，即数学基础、地理要素和整饰要素。为了更好地向定向运动参与者提供导航帮助，定向地图清楚地标明了可能影响阅读、路线选择和导航的所有功能和属性，特别注重介绍在运行期间可能会观察到阻碍进入和阻碍通道的特征，运行的可行性和植被的可见度。

（一）比例尺

比例尺是地图重要组成部分之一，学习识别和使用定向地图，首先就应该了解地图比例的基本原理。

1. 地图比例尺的定义

地图比例尺是指按照一定的比例对实际地形、地貌、距离、范围的缩小，把地图上不同点之间的直线比率称为地图比例，具体计算公式为：地图比例尺＝图上某线段长÷相应水平距离。

例如，如果地图的比例为 1∶10000，则表示实际距离之间的长度减少了 10000 倍，而地图上的 1cm 表示字段中的 1000m，目前定向图的比例通常在 1∶500 到 1∶15000 之间。地图比例尺有多种表达方式，以数字形式表示，称为数字比例，如 1∶10000；用文字表示，称为文字比例，如万分之一，还有用线段表示，称作直线比例尺（图 3–2–1）。

图 3–2–1　直线比例尺

（据蔡勇，《户外运动与安全防卫技能》，2016 年）

2. 地图比例尺的特征

定向地图的比例尺与正常地图比例尺是相同的，即通过按照不同比例尺比值的差异，区分不同定向地图的比例，比值的大小主要是由分母来决定，如果分母很小，则比例很大，如果分母很大，则比例很小。例如在对某一实地制作定向地图，采用的比例越大，则该地图的内容越翔实，地图的整部篇幅也越大，反之，如果采用的篇幅越小，地图内容涵盖的范围越广，图幅越小。但比例越大，图表上的测量精度越高；比例越小，图表上的测量精度越低。

3. 地图比例尺的读取

实际中地图比例尺的主要目的是测量地图上线段的距离，并通过比例将其转换为相应的距离：

实地距离＝图上相应线段长×比例尺分母

只要记牢，如比例尺为 1∶5000 的地图，若图上以 cm 为单位，则比例尺分母少去“00”：

1cm×5000＝5000cm（50m）

若图上以 mm 为单位，则比例尺分母少去“000”：

1mm×5000＝5000mm（5m）

（二）等高距

等高距是指地图上相邻轮廓线之间的高度差，即两个相邻平行水平部分之间的垂直距离。等高距的选择根据地形图比例尺、地面坡度和用图目的而定。等高距的大小，决定着地貌显示的详细程度：等高距越小，显示地貌越细，反之越简略。通常，地图比例尺越大，等高距就越小；地图比例尺越小，等高距就越大。目前，中国常用的比例尺地图的等高距规定为：比例尺为 1：25000，等高距为 5m；比例尺为 1：50000，等高距为 10m；比例尺为 1：100000，等高距为 20m；比例尺为 1：250000，等高距为 50m。定向地图的等高距通常为 2m、2.5m 和 5m，百米定向地图也可能采用 1m 的等高距。

（三）定向地图的颜色

为了使参赛者更加方便地辨别地面情况，同时保持地图清晰易读，并提高地图的表现力，定向地图一般会采用不同的颜色来表示不同的地形内容：

白色（空白）表示一般起伏地面上的树木密度，地面上无阻碍的灌木或杂草等。

绿色表示密集，难以通过的森林，绿色越深，越难通过。

黄色表示开放区域，如田地、牧场或露天场地。

棕色表示起伏不平的地面，如高山、峡谷、山脊、凹地、小丘、深渊和主干道及坚硬的路面。

蓝色表示水系和沼泽、技术符号磁北线等。

（四）定向地图的磁北线

磁北线是地图上指示地球南北极方向的线，它不仅可用于校准地图的方向，测量目标的方位角，还可用于粗略确定路线的方向和距离，磁北线通常由黑色、红色或蓝色的平行线表示（图 3-2-2）。

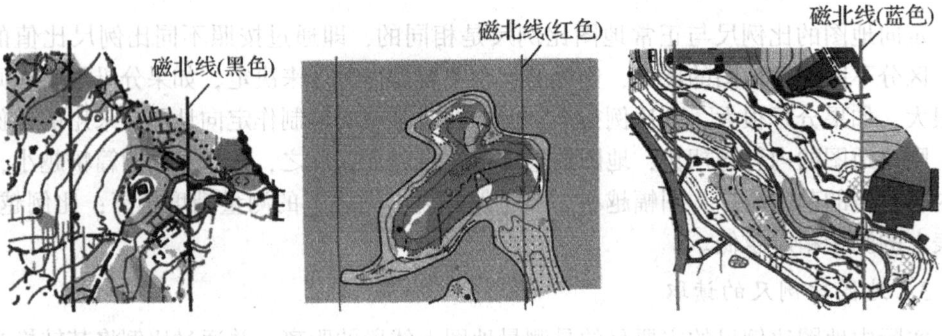

图 3-2-2　磁北线

（据蔡勇，《户外运动与安全防卫技能》，2016 年）

（五）定向地图的符号

地图符号是人们与地图进行通信的唯一信息来源，因此完整准确地识别地图符号是正确使用地图的先决条件。地图符号可以分为特征符号和地形符号，地面物体是人工建造或自然形成的固定物体，分布在地面上，如河流、湖泊、道路建筑、村庄、树木等。根据特征的符号，可以识别特征的分布、形状和大小，知晓河的宽度、湖的大小；桥的长度和道路，以及植被的分布。

地形是指地表平坦和起伏的表面自然状态，如山脉、丘陵、平地、盆地、山谷等，它还包括附着在其上的一些特征，如小丘、悬崖和沟渠。定向地图使用轮廓法来表示地形，正确和巧妙地使用轮廓来理解地貌是非常重要的，地图符号的识别不能基于机械记忆。重要的是要理解它们的制定原则与符号的图形，颜色和含义之间的关系。大多数地图符号是根据物体的平面形状制定的，例如建筑物、桥梁、河流等；有些是基于物体的侧面形状，如亭台楼、塔楼、烟囱等，还有一些符号根据具体含义制定，如地雷、气象站和变电站。定向地图中使用的符号包括四种类型，即面状特征符号、点状特征符号、线状特征符号和配置特征符号，它们分别用于表示相应的特征和微观形貌。

1. 面状地物符号

这些符号通常在地面上很大，包括树林、湖泊、湿地、建筑物等，这些符号是由尺度绘制的符号或轮廓数字表示。我们可以直接计算地图上字段中对象的长度和面积，因此这些符号也被称为面状地物符号。

2. 线状地物符号

这些符号包括小河流、高墙、各种道路等，其长度按比例缩放，宽度不用刻度表示，因此这些符号也称为半尺度符号。

3. 点状地物符号

该领域中此类符号的大小或体积通常较小，但其形状或功能具有明显的方向，为参与者提供重要的参考信息，如井、坑、树木、石头等。图案符号或点符号由比例尺表示。在图中，点符号本身并不表示对象的大小或它占据的区域，因此无法进行定量计算，这些符号仅表示对象的位置，点符号也称为不依次比例表示的符号。

4. 配置地物符号

配置地物符号指在一定空间范围内按一定的密度配置相应的点状符号形成的类似面状符号的符号，用于表示实地中呈面状分布，但分布较零乱，分布界限、具体位置和数量很难确定的特征，如沙砾地、石块地等反映地表性质的区域微地貌及果林、坟地等呈区域分布的地物特征。配置地物符号只能表示实地中达到一定分布密度的特征的范围及其相对边界。在实地中，边界外也可能有少量零散的特征分布。

（六）等高线

等高线是地面高程相等的邻接点连接而成的闭合曲线。不仅可以显示地表面的起伏形态，而且可以通过等高线判定任意点的高程（图 3-2-3）。

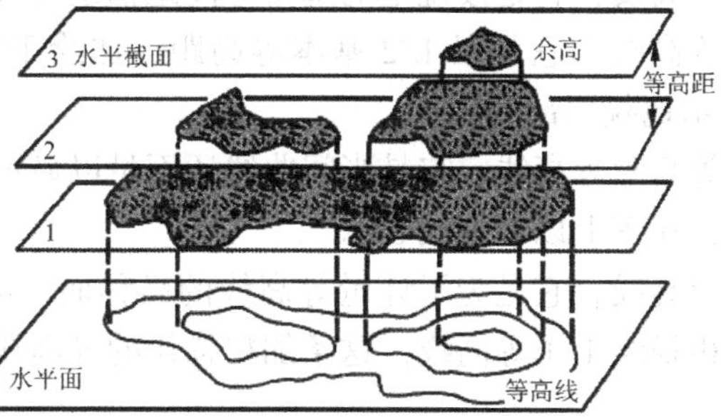

图 3-2-3　等高线

（据蔡勇，《户外运动与安全防卫技能》，2016 年）

1. 等高线显示地貌的原理

等高线是根据两平面平行则两平面间必等距的原理测绘的。设大地水准为高程基准面，假想将一座山用一组等距的平行面平行于基准面，且彼此平行的平面与地表面相切，则必然会得到平行于基准面的一组水平截口，将沿着垂直线的切口线投影到高程参考平面并以一定比例将它们绘制在纸平面上，获得一组相应的曲线，此曲线就是等高线。

2. 等高线的特性

在相同的轮廓上，每个点的高度相等，每个轮廓都是闭合曲线。在同一张地图上或同一高度下，高程越高则等高线条数越多，高程越低则等高线就越少，由此可判断地形的高低；凹地的等高线则表示深浅。相邻轮廓线之间的水平间隔与地面的斜率成反比，即相邻轮廓线之间的间隔越小，对应于地面的斜率越大，反之亦然。

等高线的形状与相应截口的形状相似，故等高线与实地相应地貌具有对应性，是图上地貌判定和野外用图的理论依据。

3. 等高线的种类

为了详细地反映地貌的局部变化和便于根据等高线迅速地判定高程，可将等高线分为首曲线、间曲线、助曲线、计曲线四种（图 3-2-4）。

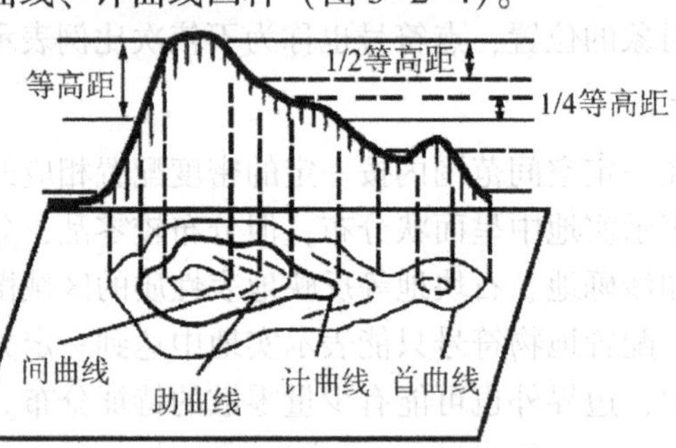

图 3-2-4　等高线种类

（据蔡勇，《户外运动与安全防卫技能》，2016 年）

首曲线，即基本等高线，它是按规定的基本等高距描绘的等高线。

间曲线，即半距等高线，它是以 1/2 基本等高距，加绘于局部的，以长虚线（长 5mm，间隔 1mm）表示地貌局部变化。

助曲线，即 1/4 等高距等高线，它是当间曲线还不足以显示地貌的微小变化时所采用的一种辅助等高线，在图上以短虚线表示。

计曲线，即加粗等高线，它是为了计量等高线的高程而设的，即从高程起算面起，每隔 4 条首曲线，加粗描绘 1 条等高线，这条加粗描绘的等高线就是计曲线。

二、地貌识别

定向运动有时会在丘陵地和山地中进行。丘陵地和山地主要由丘陵、山及独立丘等由等高线来描绘的地貌形态组成，在它们的上面还分布着许多无法用等高线描绘，只能用符号表示的微小地貌形态。掌握地貌的识别就是要掌握这些地貌形态的识别。

（一）利用等高线对地貌的基本形态的识别

虽然地貌的外观变化很大，但它们都是由某些基本形式组成的，例如山顶、山背、凹地、山谷、鞍部、山脊、山脚和斜坡等，而地貌的每一种形态都有一个独有的等高线图形加以表明。

1. 山顶的识别

山顶是独立山体的最高部分，亦称山头。山顶有尖山顶、圆山顶、平山顶之分，相应地可从等高线的组合结构特征上反映山顶的形态，用图者正是通过认识山顶的等高线组合特征来识别山顶的（图 3-2-5）。

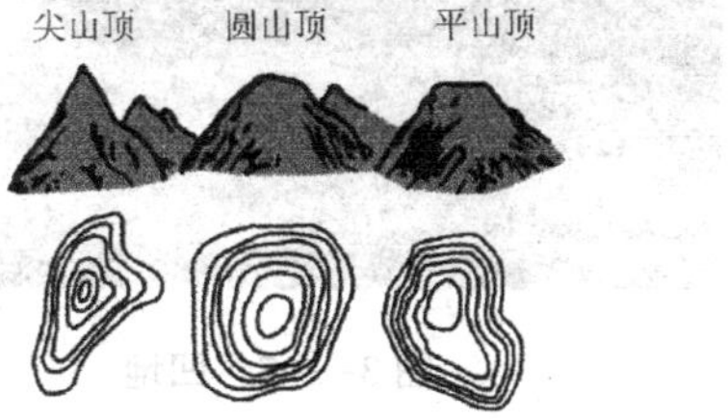

图 3-2-5 山顶

（据蔡勇，《户外运动与安全防卫技能》，2016 年）

尖山顶的等高线环圈小而间隔小，转折锋锐与尖山顶峰尖坡陡脊显的特点相应。圆山顶的等高线环圈浑圆而间隔较均匀，转折和缓，与圆山顶丰满圆润、坡度和缓的特点相应。平山顶的最高一条等高线露空宽大，而以下相邻等高线骤然紧密，与平山顶的顶部宽平、四周陡峻之态相应。

2. 山背的识别

山背就是从山脚至山顶凸形的部分。山背可分为尖山背、圆山背和平齐山背三类（图 3-2-6）。尖山背的等高线纵向延伸较远、转折尖锐，横向等高线间距较小，峰脊明显，这种形态与尖山背脊远伸、两坡陡峻的特点相一致。圆山背的等高线转折圆滑、纵向间距离较横向间距为大，等高线间近乎平行，并与圆山背特点相应。平齐山背的等高线呈阶梯状分组分布，纵向宽平，且组与组间间距较大，但紧接着每一组内等高线间距急剧变狭，这与平齐山背的地貌特点相一致。

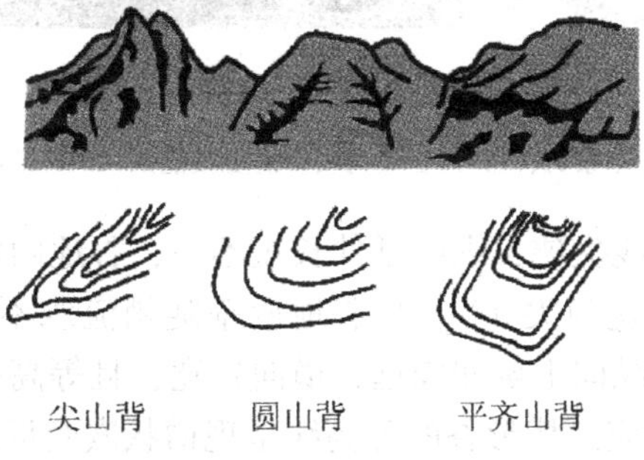

图 3-2-6 山脊

（据蔡勇，《户外运动与安全防卫技能》，2016 年）

3. 凹地的识别

凹地是四周高中间低且无积水的锅形地（图 3-2-7）。大面积的低地称为盘地，小面积的低地称为凹地，石灰岩地区多见有凹地地形。凹地与山丘一样用等高线表示，为与山丘等高线有所区别，描绘的凹地等高线内侧绘有两条示坡线，而山头的两条示坡线则绘于等高线之外侧。也就是说，同一等高线上两条示坡线相对者必为凹地，而示坡线相背者必为山头。故描绘凹地的等高线之高程低于外圈的高程，山头则正相反，内圈等高线的高程高于外圈的高程。

图 3-2-7　凹地

（据蔡勇，《户外运动与安全防卫技能》，2016 年）

4. 山谷的识别

山谷是两座山脊之间的低凹部分，山谷是水集中的地方，因此连接低凹部分最低点的线是水线，以山顶或鞍部为准，山谷的轮廓凹陷在山的背面。山谷可分为尖形谷、圆形谷和槽形谷（图 3-2-8）。

图 3-2-8　山谷

（据蔡勇，《户外运动与安全防卫技能》，2016 年）

尖（V）形谷的等高线尖狭，纵向延伸长短不一，谷地两侧之等高线十分紧密，相邻等高线之间间距很小，这与尖（V）形谷地两壁陡峭流水不断冲刷侵蚀的特点相应。圆（U）形谷的等高线在纵向上延伸较远，横向较宽，且等高线圆滑，这与圆形谷谷坡和缓、谷底较宽的特点相应。槽形谷的等高线呈现槽状嵌套形结构，纵向间距较大，横向间距较近，与槽形谷地纵坡较缓、谷地横断面较宽，而两坡陡峭的特点相应。

5. 鞍部的识别

鞍部是连接山脊上相邻山丘的凹形部分，形状像马鞍（图 3-2-9）。鞍部等高线由两组对称等高线构成：一组为相邻山头之山背的等高线；另一组为鞍部两侧之山谷谷源的等高线。按这两组山背、山谷是否对称的情况，鞍部可分为对称形的和不对称形的两种。

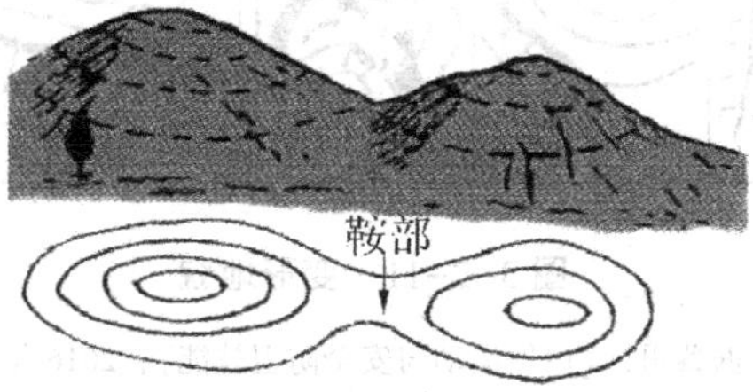

图 3-2-9　鞍部

（据蔡勇，《户外运动与安全防卫技能》，2016 年）

6. 山脊的识别

山脊是同脉上由数个相邻山顶、鞍部交错连接的最高棱线。显然，山脊亦有尖山脊、圆山脊之分（图 3-2-10）。

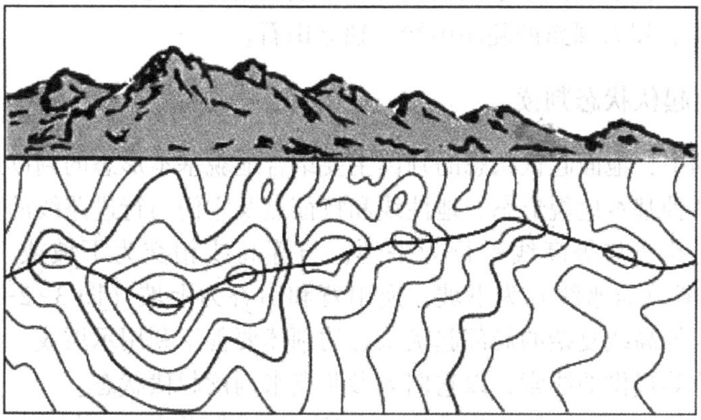

图 3-2-10　山脊

（据蔡勇，《户外运动与安全防卫技能》，2016 年）

（二）变形地貌的识别

凡是不能用等高线表示的地貌都称为特殊地貌，亦称变形地貌，如冲沟、陡崖、崩崖、滑坡、陡石山等。它们是地球内力和外力长期作用所形成的，为此设计了对应的符号，来识别特殊地貌（图 3-2-11）。

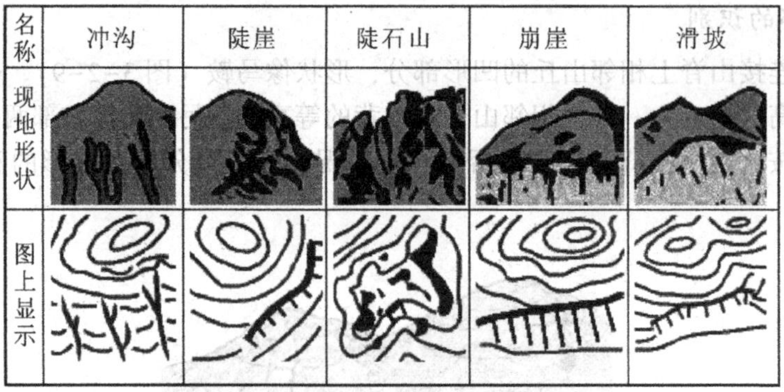

图 3-2-11　变形地貌

（据蔡勇，《户外运动与安全防卫技能》，2016 年）

（1）冲沟，地面因雨水冲刷而形成的大小深沟称冲沟。冲沟的沟壁一般比较陡峭，在定向地图上根据其宽度分别用单线或双线表示，冲沟一般注记深度，如分数式注记，分子表宽度，分母表深度。

（2）陡崖，高地斜面坡度接近垂直（大于 70°），难以攀登的陡峭崖壁称陡崖或断崖。符号的实线表示崖壁的上沿部位，注记数字为陡崖的高度。

（3）崩崖，沙质或石质山坡受风化作用向山坡方向崩落的沙土或石硝地段。

（4）滑坡，斜面表面因雨水或其他外力影响而滑落的地段。

（5）陡石山，崖石裸露的陡峭山脊、独立山石。

（三）地面起伏状态判读

在定向运动中，地面起伏状态的判读主要结合地貌基本形态的判读进行。通过识别行进路线上的各种基本地貌形态、地性线和特征点及它们与行进路线的关系来判定地面的起伏。如行进路线与等高线平行为平地，与等高线相交为下坡或上坡。沿着山背（分水线）和山谷（合水线）为下坡，逆山背和山谷为上坡（图 3-2-12）。另外，对于地貌细节多，等高线复杂的局部起伏状态的判读要善于利用示坡线、微小地貌特征如陡崖、土质陡坎等提供的线索，以它们为参照点来判读起伏状态。

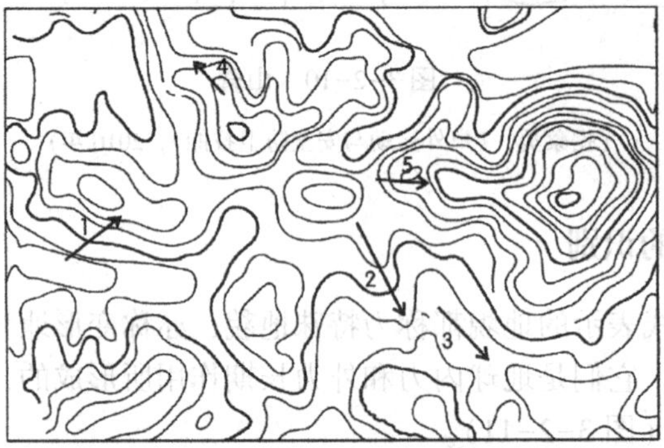

图 3-2-12　地面起伏状态的判读示意图

（1. 上坡，2. 下坡，3. 平地，4. 下坡，5. 上坡）

（据蔡勇，《户外运动与安全防卫技能》，2016 年）

第三节　定向运动基本技术

定向运动技术是指参与者完成定向运动所运用的各种方法，科学合理地运用各种定向运动技术是运动员取得比赛胜利的基础。定向运动基本技术由读图技术、指北针使用技术、距离判断技术、路线选择技术、重新定位技术和检查点捕捉技术几部分构成。

一、读图类型

读图是将二维的平面地图通过对地图知识的理解在头脑中形成与实际地形相对应的认知过程。学习读图，参与者首先要掌握一定的地图知识，并能够熟练地运用到读图中去，才能做到迅速准确地读图。

为了学习上的方便，这里将读图技术分为动作技术和认知技术两个方面（表 3-3-1）。

表 3-3-1　读图技术分类

动作技术	认知技术
标定地图	简化地图
确定前进方向	概略地图
折叠地图	精确地图
拇指辅行	提前地图

（1）标定地图，使地图与现地保持一致，这是首先要学习和掌握的技能。

（2）确定前进方向，就是利用地图信息和指北针确定下一个目标的方位，是在标定地图后接着要掌握的技能，在很多情况下，标定地图和确定前进方向是同时进行的。

（3）折叠地图，能更便捷有效地读图。拿到地图后，折叠要适宜，应让地图大部分握在手上。保证在地图上看见要跑的方向（下面的一到两个检查点），如果折叠后离图的边太近了需重新折叠。合理地运用折叠地图技术，可以在比赛中建立更快地标定地图和更有效地读图等优势。

（4）拇指辅行，是初学者所采用的基本技术。从起点开始，将拇指压于站立点侧后方，在行进过程中不断移动拇指，使拇指在地图上的移动与个体在实地行进过程保持同步。在用地图导航行进中，不断移动拇指，转动地图，保持位置、方位的连贯性与正确性。

（5）简化地图，指忽略地图上复杂的或次要的特征，只选择出重要的对导航和“捕捉”检查点有实际意义的特征。在许多情况下并不是所有的细节都有导航作用，读地图上的所有细节只会降低运动的速度。因此如非必要，只需要读地图上比较大的或具有导航作用的特征（图 3-3-1）。

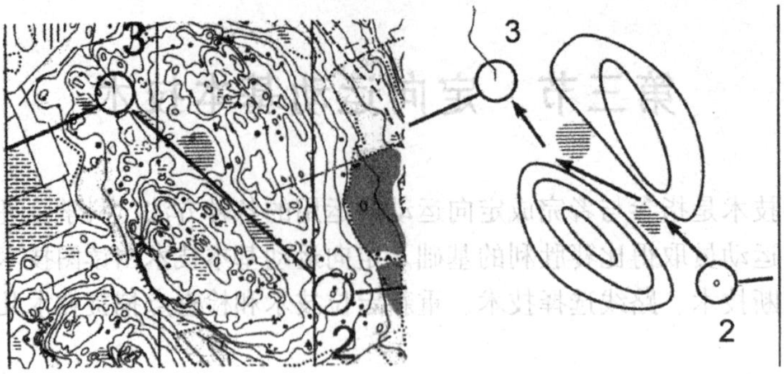

图 3-3-1　简化地图

（据蔡勇，《户外运动与安全防卫技能》，2016 年）

（6）概略读图，这和精确读图相比，对初学者而言没有任何区别，初学者使用概略读图技术时，找出的几乎都是能够直接引导到达检查点的那些大的特征，概略读图和精确读图之间的区别在中级水平定向者身上开始出现，他们通常必须通过检查点附近区域的地形细节来导航。

图 3-3-2 展示了概略读图和精确读图的区别。左图为实际地图，右图为应该从地图中获取的有效信息。对于概略读图来说，只有较大的明显特征具有导航价值，大多数细节都被忽略。而对于精确读图来说，简化地图同样重要，尽管需要仔细核对检查点周围大多数细节的一致性，但也不必获取地图上的所有信息，只需要获取具有导航意义的细节。

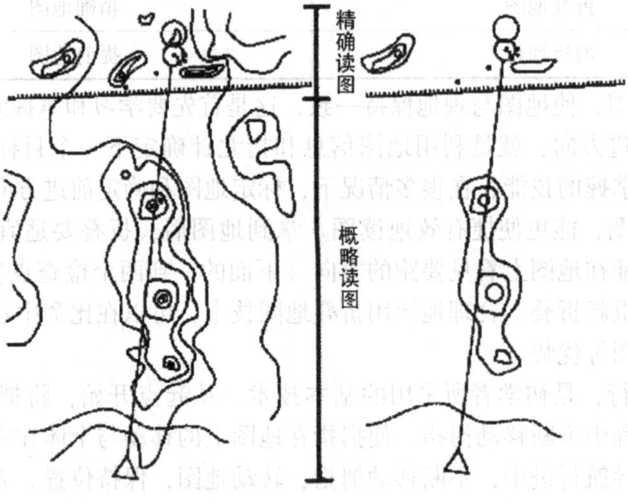

图 3-3-2　精确读图和概略读图应用示意图

（据蔡勇，《户外运动与安全防卫技能》，2016 年）

概略读图是一种在简化地图的基础上发展起来的图—地对照技术，是指在快速行进过程中，忽略细小的特征仅核对地图上大的特征与实地中特征的一致性的读图技术。精确读图也是一种在简化地图的基础上发展起来的图—地对照技术，是指借助拇指辅行技术，核对地图上大多数特征与实地一致性的读图方法。

在实际应用中，什么时候运用概略读图，什么时候运用精确读图主要取决于地图和地形，所选择的路线及定向技能的高低。多数情况下，路线的开始部分一般地形较简单，多应用概略读图技术，而在后一部分一般地形较复杂，应用精确读图技术的机会较多。

（7）提前读图，这是中等水平以上定向运动员需要掌握的一项技术，是指通过地图提前明确什么特征将出现在你的前面。定向比赛中，如果在向某一方位奔跑时，偶然发现一个特征，你将不得不停下来判断这个特征是地图上的哪一个特征。通过提前读图，而不是“偶然发现”一个特征后再确定站立点，你需要能随着地形的变化而“流动”，跑得更快、更顺畅。具备了一定的读图技巧之后，在练习中就要开始有意地培养提前读图的技能。

二、读图要素

读图的动作技术包括标定地图、确定前进方向、折叠地图和拇指辅行，它们是快速、高效读图的基础。运动员必须熟练掌握这些技术，并且最好能达到自动化的水平。读图动作技术与认知技术的训练常常是同步进行的，只是不同的阶段侧重点不同而已。通常先以动作技术训练为主，然后动作技术和认知技术练习并重，当动作技术达到熟练水平甚至自动化水平时，则以认知能力的练习为主。

（一）运动中读图

按读图时运动状态，可将读图分为静止站立读图和运动中读图。参与者在读图时应从静止站立读图逐步向运动中读图过渡，尽可能在练习及比赛过程中避免在静止站立中读图。而在运动中读图首先要使读图的动作技术达到训练水平，为了避免因地形和地图符号对动作技术的影响，最初的练习应安排在线状特征较多并且比较简单的地形中进行。

（二）读图质量

在定向运动中，读图的次数并不代表什么，最重要的是读图的效果。在读图时必须明确把要读图上的那一部分和你现在所在的位置比较结合起来，尽可能运用提前读图和想象，使自己避免跑在“过去”和“现在”，而是力争“跑在未来”，这样就会体验到流畅的定向。

（三）平衡读图能力与奔跑速度

每个人都有自己的读图能力或运动速度，运动的速度应该与读图能力相适应，否则有可能迷失自己的位置。这对于定向运动的初学者来说要特别注意。当读图能力提高并能运用提前读图和想象时，可以提高自己的奔跑速度。

（四）对各类符号进行综合读图

读图时不能孤立地看待地物地貌的单个符号，而应将它们与地貌和其他地形要素联系起来读，即不仅要了解它们的性质，还要了解它们之间的方向、距离、高差等空间位置关系，从而明确这些要素对竞赛的综合影响。

第四节 定向运动的组织与参赛指南

随着定向运动在高校的蓬勃发展，广大定向爱好者可根据自己学校学生社团管理有关办法及具体情况，成立定向俱乐部。学校定向俱乐部是在教师的指导下，以学生自主性活动为主的定向活动组织。学校定向俱乐部具有提供定向爱好者学习与交流的平台、进一步推广和普及定向运动、娱乐与健身等功能。在高校中建立学生定向俱乐部一方面有利于推广和普及定向运动，另一方面可锻炼学生的组织能力和社会实践能力，提高学生综合素质。

一、大学生定向社团组织

（一）合法化

高校中的社团一般由隶属于学校团委的学生社团联合会或学校体育部门统一管理。筹办学生定向社团，必须按规定的申报程序进行申报以确立组织的合法性，如需要成立筹委会、编写章程、确认指导老师、正式向学校管理部门提出申请，待审批通过后方可招收会员、举办活动。

（二）组织机构

一个健全的大学社团组织机构一般设置有会长、副会长、秘书处、技术部、宣传部、外联部、财务部等。机构成员应具有责任心和服务意识，热爱定向运动，并有一定的组织和协调能力。

（三）社团管理

1. *社团纳新*

每年新生入学后，定向社团可在学校统一纳新的活动中招收新会员。可在校内设置宣传区，以张贴海报、标语、精彩照片，播放定向运动视频，发放传单等形式向新生介绍定向知识，展现定向运动的魅力及本校开展定向运动所取得的成果。同时可以在宣传过程中配合激情的音乐，不断循环地制造宣传气氛，体现丰富的社团活动，也可以在现场设置专人对有兴趣的同学进行深入讲解，并安排体验活动。

2. *组织活动*

社团每学年应有计划、有组织地进行形式多样、内容丰富的各类定向活动。活动的形式有组织体验活动、开办讲座、参加区域性的联赛活动、举办校内赛事和组队参加校外赛事等，通过活动来增加社团成员的凝聚力和提高社团的知名度。

二、策划活动方案

学校定向社团可根据实际情况，制订社团活动计划，举办各种形式的定向比赛和活动，让同学充分享受定向运动所带来的乐趣。下面就如何组织简单的定向赛事（活动）作简单的介绍。

（一）制订活动方案

方案应包括：活动的目的、安全保障措施、活动的时间、地点、规模（参加活动的人数）、经费来源等。

（二）成立筹备小组及分工

筹备小组至少应由下列人员组成：筹备组长、技术人员、裁判和工作人员。

筹备组长（通常由俱乐部会长担任）。其主要工作包括筹备组成员的选择与分工、拟定总体计划、审批各小组的计划和预算。因此，筹备组长应该比别人具有更多定向运动比赛的知识及具有一定的组织能力。

技术人员。技术人员应该由对活动的组织程序、比赛路线的标准较为熟悉并具有定向运动经验的人员来担任。他们的工作包括地图的设计、测量、印制和路线的设计（在初期最好能获取现成的定向地图）。

裁判和工作人员。由具有一定的竞赛裁判工作、组织工作经验的人担任，负责活动的裁判及与比赛活动有关的保障工作，他们将对活动是否能够顺利进行起到很重要的作用。

三、实施活动计划

组织一次定向比赛是一项复杂而细致的工作，一般的组织工作都可分为赛前、赛中、赛后三个部分。

（一）前期准备工作

1. 场地选择

组织者所选场地的难度要保证能使参与者充分发挥自己的定向技能。一般的活动可选择校园或周边的公园进行，因为校园或公园的地形条件一般都具有一定的起伏，有山有水，大部分面积有植被覆盖，明显地物多，是较为理想的定向运动场地。在选择场地时，一定要注意活动区域的安全因素，另外，取得场地所在地有关部门的同意和支持也是很有必要的。

2. 绘制地图

地图是定向运动的必需品，在确定场地后，制图人员须根据比赛场地的底图进行实地勘测，遵循国际定向运动联合会的《国际定向图制图规范》，运用定向制图专用软件OCAD制作而成，如进行一般或纯娱乐性的定向活动，可利用校园的基建图或公园的导游图进行简单的修测和处理就可使用了。

3. 路线设计

路线设计应具可选择性和可分析性，这样才能使参加者能够根据自己的能力对前进方向和路线进行选择，才能迫使参加者依靠识图能力来完成，体现定向运动的特点。路线的难度和长度应根据参加者的组别和水平来确定，不同的组别应有不同难度和距离的路线。

（1）路线中的各种标记（图 3-4-1）

在地图标记中，一般选用紫色标出比赛路线，这是为了与图上的其他颜色区分开来。

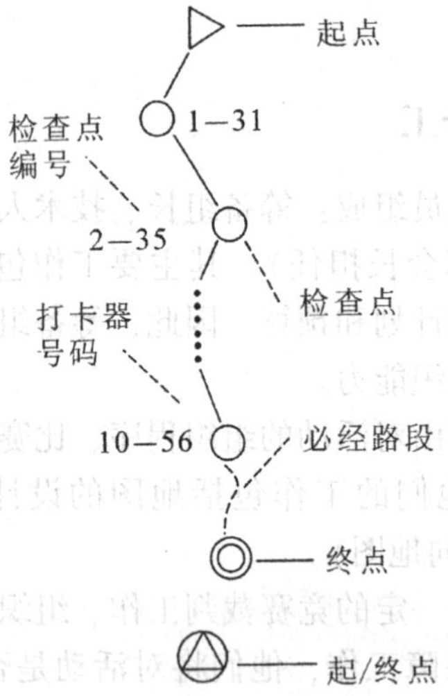

图 3-4-1　路线中的各种标志

（据蔡勇，《户外运动与安全防卫技能》，2016 年）

起点在图中用三角形表示，并指向第一个检查点。检查点用圆圈标出，且检查点的具体位置是圆圈的中心（图 3-4-2）。

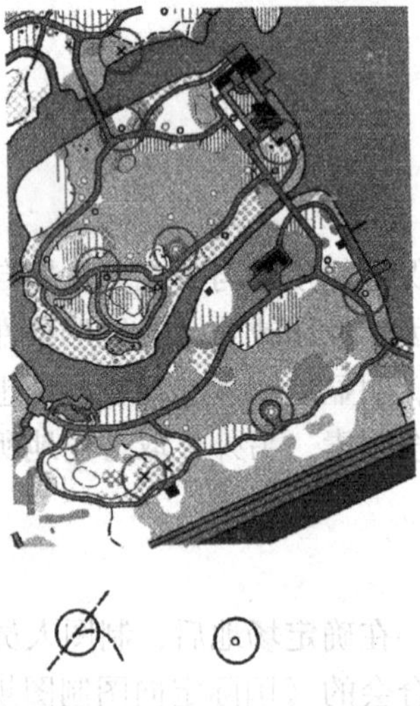

图 3-4-2　检查点的设置

（据蔡勇，《户外运动与安全防卫技能》，2016 年）

不要把检查点设在空旷地带中心，而应设在有明显地物特征的地方。检查点的序号的阿拉伯数字要南北竖直标写（这样不用看地图的顶端也可以知道南北方向）。

（2）制订路线的一般原则（图 3-4-3）

检查点的数量并不固定，一般至少需 4~5 个，但要注意：检查点之间的距离不要太远。对于初学者，路线一般不要交叉，因为这样可能使其混乱，以错误顺序找点。除非使用电子打卡系统，否则最好不要设计交叉路线，因为机械打卡器不能识别出是否按顺序打卡，除非检查点旁有组织监察员监督。

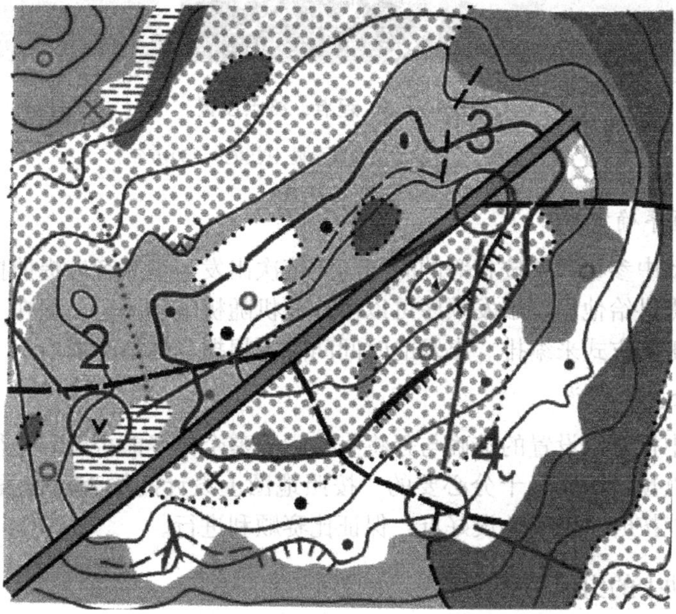

图 3-4-3　路线设计

（据蔡勇，《户外运动与安全防卫技能》，2016 年）

检查点之间的角度不要小于 90°，以避免那些正在寻点跑的人看见刚从此检查点方向跑出的人而得利。路线的长度以直线距离为测量标准，所以必须知道地图的比例，通过比例来测量路线的长度。如要求比赛路线是一个确定的长度，那么必须在图中根据比例尺相应调整路线长度。出发点和终点由组织者决定，应根据活动的类型选择尽可能方便的地点。

（3）一条好路线的特征

对于初学者来说，一条好路线应具有以下特征：检查点明显易找；路线选择少；路线不太长（1~2km）；检查点与检查点之间距离较短；路线不交叉；检查点与检查点之间角度大于 90°。如组织正式的比赛，为了使比赛更公正、更公平，比赛场地选择、比赛地图的制作和比赛路线的设计都应在保密的情况下进行。

4. 起点和终点区域设置

起点和终点应根据场地的情况设置在较为开阔的地带，两个区域可以设置在一起，也可以根据具体情况分开设置。但在起/终点处用醒目的标志标明“起点（START）”和“终点（FINISH）”（图 3-4-4）。

图 3-4-4　起点、终点设置

（据蔡勇，《户外运动与安全防卫技能》，2016 年）

5. 出发顺序确定

在定向运动中参赛者须按相等的时间间隔依次出发。组织者应提前把每个参加者的准确出发时间提供给他们。出发顺序可以由计算机随机编排决定，但在一些小型的活动中，也可用人工的方式来编排。出发的时间间隔可根据具体情况而定。

6. 赛前检查点预设

定向运动中检查点设置的准确与否将直接影响整个比赛能否顺利进行，因此裁判员提前进行检查点预设工作是十分必要的。按照地图上设计的检查点位置进行“预放”，以便在比赛前能按时、准确地设好点，保证比赛顺利进行。

（二）活动中的组织与管理

裁判员应在活动当日提前根据地图的准确位置进行设点，设点完成后，各裁判员一定要进行交换检查，证实全部无误，才能开始。工作人员根据赛前出发顺序表提前一定时间进行检录；做好出发准备。在出发区由裁判员引导，对参赛者的指卡分别进行清除和核查，按出发顺序的时间间隔打“启动（START）”打卡器出发。

在组织一般的活动中，如果没有电子打卡计时系统，可用秒表来为参赛者计时。打卡器可用手动打卡器，亦可用不同颜色的笔记录符号或用不同图案的印章来代替。点标旗可用小贴纸或自制的旗帜来代替，但参赛者应事先知道在检查点处他们会看到什么样的标记。当然，最好是用国际标准的点标旗，因为这是参赛者将在所有正式比赛中所看到的。

当参赛者要返回终点时，由终点裁判员引导参赛者打“终止（FINISH）”打卡器，然后打印参赛者比赛成绩和将比赛数据输入计算机。如采用人工计时，则需要一人帮助计时并检查打卡顺序是否正确。如果没有足够的地图，可重复使用已经跑完选手的地图。地图应加覆防水膜。

（三）后期工作

及时统计和宣布比赛成绩。为了活跃气氛，可组织简单的颁奖仪式。及时进行总结，为下次组织积累经验。

四、定向运动参赛指南

定向运动也是一项学生体育项目。通过参与定向运动，学生们可以增强独立分析问题、解决问题的能力，良好的逻辑思维能力和快速的决断能力。因此，在你参加定向比赛中，如何选择赛事和比赛组别将直接关系到是否有获胜的希望，因此必须通过对自己、对竞争者、对地形、对路线等多方面的综合分析，在比赛规定允许的范围内选择有利条件最多的组别。除了参加自己俱乐部组织的一些活动外，还可以参加省市举办的定向赛的公开组比赛及社会上组织的一些赛事和活动。

（一）登记报名

如果是学校定向代表队的成员，那么参加报名的一切手续教练都会给你办妥；如仅是一名定向爱好者，那就需要自己注意有关定向赛事的竞赛规程（或通知）。在较为正式的比赛规程（或通知）上，通常会公布下列内容：

（1）比赛的名称、项目、分组；

（2）时间（年、月、日）；

（3）比赛目的（是选拔赛、公开赛还是锦标赛）；

（4）地形特点；

（5）竞赛办法；

（6）报到时间、比赛开始时间；

（7）出发形式及编排方式；

（8）有关比赛费用问题；

（9）报名和报到日期及地点；

（10）注意事项。

（二）赛前准备

赛前准备工作主要包括以下几个方面：

（1）认真阅读有关比赛的规程、补充通知和注意事项，它通常会提供给你有关比赛的一些重要信息；

（2）在赛前保持良好的竞技状态；

（3）准备比赛装备：指北针、指卡（许多赛事在赛前才发放）和运动服装等；

（4）了解如何正确使用Sportident电子打卡系统（或其他类型电子打卡系统）。

（三）出发前注意事项

在比赛当日，应提前乘坐组织者提供的车辆或自己前往比赛场地。在集合地点报到注册之后，将得到号码布、指卡等物品（一般会在赛前发给参赛者）。在去出发区之前，需要做的事情主要有：

（1）如果比赛另有补充规定或通知，应尽快阅读、记熟，并予以正确的理解；

（2）按规定时间准时检录；

（3）检查指卡；

（4）按规定要求佩戴号码布或其他标志；

（5）开始做热身、准备活动。

（四）起点

通常在出发前3min进入待发区，同时将指卡打“清除”卡座，进行清除指卡的信息。在此时你还可以考虑以下一些问题：

（1）哪边是北？

（2）观察周围较大的地物特征，想象这些地物特征在地图上可能的表现形式；

（3）想象一下自己安全到访第一个检查点的全过程。

当离出发还剩最后1min时，你就进入1min等待区域等待，进入后可以拿到独立的检查点说明表，拿到后可以把它固定在左手手臂上，最后10s发令器会提示，当听到发令声后，将指卡插入“启动”卡座并同时拿比赛地图，这时比赛就开始了。出发时，还要注意以下几点。

确认拿到的地图是正确的（包括组别、地图是否完整等），正确的拿图方式。确认必须有地图、检查点说明符号表、指北针、指卡和号码布（如是正式比赛一定要佩戴）。

（五）比赛中

出发后，比赛就正式开始了，这时可以根据具体情况充分施展定向技能，有关如何使用地图和指北针、如何选择路线、如何进出检查点等技术，不过在比赛中还要注意以下几点。

用自己的方法去通过第一个检查点：由于地图比例尺的原因，在找第一个检查点时可能会不适应，要么跑不到，要么跑过头。应当通过找第一个检查点，建立距离感，这对整个比赛很重要。

当到达检查点进行打卡时，必须确认所打的卡座编号同要打的号码相符，并确认打卡成功后方能离开。在比赛中，如果漏打点，成绩将是无效的。但在比赛过程中发现漏打检查点并进行重打再按规定顺序找完检查点，成绩为有效成绩：例如，在比赛中你打完1号、2号检查点后直接打了4号检查点，少打了3号，发现后重新去打了3号然后打4号，因此打卡的顺序为1—2—4—3—4—5，成绩有效；如打卡顺序为1—2—4—3—5，则成绩无效。

如因特殊原因要退出比赛的，可以通知周边的裁判或工作人员，或者直接返回终点。但是组织者为了有效地控制整个赛事的顺利进行，退出比赛后必须到终点进行打卡。当然，作为一名定向运动员是不会轻易放弃比赛的。

（六）终点

当通过一路的艰辛找完所有的检查点奔向终点时，这时参赛者可能已经精疲力竭，但要清楚比赛还未完成，在终点还要做的是：在冲过终点线时必须打“终止”卡座，终止比赛时间，否则成绩无效，另外还要交还比赛地图。

将指卡插入与打印机相连的卡座，将会得到一张比赛的成绩单，这张成绩单不仅仅是反映个人的比赛时间，而且对个人的赛事的路线分析和提高定向技能都会起到重要的作用。最后可别忘记打红色打卡器（Master station）。它将个人的指卡数据读入电脑进行成绩统计和排名，否则在总成绩单里不会出现参赛者的名字和成绩。

整理活动：合适的整理活动会对恢复起到积极的作用。

（七）赛后小结

比赛成绩将会在成绩公布栏中公布，参赛者可以知道自己的比赛用时和排名。同其他参赛队员讨论个人的成绩和路线选择，是提高定向技能很有效的一种方式。比较并分析自己的分段时间，会发现自己在比赛中所浪费的时间及所争取的时间。可以向赛事组织者提出合理的意见和建议。

当经历了定向比赛后，参赛者或许会有这样一种感觉：定向如人生，不断地出发，然后不断地在途中寻找着目标和方位，确定自己的位置，不断地向下一个目标挺进，直至在终点画一个圆满的句号。途中会经历千辛万苦，也尝到了酸甜苦辣，但却是快乐的，是满足的，因为我们有着自己的方向，这就是一种快乐，定向运动所带来的快乐。

第四章 户外运动的计划与准备

进行户外运动前首先要有所准备，不能盲目地进行，否则会造成心理及身体的伤害。本章将对大学生户外运动前的准备、户外运动的计划制定及方案范例进行一一阐述。

第一节 户外运动前的准备

一、健康检查

了解身体各部位健康状况，对自身的某些习惯作一定分析，不适当的训练很可能损害健康。

（一）最大心率

最大心率（MHR）是指心脏不能满足于氧气增加时所产生的心率，或者最大的跳动比率。使用心率测量器，进行两次急速跑，一次 3 分钟，跑完之后记录脉搏跳动次数，算出平均值就是最大心率了。

（二）静息心率

静息心率（RHR）指身体完全放松时的心率，是迅速判断身体是否健康的标准。静止心率的测量方法很简单，数一数脉搏一分钟内跳动的次数，或者 10 秒钟内跳动的次数，然后乘以 6 就可以得出静止心率。

身体正常的话，心率应该是每分钟 60 次左右；如果身体非常健康，那么每分钟应该跳动 40~50 次。一般人的平均心率大约在每分钟 80 次左右，当然，还要考虑到另外一个事实，女性的心率平均每分钟要比男性快 5 次。

（三）训练心率

训练心率（THR）可以清晰地显示出身体的健康状况，是运动状态下心脏的反应，训练心率应该是最大心率的 70%~80%，训练心率是指最适合身体运动和心血管工作的心跳速度，

保持在最大心率的 90%左右，这样可以改善心血管功能，健康的跑步者应在某一特定心率情况下跑得更快，结束训练以后，可以用心率测量器测量 10 秒内的心跳，然后乘以 6 得到训练心率。

二、体能储备与训练

（一）跑步

跑步训练过程可分为速度不同的多个阶段，快跑一定距离对身体状况的全面改善，要大于慢跑两倍距离所带来的好处，速度的变化可以调动快速收缩肌，并增强人体加速运动的能力，优秀的户外运动者都把跑步作为基础训练。

在长跑的过程中采用一定的快速跑练习，身体可以获得不同速度和耐力的训练，而不必限于一种模式，跑步过程中必须记住，既不能训练过度，也不能训练不足，明智的做法是逐步增加训练量，让身体逐步适应并日益强壮。

（二）负重训练

负重训练对于要求速度的奔跑十分重要，手臂摆动与下肢的运动有直接关系，强健的上肢有助于提高跑步速度，改善奔跑的状态，负重练习能够强壮肌肉，增加力量，

强壮的上身和有力的手臂能够显著提高运动员的奔跑成绩，良好的腿部肌肉就像减震器，在路面崎岖或者下坡时能够减少受伤风险，常见的负重练习有。

1. 垂直下拉训练

两手握住握柄，完全利用臂部肌肉力量平缓用力下拉，小心放松握柄，不断重复此动作。

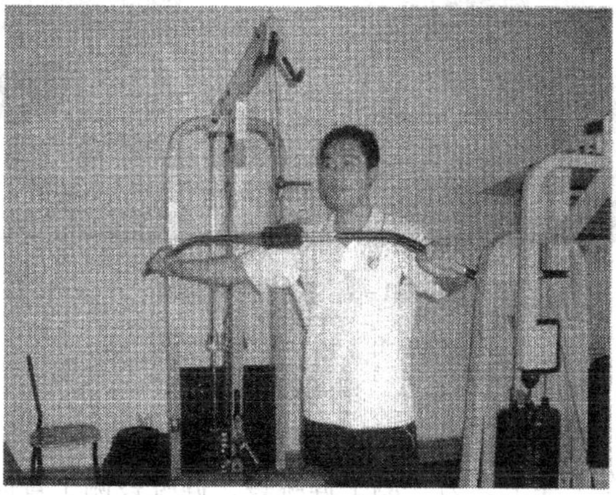

图 4-1-1　垂直下拉训练

（据董力，大学生户外运动，2010 年）

2. 握哑铃于体侧

两手握哑铃于体侧，交替上举至体侧位置，上身前屈，背部保持平直。双手持哑铃同时侧平举，直至与地面平行，然后放松。

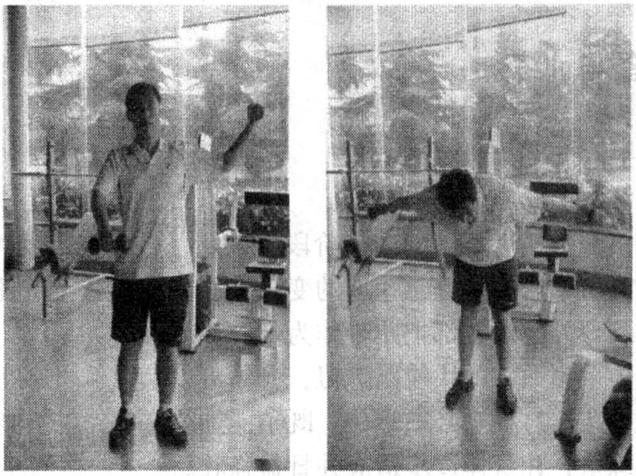

图 4-1-2　握哑铃

（据董力，大学生户外运动，2010 年）

3. 杠铃抓举训练

这一训练能够加强背部肌肉和股四头肌。握杠铃后站立，手臂伸直，背部挺直，缓慢将杠铃放回地面。

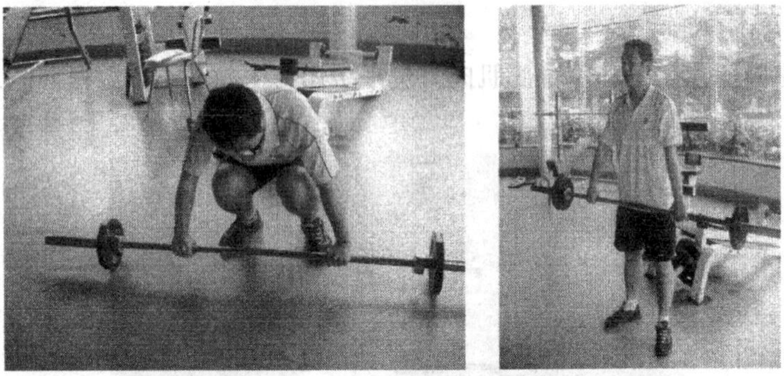

图 4-1-3　杠铃抓举训练

（据董力，大学生户外运动，2010 年）

4. 侧手握哑铃

一侧膝盖和手放在平凳上，另一侧手握哑铃，握哑铃侧手臂向上抬起，还可两手握哑铃，置于身体两侧，轮流举起至胸部高度。

图 4-1-4　侧手握哑铃

（据董力，大学生户外运动，2010 年）

5. 仰卧推举训练

仰卧，肩膀位于杠铃下方，背部保持平直，向上推举杠铃直至手臂伸直。

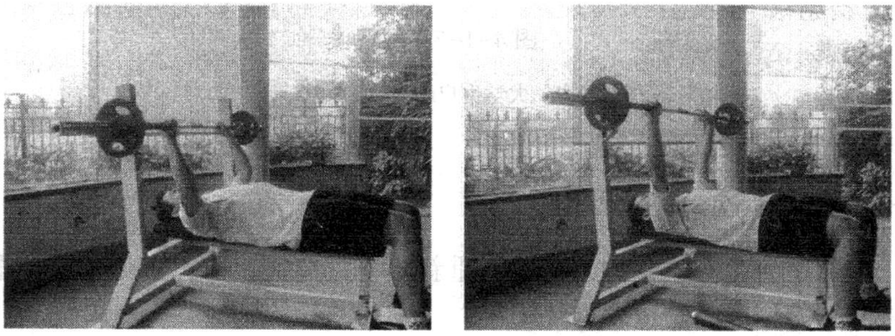

图 4-1-5　仰卧推举训练

（据董力，大学生户外运动，2010 年）

6. 股四头肌训练

背部挺直，坐在板凳上，手臂紧贴于身体两侧。用胫骨抬起重物，直到膝盖伸直。缓慢平稳放松，重复此动作。

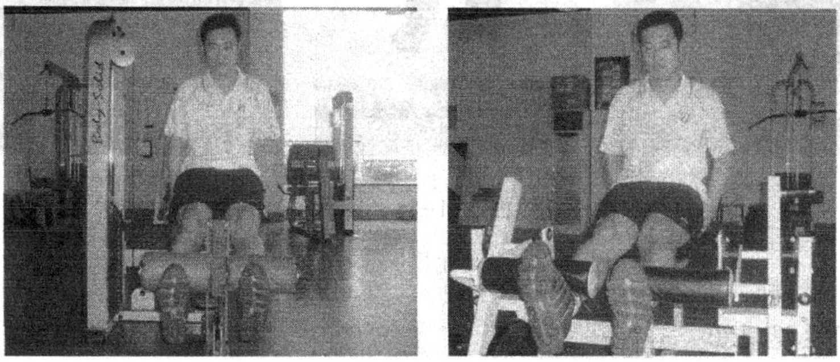

图 4-1-6　股四头肌训练

（据董力，大学生户外运动，2010 年）

（三）循环训练法

循环训练法适宜与跑步、游泳等其他运动配合进行，循环训练法能够增加肌肉相对于脂肪的比重，能够增强体力，循环训练法综合各种力量训练，通常每一个循环训练包括6~10组训练，训练之后应该让肌群放松。

1. 躺下

躺下，腿伸直，双手交叉抱头。举起一条腿，向上拉躯干，使另外一只胳膊接触伸起的腿的膝盖。

图 4-1-7 躺下

（据董力，大学生户外运动，2010年）

2. 下蹲

蹲下，右腿在前，左腿在后，跃起；重新蹲下，左腿在前，右腿在后。重复这个动作，然后将两腿的位置颠倒过来训练。

图 4-1-8 下蹲

（据董力，大学生户外运动，2010年）

3. 跪下左腿踢出

跪下，膝盖、肘部和前臂平放在地上。背部挺直，左腿踢出，完全伸直。重复另一条腿。

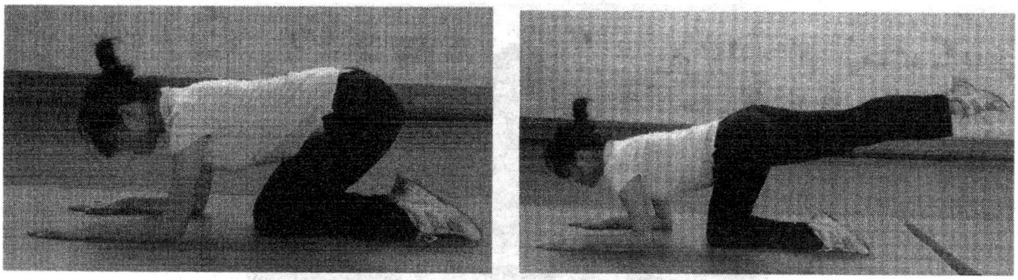

图 4-1-9　跪下左腿踢出

（据董力，大学生户外运动，2010 年）

4. 跪下右踩放松

跪下，膝盖、肘部和前臂平放地上。右踩放松，左踝缠绕在右踝上。背部挺直，慢慢举起左腿，重复另外一条腿。

图 4-1-10　跪下右踩

（据董力，大学生户外运动，2010 年）

三、伸展运动

伸展运动的基本原则是放松紧张的肌肉，使它更加灵活，改善血液循环，大约 30 秒钟的伸展运动，然后依次重复，之后逐步加强，跑步之后进行伸展运动，可以使运动中变得紧张的肌肉逐步放松。

（一）腹股沟伸展练习

坐直，双脚底相对。手接触双脚，肘应该依靠在膝盖或大腿处，背部保持挺直，用腿部肌肉使膝盖向外朝地面展开，此时会感觉腹股沟得到伸展。双脚距离身体越近，拉伸感越明显。

图 4-1-11　腹股沟伸展练习

（据董力，大学生户外运动，2010 年）

（二）小腿上部伸展练习

离墙面 1 米站立，双脚平放着地，身体前倾，双手掌扶墙，两臂垂直于墙。一侧腿弯曲膝盖，同时侧脚跟离地，另一侧腿直立，脚底平放着地。弯曲肘部，向前倾斜，直到感觉直立侧小腿肌肉伸展。换另一侧腿重复这一动作。

图 4-1-12　小腿上部练习

（据董力，大学生户外运动，2010 年）

（三）小腿下部伸展练习

靠墙站立，身体不必前倾双手就可以接触墙面。一侧脚平放着地，另一侧腿弯曲。如果同时身体稍微向下蹲，可以加强伸展幅度。

图 4-1-13　小腿下部练习

（据董力，大学生户外运动，2010 年）

（四）大腿伸展练习

俯卧，一侧腿伸直，另一侧腿弯曲 90 度。用双手抓住抬起一侧的脚踝，拉伸弯曲的腿，直到感觉大腿肌肉的伸展。重复这个动作，换另一条腿。

图 4-1-14　大腿伸展练习

（据董力，大学生户外运动，2010 年）

（五）臀部伸展练习

平躺，左腿伸直，右腿向髋部弯曲。将右脚跟转向左髋，用左手抓住右脚踝，右手抓住右膝盖。向肩部方向拉伸右腿，直到感觉右侧臀部得到伸展。重复这个动作，伸展左侧臀部。

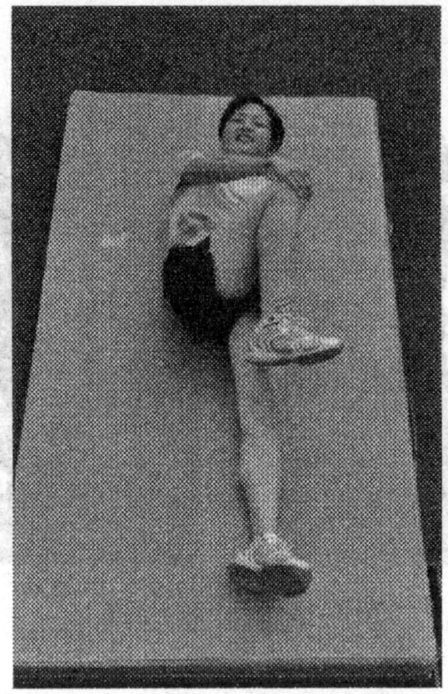

图 4-1-15　臀部伸展练习

（据董力，大学生户外运动，2010 年）

四、器械准备

在出行前选择物品时，建议首先考虑以下几个问题，如活动性质、出行方式、起止时间、人员组合、身体状况、气象情况等。

（一）服装

户外运动科学的着装方法即分层着装，分层着装唯一的不便就是需要穿的衣服次数多，但经过实践研究表明，三层衣服的原料制作成一件相同质量的厚衣服，保温效果只有三件衣服的 70%左右。

我们在进行野外活动时，一般都是准备四层衣服，除非环境特殊，基本上都是最里层、中间层、最外层，再加上一个防雨层，也就是干净的内衣、保暖衣、外衣和雨衣。

1. 雨衣

雨衣分单件式和两件式。单件式雨衣可以用来避雨、保护背包、搭建庇护所等，当我们不得已要在雨中工作或穿越时，就必须要准备两件式雨衣，两件式雨衣再配上雨鞋，在雨中可已经进行一些简单的工作和穿越是没有问题的。

图 4-1-16　雨衣

（据董力，大学生户外运动，2010 年）

2. 保暖衣

主要作用是保持体温，为了增加排汗效果，添加 10%化学纤维的羊绒、毛织物最为理想。

图 4-1-17　保暖衣

（据董力，大学生户外运动，2010 年）

3. 外衣

我们在选择户外的外衣时，一定要注意透气性、防水性、耐磨性和防风性，同时还要注意户外进行作业或者行进时，一定要注意衣服的合体性，不要过大，过大会影响身体的运动触觉，过小会限制身体的各种动作。

图 4-1-18 外衣

（据董力，大学生户外运动，2010 年）

4. 内衣

选择内衣一定要选择专业的排汗内衣，化纤的含量不能太高，走久了，人就会有燥热的感觉，不能选择纯棉的内衣，吸汗后很难干，会感觉十分难受。

图 4-1-19 内衣

（据董力，大学生户外运动，2010 年）

（二）头套

头套是在寒冷地区用于头部保暖改装后的帽子。经过研究表明，大部分的人体热量基本上都是从头部流失的，因此在寒冷地区一定要注意头部的防寒和保暖，防止冻伤，同时头套的使用还可以防止我们的头部在受到意外伤害时有一个缓冲作用。

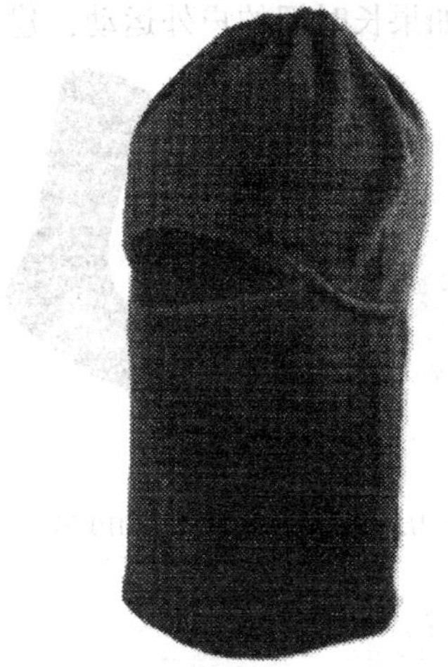

图 4-1-20　头套

（据董力，大学生户外运动，2010 年）

（三）鞋袜

1. 户外鞋的选择

户外活动的鞋子和靴子有许多种类，包括登山鞋、防寒鞋、涉足鞋、涉水鞋、徒步鞋、沙漠鞋、攀岩鞋等。

我们在面对各种不同环境时，需要对不同鞋子进行选择，在选择时我们还要注意一点，就是一定要选择带鞋带的鞋子，因为这样可以方便我们调整鞋子的松紧度，因为每个人的脚宽度和厚度不同，因此鞋带的调节可以让我们有一个适合自己的舒适度，在选择鞋子时还要注意以下方面。

尽量选择高帮的鞋，鞋底不能过窄，鞋底具有一定的防滑鞋和耐磨性，鞋子底部的厚度要适中，鞋子的软硬要适中，鞋子的质量要好，重量要轻，透气性和防水性要好，要有一定的防潮防寒功能，根据在整个户外活动期间可能进行的各种活动，如登山、攀岩、溯溪等需要准备相应的用鞋。

图 4-1-21　鞋子

（据董力，大学生户外运动，2010 年）

2. 袜子的选择

在野外活动中，建议选用天然织物含量 90%左右的袜子，10%的化纤制品不会对皮肤造成不良的影响，却可以提高一倍的排汗速度，袜子的大小要合适，袜腰的松紧也是选择袜子的一项参考指标，袜腰高度至少要距离脚底 20 厘米，根据户外运动时间的长短可以有选择性的带多少袜子，如果长时间的户外运动，建议带不低于 5 双袜子。

图 4-1-22　袜子

（据董力，大学生户外运动，2010 年）

（四）帐篷

图 4-1-23　帐篷

（据董力，大学生户外运动，2010 年）

进行野外活动一项必要的技能就是如何正确地选择和使用帐篷，对于露营新手来说一定要学会选择和识别各种不同的帐篷，帐篷主要分为：夏季帐篷、冬季帐篷、三季帐篷、四季帐篷和高山帐篷几种，即便是某一种类型的帐篷，我们在选择时也要考虑很多种因素，以下是我们在选择帐篷时需要考虑的几种必要因素。

1. 颜色

便于其他人和自己识别，最好是暖色，如黄、橙或者是红色，这样就不容易与外界环境的颜色混淆。

2. 负重

如果你一个人徒步旅行，你选择的帐篷必须是你能够负担的重量范围，不用太大，能够容纳一个人就可以。

3. 结实性

你选择的帐篷是用来探险、登山，还是偶尔去野外露营？如果是前者，它必须要非常结实，你可以把帐篷支起来，从不同的方向推推看，确定它不会轻易倒塌或折弯。

4. 防水性

当我们选择的户外营地属于多雨区，或者正处于雨季，那在选择帐篷时首选就要选择防水性较好的帐篷，防水性帐篷较好的都会涂抹一层防水层，然后经过缝合线有压胶处理，外部的下围稍微长一点，底部同样为防水材料。

（五）防潮垫

防潮垫的选择依旧是按照便于携带和轻便为主，目前市场出售的防潮垫基本上分为两种，一种是充气式，一种是化工材料，这两种防潮垫重量都不是特别重，在进行野外宿营时只要起到防潮隔凉作用的都可以当作防潮垫使用。

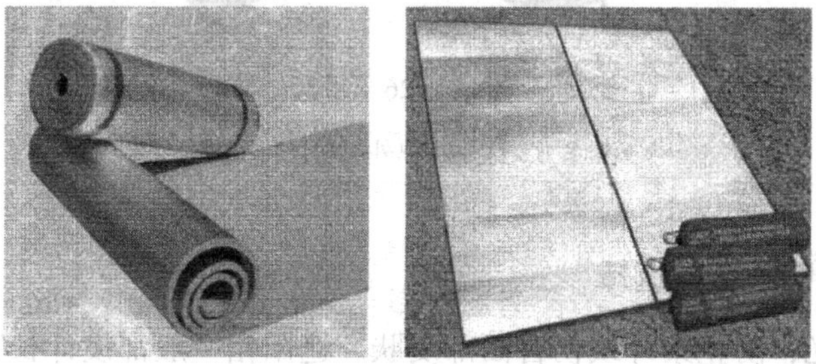

图 4-1-24　防潮垫

（据董力，大学生户外运动，2010 年）

（六）睡袋

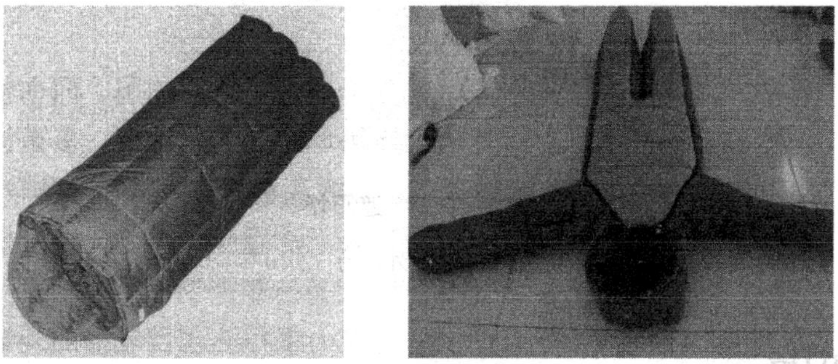

图 4-1-25　睡袋

（据董力，大学生户外运动，2010 年）

睡袋选择应把握轻便、温暖、舒适与易挤压的原则，能有一定的防水功能，睡袋的作用主要是保暖，睡袋是用尽量少而轻便的材料，睡袋一般可分为两类，即普通睡袋和专业睡袋，前者用于一般的旅行和露营，后者则用于高寒或高海拔地区。

（七）手套

冬季，需要准备一双很厚、保暖性好的手套，夏天，由于温度较高，可以选择露出半截手指的手套，它具有很好的通风效果，滑雪时，需要既保暖又方便的滑雪手套；攀岩时，需要摩擦力较大的帆布手套；进行其他户外活动时，需要其他特殊作用的专业手套。

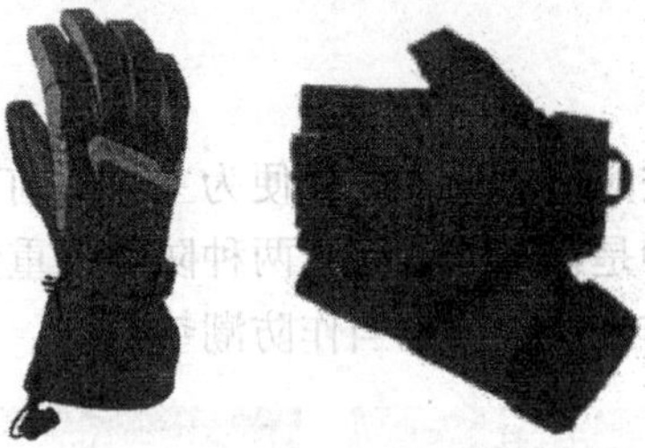

图 4-1-26 手套

（据董力，大学生户外运动，2010 年）

（八）遮阳帽

用来遮挡阳光，防止紫外线伤害面部皮肤。遮阳帽一般都设计长宽沿，有舌型和牛仔型等不同款式，因个人喜好购置。

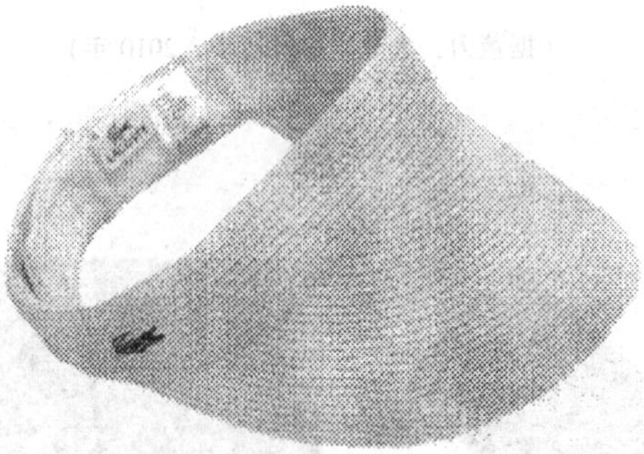

图 4-1-27 遮阳帽

（据董力，大学生户外运动，2010 年）

（九）护目镜

护目镜包括防偏振光镜、防电弧镜、防风沙镜、防紫外线镜等。有的护目镜把两三种功能集合起来，具有多种防护功能，最常见的是把防风沙镜和防紫外线镜结合起来的综合性护目镜。穿越沙漠时，一定要戴上防风沙镜；雪地活动时，为了防止雪盲症发生和紫外线，一定要戴上防紫外线镜。

图 4-1-28 护目镜

（据董力，大学生户外运动，2010 年）

（十）炉具

图 4-1-29　炉具

（据董力，大学生户外运动，2010 年）

为了防止火灾，户外的许多地方禁止使用明火。餐具包括碗、杯、盘、锅、汤匙等。为了减轻背负重量，除合金制品外可选择塑料制品，或者带多功能性餐具。

炊具越轻越好，要尽量把炊具的总重量减到最低限度；选择易清洗、不锈钢炊具，可以把多个炊具重叠，不要选择附件过多的炊具，因为在使用时这些附件易坏且易丢失。

五、户外生存的必要工具

没有适当的工具，许多工作没有办法或者很难完成。在户外生存时，完全没有工具很危险，活下来的机会也因为没有工具而减少，尤其是在恶劣的环境下。

（一）信号工具与灯具

1. 信号工具

在野外，有时会遇到自己解决不了又危及健康甚至生命的问题，需要向他人求救。这时，如果手上有现成的信号工具就方便多了。

颜色鲜艳的气球是一个很不错的方法；信号枪可以发出信号弹，不同的信号弹颜色和组合代表不同的含义；哨子可以通过特定的声音组合发出求救信号，可以用于队友之间的联络；小型的化妆镜、汽车后视镜等都可以很好地反射光线，借助太阳的光线可以向过往的飞机发出求救信号。

2. 灯具

这里所说的灯具主要包括照明灯具和求生灯具两种。照明灯具通常是手电筒，在户外使用应选择一个体积小、耗电量少且重量轻的手电筒。求生灯具主要是指闪光信号灯，它可以在夜晚以及比较闭塞的地区引起营救者的注意，及时地让别人发现。闪光信号灯发出的光的颜色有别于常用照明灯光的颜色，通常为红、绿、蓝颜色，而且亮度较高。

图 4-1-30　灯具

（据董力，大学生户外运动，2010 年）

（二）生存之宝——刀

我们在户外生存时刀是必须物品，关于刀具的使用，主要分两种：大刀和小刀，大刀一般是用来砍柴的，小刀一般我们应该配备多功能小刀，即有开瓶器、小镊子、小镰刀、锯子等多种小工具。

我们在选择大刀时，一定要选择重量相对来说轻便的，一般不超过 1kg，刀锋全长不超过 30cm，外表形态为匕首或弯月形的大而重的短刀，末端深入木质把柄之中为宜。这种刀对盖棚子、扎筏等都有很大用处，并且能砍断相当粗的圆木，在危险时刻还可以供猎杀动物及剥皮使用。

图 4-1-31　生存刀具

（据董力，大学生户外运动，2010 年）

（三）宿营工具

1．锯

搭建庇护所、生篝火、制作木筏时经常使用锯。但是锯的携带很不方便，但现在许多组合刀具上都有一把短锯。

图 4-1-32　生存锯

（据董力，大学生户外运动，2010 年）

2. 行军锹

行军锹的用途也非常广泛，可以用来防御动物攻击，挖庇护所、排水沟，在收集地表水时，可以用来挖坑。

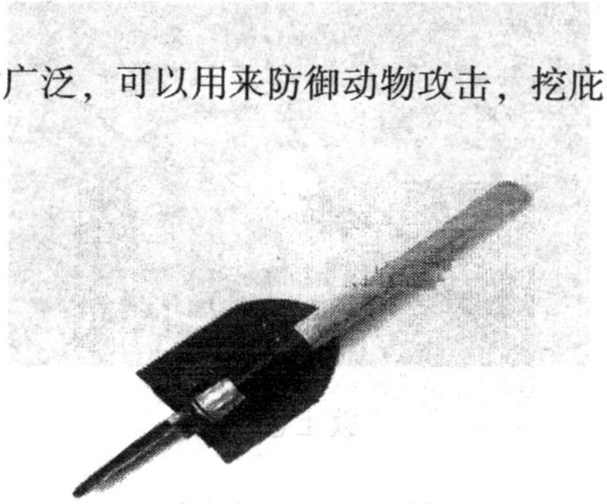

行军锹

图 4-1-33　行军锹

（据董力，大学生户外运动，2010 年）

3. 钳子

搭建庇护所时，一把钳子和一卷铁丝会令你得心应手。现在许多多功能野外生存刀打开后首先就是一把钳子，这要比单纯带一把钳子更方便。

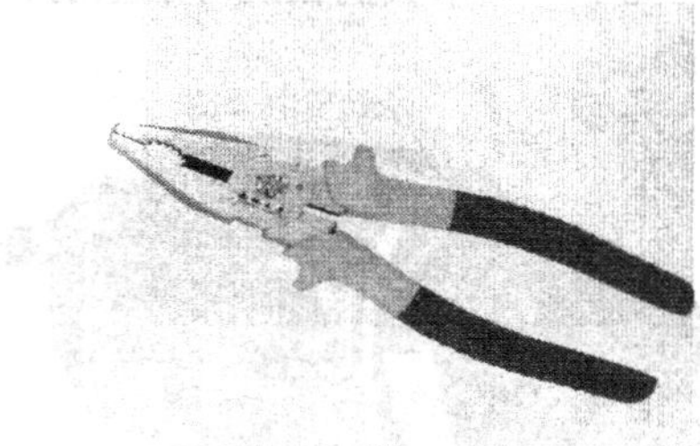

钳　子

图 4-1-34　钳子

（据董力，大学生户外运动，2010 年）

六、户外专用包

在户外活动，最好配备三种包，即救生包、腰带包和背包。这三个包的性质和作用各不相同。

（一）救生包

只要去野外活动都必须带上救生包，而且要贴身保管。从野外回来，救生包必须还在，如果不见了，需要设计一个更好的携带方法。

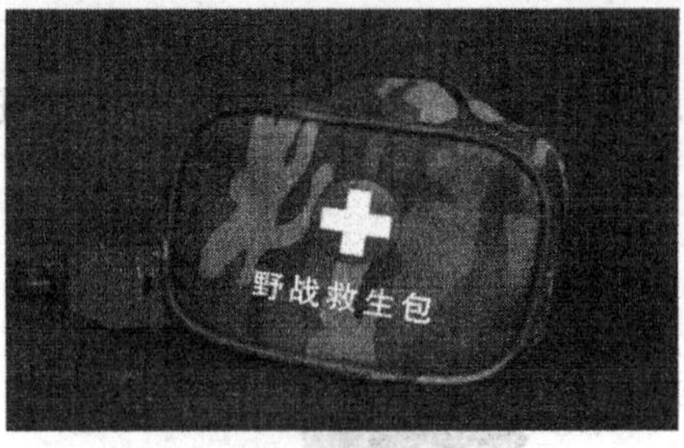

救生包

图 4-1-35　救生包

（据董力，大学生户外运动，2010 年）

（二）腰带包

通常情况下，通往探险地区的交通工具本身就有比较大的风险系数，加上那里糟糕的路况，发生意外的概率要比平时大些。有时候，即使是结伴而行，也有可能出现走散的情况。最糟糕的情况就是当一个人从一只沉船上逃生，爬上孤岛突然发现所有的装备都随船沉入了大海。同样的情况下，如果我们在跳海求生前，顺便抓起腰带包并系在腰间将是极其有用。

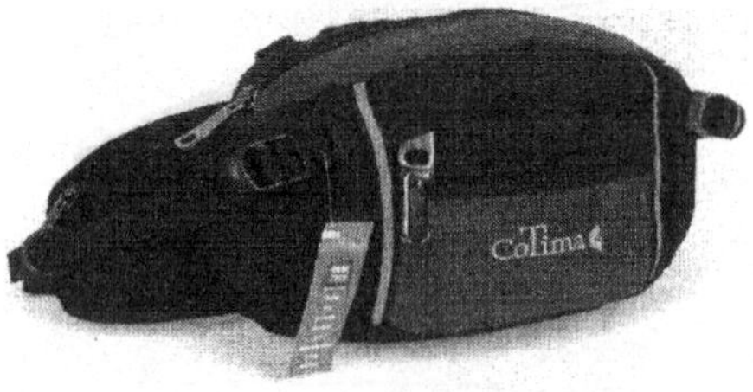

腰带包

图 4-1-36　腰带包

（据董力，大学生户外运动，2010 年）

（三）背包

背包有许多种，有一天行程的小型背包和为方便过夜而装睡袋的大型背包。小型背包装行李较少，重量轻，行走很方便。

大型背包内放东西时，不能把重的物品放下面，否则人易往后倒，要将重物放于上面，脚步容易稳，可感觉到东西的重量。装好东西，要试着背一下，看看左右是不是平衡，调整肩带以配合自己的身体。

图 4-1-37　背包

（据董力，大学生户外运动，2010 年）

第二节　户外运动的计划制定

进行户外运动，应根据户外运动的不同形式和特点，制订相应的户外运动计划，以便安全、有效地进行。

一、计划制订的原则

（一）把握制订计划的原则

行程的安排、经费问题、医疗保障情况、食宿问题、人员情况、交通问题、装备物资情况，任何相关环节都做到心中有数、思路清晰，要保持头脑清醒;。

（二）选择活动地点

活动的内容基本上跟选择地点有着直接的关系，在选择活动地点时，首先要做的是了解当地的历史、人文等文化特征。

1. 活动分析

不同的地形决定了户外活动的项目，因此，在选择户外活动项目的时候要充分考虑到该地区的地形地貌适合做什么，比如森林中，可以进行徒步、登山等，但是不可以进行垂钓等活动。

要分析地形地貌，考虑此地形自身能做什么，充分把握此地形自身能做什么的原则，除了第一点要考虑的问题之外，还要充分发挥想象力去策划户外运动项目。

2. 收集资料

对于一个地区的户外运动，了解当地的历史文化，不仅是一场简单的户外宿营，更重要的是可以获得户外运动之外的风俗体验。

收集当地人文资料，尊重当地的文明，尊重他们的文化，不破坏具有历史人文古迹的建筑和文物，和谐地与当地人沟通相处，是非常必要的。

了解该地区外来人员活动的历史资料，比如说近十年来去过该地区的人员行走路线和他们写的日志、报告、照片资料等。这些资料对于即将要去的你们有很强的参考价值。

了解当地习俗，如当地的风土人情、嫁娶、葬礼、庆祝丰收等特殊节日，选择一些特殊有趣的节日可以体会到当地独特的风土人情，获得户外活动意外的收获。

（三）明确活动内容

根据活动目标，明确活动内容，活动内容最好参照活动地点收集的资料特点予以匹配，在安全原则下，把风险控制在可承受的范围内，尽量安排精彩刺激的户外运动项目，体现户外活动的特点，达到户外活动的目标要求。

（四）明确活动目标

实现户外活动功能作用的最大化，明确此次户活动的目标，每次户外活动的目标都不一样，在出行之前要明确活动目标，因此，明确活动目标是在出行之前必须要做的准备。

二、户外运动前的准备

（一）明确人员分工

专人负责、责任到人、多人操作，按照活动计划有序、合理地开展活动。

（二）建议

加强体能和技术训练；树立终生环保的意识；选择高水平的向导和教练；认识户外运动及其危险，以及防范方法；建立安全意识；选择适合的地区（循序渐进）；选择信誉度高的组织者。

第三节　方案范例

制订登山计划——四川省理县毕棚沟半脊峰，该峰位于四川阿坝藏羌自治州理县毕棚沟风景区深处的连绵群山里，2004 年 5 月 4 日由刃脊探险公司发现并且首登，因其山顶的形状给它起名为半脊峰。半脊峰海拔 5430 米，冰川类型丰富多变，属技术性山峰，攀登路线简单明晰，比较成熟，适合冰雪技术型体验。

图 4-3-1　攀登路线

（据董力，大学生户外运动，2010 年）

一、分析

大本营设立在距离成都 250 余公里的毕棚沟风景区公路尽头，可乘车到达。大本营至顶峰平均坡度在 45 度左右，垂直距离 1930 米，攀登此山峰需要建立三个营地；大本营海拔 3500 米；山峰 1 海拔 4450 米，山峰 2 海拔 5430 米。半脊峰已探出四条冲顶线路，难度不一，此次攀登线路选择 2 号或 4 号线路。

图 4-3-2　大本营

（据董力，大学生户外运动，2010 年）

线路攻略：成都—都江堰—汶川—理县—大本营（BC）—山峰 1（C1）—山峰 2（C2）—顶峰—山峰 2—理县—成都。

二、行程安排

D1：成都—大本营（海拔 3500 米）交通：包车，全程 250 公里；营地任务：技术交流，装备整理；午餐：正餐（汶川途中）；晚餐：营地餐；宿：木棚。

D2：大本营—C1（海拔 4450 米）徒步：平均坡度 35 度左右，需要 7 小时左右到达 C1；营地任务：实战练习；早餐：稀饭、包子、鸡蛋、咸菜；午餐：干粮（自备）；晚餐：营地餐；宿：帐篷。

D3：C1—C2（海拔5000米）行进方式：徒步，结组，平均坡度360左右，5小时左右即可到达；营地任务：练习结组行进，滑坠自动等基本技术，要求熟练；早餐：方便早餐；午餐：干粮（自备）；晚餐：方便食品；宿：高山帐篷。

D4：C2—顶峰（海拔5430米）—C2，冲顶方式：结组行进，修路等安全措施，5小时左右顶，返回C2要3小时，关门时间下午3点；早餐：方便食品；午餐：干粮（自备）；晚餐：方便食品。

D5：C2—理县，下撤：5小时左右回大本营（上海子接待站），在大本营乘车1个多小时回理县；早餐：方便食品；午餐：面条（大本营）；晚餐：正餐（理县）。

D6：理县—成都，交通：包车，6小时左右回成都；早餐：稀饭、包子、馒头、鸡蛋、咸菜；午餐：正餐（都江堰）晚餐：散团（有需要预订酒店机票的队员和领队沟通好提前预订）。

图4-3-3　登山图

（据董力，大学生户外运动，2010年）

（一）服务收费

××元/人，包含：登山注册，省体育局申报；成都至理县往返车以及进沟往返包车或者全程包车；公用装备物资搬运费；公用药品，感冒类、外用类、肠胃类、抗过敏类、消炎类、止痛类等；安全保障；生活，全程主食和早餐，自备4顿路餐干粮；公用攀登装备，主绳、扁带、路绳、技术镐、绳套等；公用生存装备，炉具、刀具、餐具、炊事帐篷等；保险；境内管理局费用，营地费、景区门票、资源费；其他，GPS、对讲机、血压计等；

（二）说明

因个人原因在中途退出活动的不退还任何费用，超过原计划时间产生的费用另计。队员要求：体力较好，无不适合高海拔活动的各种疾病。免报名者：没有团队合作精神者，没有时间参加集训者，有个人冒险主义倾向者。

装备要求：上升器、8字环、主锁（2个）、散锁（2个）、编带120厘米/条、绳套2条、排汗内衣、徒步鞋、防潮垫、羽绒衣、帐篷、冰爪、头盔、头灯、睡袋、高山靴、冲锋衣裤、雪镜、背包65升左右、手套、帽子、安全带、长冰镐、抓绒衣、水壶、个人卫生用品及餐具等（以上技术装备不齐或者没有的及时通知我们）。

第五章　户外运动的陆地项目

户外运动囊括的范围非常广泛，随着体育健康理念的不断推广，越来越多的户外运动项目被人们知晓并接受。陆地项目尤其受到人们的喜爱与推崇，这里我们对户外运动中的比较常见的几种陆地项目进行仔细分析。

第一节　登山运动

一、登山健身简介

登山既可以锻炼身体，又可以陶冶情操，是一项很好的健身项目。

登山前要了解自己的身体状况，特别是心脑血管系统功能和膝关节功能，尤其是老年人，由于关节功能退化，登山时较大的运动负荷，会进一步加重关节的退化，甚至有些平时没有表现出来的关节症状在登山的时候会表现出来。

另外，登山是大负荷运动，容易导致心脑血管系统疾病的发生，对于老年人来说，要特别引起注意。科学把握运动的量和强度是防止心脑血管意外的好办法。

二、登山健身的功能

（1）脚力锻炼可令双脚灵活有力，登山是进行脚力锻炼的最佳方式之一。

（2）登山可促进毛细血管功能，感觉全身舒爽通畅。

（3）登山可以强筋健骨。

（4）登山可以舒缓压力。进入森林，跋山涉水，静思养神，沐浴大自然的气息，可以洗净城市尘嚣，令人心旷神怡。

（5）登山可以明显增强腰、腿部肌肉力量，行进的耐力，身体的协调能力等身体素质，改善心、肺功能，增强抗病能力。

（6）登山可以宣泄精神压力，调节情绪，促进乐观向上。

三、组织群众性登山健身的计划、原则和方法

（1）进行体格检查，排除有健康隐患者，采取预防措施。

（2）根据不同年龄段进行分组，设计路线的长短、难易程度。

（3）根据不同人群的需求进行分组。

（4）登山路线应设有食品补给点和医疗服务点。

（5）较危险的路段应该设有栅栏或绕开危险点。

（6）合理控制路线上的人数，不能过于拥挤，以免造成踩踏事故。

（7）登山路线上应该有明显的指示牌和公里标志。

四、不宜爬山的人群

患有以下慢性疾病的人在进行登山运动的过程中要尤其注意。

（1）运动系统慢性疾病：关节病、皮肌炎、风湿炎等。

（2）呼吸系统慢性疾病：肺心病、慢性气管炎。

（3）循环系统慢性疾病：高血压、冠心病，特别是慢性冠状动脉供血不足。

（4）慢性肾炎。

（5）血液病。

（6）糖尿病伴有并发症。

（7）痛风。

（8）红斑狼疮。

（9）肝硬化。

需要说明的是，在这些疾病中，多数并不是登山的绝对禁忌，关键是度的掌握和加强监护。适量的登山健身可以作为患有上述疾病人群的康复手段，但在疾病的急性期或发作期不能参加登山活动。

五、登山健身的基本方法及注意事项

（1）登山装备虽然不多，但都是必须携带的装备，包括登山鞋（运动鞋）、背包、水壶、太阳镜、帽子、登山杖、毛巾等。登山衣裤要宽松，中老年人还应携带药品。

（2）在登山之前，一定要进行准备活动，使身体进入运动状态，减少受伤的机率。

（3）登山时注意呼吸的节奏，一般是一吸两吐；步幅小一些，步频适中、有节奏。

（4）登山时注意掌握休息时间，每活动1小时，休息10~15分钟为宜。

（5）登山过程中要及时补水，不能等到渴了才喝，喝水时要掌握小口喝、多次补水的原则。

（6）上坡的技巧：步幅小，重心向前，眼睛注意观察行进路线的前方，两臂向前上方摆动。

（7）下坡的技巧：脚落地轻、缓，膝关节和踝关节紧张，两臂随着脚的移动而摆动。

（8）登山过程中如感到肌肉酸痛，应及时休息。休息时可以进行按摩，以放松肌肉组织，缓解肌肉酸痛等情况。

（9）了解天气情况，最好在晴天出行，身上带一把雨伞是非常必要的，既能防晒，又能遮雨。在登山过程中，如遇到雷电等天气，应该停止行走，不要在大树下躲避。正确的方法是把背包垫在地上，坐在背包上面，做好防雨措施，不要在打雷时使用手机等电子设备。

（10）登山路线不能太长，尽量避免赶夜路。即使没有夜行计划，也应该带上照明工具，有备无患。专门的夜间登山，只能选择修整好的登山路径，不爬野山。

第二节　攀岩运动

一、攀岩

攀登包括攀岩运动、徒手攀登与器械攀登等，其中攀岩是一项集智力、体力为一体的心智型体育运动，是高山探险活动中通过陡峭的冰雪岩石地形的一种基本攀登技术，它素有“岩壁上的芭蕾”的美称。如今的攀岩运动已经成为一项时尚的休闲运动，它拥有自己的语言、装备和安全保障，是一项发展得最快的业余体育运动。

最初的攀岩运动起源于欧洲，主要是攀登、挑战不同类型的自然岩壁而发展起来的。随着人们对攀岩运动的深入了解，在20世纪80年代，一个法国人发明了仿真人工岩壁，从而拉开了攀登人工岩壁的序幕，进一步推动了世界攀岩运动的发展。

（一）攀岩的定义

攀岩运动是攀登者依靠自身的顽强意志、体力和思维能力，借助于技术装备和同伴的保护，在有限的时间内，在不同高度和角度的岩壁上，选择最佳的、最合理的路线，并准确地完成腾挪、转体、蹿跳、引体等惊险的技术动作，直至完成整条路线的攀登。

（二）攀岩的分类

攀岩运动从不同的角度可分为不同的类型。

（1）按器械使用方式分类：竞技攀登（Sport Climbing）、自由攀登（Free Climbing）、器械攀登（Aid Climbing）、无保护攀登（Free Solo）。

（2）按保护方式分类：先锋攀登（Leading Climbing）、顶绳攀登（Top Rope Climbing）。

（3）按运动场地分类：人工场地攀登、自然场地攀登。

其中，竞技攀登又可分为难度赛（Difficulty Competition）、速度赛（Speed Competition）、攀石赛（Bouldering）。

（三）攀岩运动员的专项身体素质

力量是攀岩运动员的基本素质，而如何将力量灵活、协调地分配和利用，则需要经过系统的专项身体训练方可达到要求。攀岩运动员的专项身体素质一般有以下几个指标。

（1）肌力：包括四肢、腰背部、腹部等部位的肌肉力量。

（2）平衡能力：在运动中维持身体稳定性的能力。

（3）柔韧性：主要指肌肉、巩膜、韧带的活动范围、伸展程度。

（4）灵巧性：即神经、肌肉两者间的协调能力。

(5) 呼吸循环机能：主要体现在运动中对呼吸节奏的调整。

(四) 攀岩的注意事项

(1) 攀岩前应做好准备活动。
(2) 保护者应有充分的保护经验和熟练的保护技巧。
(3) 保护者在保护过程中应全神贯注，不宜开小差或嬉闹。
(4) 被保护者应充分相信保护者，不要采取多余的自我保护措施。

二、攀登的基本原则

(1) 手脚协调统一，平稳地移动。
(2) 平衡性、灵活性、柔韧性的统一。
(3) 保持身体重心平衡，将身体的重心放在脚上。
(4) 保持自己的能量，将重力作用在脚上而不是手臂上。
(5) 合理运用耐力，减少不必要的能量消耗。
(6) 放松肢体。

三、手的动作

一般的初学者通常用很大的力量去抓住支点，这是错误的，手部最重要的作用是维持身体的平衡，在垂直的岩壁上使用很小的力量就能维持平衡，当在斜面或屋檐地形时可能需要相对较大的力量来维持平衡。手的动作比脚的动作要复杂得多，它根据不同着手点和攀登要求有不同的握法。岩壁越陡，仰角越大，手臂所承受的力量越大，着手点也就越大。不管是什么样的岩壁，在攀登过程中都不要握得太紧节应适当放松，让手灵活些，用最小的抓握力保持身体平衡并使身体移动。抓握得过紧会导致过早疲劳或快速脱落。手点的形状和大小多种多样，如图所示（图5-2-1）。攀登者应首先熟悉各种支点的形状及可抓握的位置和方向，抓握支点最好利用的位置，并找准最好发力的方向，在攀登前计划好应抓握支点的顺序和方向，找出可以休息的支点是非常重要的。抓握支点的手法有很多，同一支点的不同方向也有不同的抓握方法。

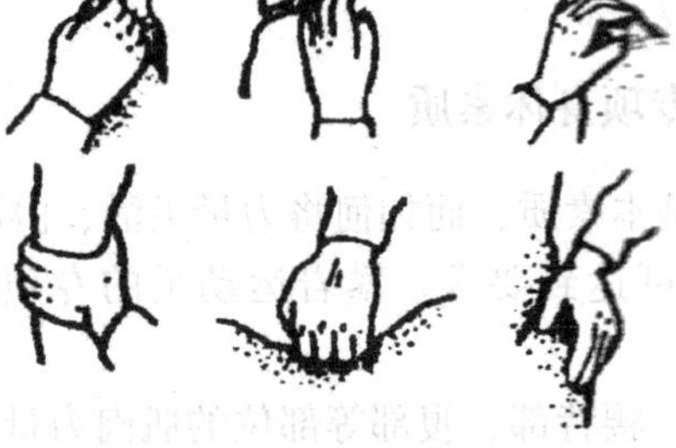

图5-2-1　同一支点不同的抓握方法

（一）开握

就是平常所说的“OPEN”抓法，四指并拢抓住支点，四指与支点充分接触，整个手掌不用紧握支点。在这个动作中，拇指一般不协助发力抓握支点，其主要特征为手指的第一关节和第二关节弯曲程度均未达到90°。

（二）抓握

同开握抓法近似，但通常需要拇指协同发力，可以用手掌去握住它，因不仅仅依靠手指，整个手掌的抓握可以增加抓握的稳定性。

（三）紧握

就是平常的“CRMP”抓法，四指并拢把拇指搭在食指上，通常只有第一指关节受力，紧扣支点；四指第一指关节弯曲程度超过90°；此时大拇指的力量很关键，因为大拇指要锁住食指。如果支点过小，这样紧握时你就会感到手指的肌腱被压迫得很疼。

（四）半紧握

抓点方式与紧握相似，只是拇指并未压在四指上。同样只有第一指关节受力，而且第一指关节弯曲程度超过90°。

（五）曲握

曲握就是把手掌弯曲，四手指并拢，用手掌的外边缘握住支点，这种方法很省力，通常是一个休息动作，这样可以给其余手指一个很好的放松机会；有时根据线路上支点的分布，还可以用手的虎口部位夹住支点，这也是曲握的一种，同样可以达到休息的目的。

（六）手腕扣点

当面对的支点是大支点的时候，攀岩者的前臂要适当放松，通过手腕的弯曲达到对支点的合理掌握。当然，这种通过手腕弯曲对支点借力的方式不是很常见，只有在条件适当的时候才能运用。但是这种借力方式是值得推荐的，主要原因就是这种借力方式能有效减轻前臂的承重压力，并使其转移到骨头上。这种姿势实际上相当于一种休息姿势，可以为攀岩者提供短暂的休息时间。这种动作通常应用在较大突出支点上面。

（七）捏握

当一个支点无法用开握或紧握方法时，考虑一下捏握。注意要点：四指和拇指发力方向相对，捏住支点。有时由于支点的限制，可能四指无法同时发力，只能使用食指或中指的前两关节按住支点。

（八）侧抠

有些可捏住的点可以用四指侧向拉住支点，而大拇指压在支点的边上。其压的方向与四指的方向成90°。对四指起到辅助的作用，使抓握支点更加稳定。

（九）侧握

这种抓握的方式与侧抠点、侧抠点非常相似，与这两种抓握方式的区别就是拇指几乎不发力。这个动作的作用主要是为了维持人在攀岩中的平衡保持，也可以在侧身攀岩的过程中较常运用。

（十）口袋点

所谓的口袋点，就是在支点的某个部分有凹下去的设计，这种支点的作用主要是为了让手能够伸进去。口袋点有大小之分，如果只能伸进去一根或两根手指则称为小口袋点，如果手掌的四根手指都能伸进去的话就是大口袋点。这种口袋点通常称之为指洞点。

（十一）反扣

这种抓扣方式通常是因为在攀岩的过程中身体向相反方向移动，或者支点的可抓握方向与正常支点相反，要想顺利利用这个支点或完成身体的移动，就需要通过手与手或手与脚的反作用共同实现。

（十二）抓点

与平常的支点不同的是，有些支点呈柱状，向外或向下，利用这些支点可以采用抓握的方式，使手掌与支点有充分的接触空间，进而使攀岩过程中的身体更加稳定。

四、脚的动作

除了攀登岩面大于90°岩壁之外，攀登岩壁主要是依靠脚的动作，基本的脚法有蹬、钩、挂、塞、挤等。手只是帮助攀登者从一个立足点到下一个立足点时平衡身体。

（一）正踩、侧踩

在一般小的脚点上主要有三种踩法：

1. 正踩

在攀岩的过程中，脚部的动作也是非常重要的。在脚部动作中，最常用的一种姿势就是正踩，也就是利用脚尖内侧大拇指踩住支点。这种利用支点的方式能有效加强攀岩中脚步对支点的压力，进而是攀岩鞋与支点产生较大摩擦力，给攀岩中的身体一个借力点，使身体能够通过脚尖向上移动。因此，在做这个动作的时候要注意脚跟要尽量抬高，以保证脚尖能够借到力。

2. 侧踩

这种方式在攀岩的过程中也经常用到，与正踩的区别主要是用前脚掌的除大脚趾外的四个脚趾用力，与上面讲到的正踩的一样，也是为了加大与支点的摩擦力，因此在做这个动作的时候也要尽量将脚跟提高。

3. 鞋前点踩

攀岩鞋在攀岩中的作用也是非常大的，鞋前点踩就是攀岩鞋的一个重要用处，这主要针对比较小的支点或洞点，也就是上述两种方法无法正常使用的情况下。此时，只能讲攀岩鞋的脚尖部分塞进去，从而借力攀岩的方式。

（二）摩擦点

用鞋底的大部分压在岩面上就可能产生摩擦力，主要用脚的大趾头发力。这种踩点方式用到攀岩鞋的外侧边和内侧边，可能还要用到整个前脚掌，以增加接触面积，通常用于踩踏一些向下倾斜的支点。这种脚法的特点是踩点时脚跟要向下倾，尽量增加攀岩鞋与支点的接触面积，以达到增加摩擦力的目的，使踩点时更加牢固，这点正好与正踩和侧踩相反。

（三）脚后跟钩

这种动作的技术要点就是要用脚后跟将支点勾住。做这个动作的时候首先要找到一个支点，然后脚后跟做适当调整将支点勾住。在这个过程当中，注意腿部和胸部的合理伸屈，直到腿能够借助支点发力，使身体向正确的方向移动，这个动作主要了是为了缓解上肢所承受的重量，进而达到力量合理分配的目的。脚后跟钩的动作需要攀岩者具有良好的灵活性、柔韧性和胆量，它的动作多种多样，需要不断地去实践，但它最终的目的是获得“第三只手”，以保持身体平衡。

（四）交换脚

岩壁上数目较少时，可能会经常用到换脚技术。

（1）在移动脚之前确定自己所要的脚点，脚点的大小、方向和位置决定了它的实用性，如果有可能，脚点赢低于手点，以减轻上体的紧张。

（2）把脚准确放在脚点的最佳位置，要把自己的脚集中放在一点上。

（3）将重心平稳过渡到另一个脚点。

（4）当自己站立或移动时保持脚的绝对平稳，移动时以脚踝为中心减少上身的运动。脚的移动可能会使脚滑出脚点，要集中力量保持脚的平稳，保持平稳移动重，心至两支点之间。

（五）交叉脚

在攀岩的过程当中，由于凸出来的支点具有一定的随意性，因此在攀登的过程中，往往要走一步看三步，经常会出现一种情况就是另一只脚需要从身前或身后交叉过去，才能踩到支点。而在踩踏下一个支点的时候，身体的重心也会随之移动。这就需要攀岩者进行深思熟虑。

交叉脚还有一种方式就是在同一个支点上进行的交叉，这种支点通常局限于较大支点，因为只有这样才有足够的空间供两脚互相转换，使交叉脚的动作能够顺利完成。这里的交叉脚同样有内交叉和外交叉之分，具体应该采取哪种方式则应该根据时间面临的情况做决定。

(六)顶膝动作

顶膝动作是一个很好的休息动作，动作要点是用脚部踩住支点的同时用膝盖顶住另一个支点，形成脚部和膝部的互压，达到平衡，可以让手臂进行很充分的休息。

(七)膝盖勾点

这个动作主要用于翻出屋檐地形，当翻屋檐的手点和脚点很近时，可以用膝盖内侧勾住支点，以达到平衡的状态。

(八)挂腿

挂腿是个对技术要求很高的动作，当一只手抓握一个比较大的支点时，将这只手的对侧腿抬起，挂在手腕上，并依靠手腕和手臂的力量将身体抬升，另一只脚做辅助的发力，以控制平衡。这个动作对手腕的力量要求很高，而且比较危险，但对于喜欢静态攀登的攀登者最合适不过了。

五、几种基本技术

(一)平衡攀登技术

1. 平衡攀登的基本原则

(1) 用脚。每次向上移动时，应利用脚来支撑体重，不要手像拉单杠一样用力，手仅用来维持平衡。因此，攀登时不要一味往上寻找着手点，而是让自己的眼光下移，好的脚点是成功的一半。

(2) 三点固定。当要移动手或脚时，应将重心移至其余三点，保持平衡后才可将该点的力量移动。

2. 平衡攀登的基础

(1) 找到脚点后应依据技巧平稳地站住，切忌因姿势改变而任意变动。

(2) 着手点一般使用推压方式比上拉方式更为省力。

(3) 不可在一个费力的姿势上停留过久，应保持攀登的连续性。

(4) 使用较有力的部位，也就是能用脚站立的，就不要用手去拉。

(二)徒手攀登

1. 途中休息方法

在徒手攀登的过程中，动作是否合理、有效，对体力的保存起到关键的作用。在攀爬途中如果能有效地休息一会儿，紧张的肌肉就会得到放松，体力就能迅速得到补充。

(1) 站立直臂休息动作

站立直臂休息动作是最常用的休息动作之一。

其动作要点是：上身外倾，远离岩壁，而腿部和臀部尽量贴紧岩壁，两脚一般分开踩于两支点上，将手臂放直以达到休息的目的。

（2）蹲点休息动作

蹲点休息动作是指一只脚采用半蹲的姿势正踩支点，将身体重心放在所踩支点之上，腿部和臀部尽量贴紧岩壁，上身稍向后倾或向侧面倾斜，放直手臂形成休息的姿势。这也是一个很好的休息动作，比较常用于垂直岩（图 5-2-2）。

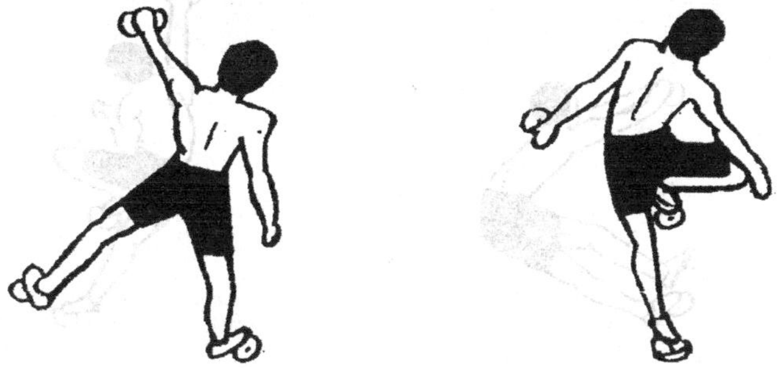

图 5-2-2 蹲点休息动作

（3）双脚对侧踩点

此动作的要点是两腿成一定角度分开，两脚以正踩方法踩点，使身体重心在两腿之间，这样起到很好的休息作用，有利于放直手臂。这个动作经常出现在内角形岩壁的攀岩中。

2. 攀岩基本技术动作

（1）侧蹬

侧蹬是一项很重要的技术动作，它能极大地节省上肢力量，在过仰角地段时被大量采用。其基本技术要点是身体侧向岩壁，以身体对侧手脚抓握和踩支点，另一只腿伸直用来调节身体平衡，靠单腿力量站起，抓握上方支点。（图 5-2-3）。

图 5-2-3 侧蹬

（2）扭身锁定

这个动作的特点是将身体扭转，使身体侧对岩壁而不是正对岩壁。通常靠一只于锁定身体，另一只手去抓握下一支点。扭身锁定的动作只是上身的动作，下身经常配合扭膝动作或侧蹬动作，尤其在斜面或屋檐地形被广泛使用，因为这个动作可以让你非常省力地抓住下一个支点。

(3) 侧拉动作

侧拉动作是一个在野外攀登裂缝时常用的技术。动作要点是双手侧向拉住支点，而脚部与手部的发力方向正好相反，向反方向蹬踩岩壁或支点，形成身体的互压状态，达到平衡（图 5-2-4）。

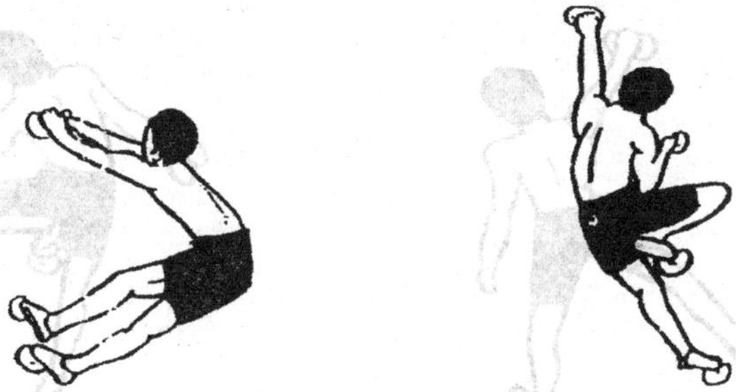

图 5-2-4　侧拉动作

(4) 脚上手点

脚上手点通常用于垂直岩壁或支点稀少的路线，当要将脚抬至腰部附近的支点而没有其他支点可以辅助时，通常要用到这种技术。(图 5-2-5)。

图 5-2-5　脚上手点

(5) 扭膝

扭膝动作是攀岩中最重要的技术之一。这个动作可以最大程度地节省上肢力量，而且使攀登者的动作看起来十分优美。但扭膝动作的意义还远不止于此，在没出现扭膝动作前，蛙步动作一直是攀岩克服难点的唯一选择，这样使很多柔韧性不好或展髋能力很差的攀岩者对某些特殊的线路简商无法攀登。但扭膝动作出现后解决了很多问题。扭膝动作的姿势为两脚分别踩于两支点上，两支点可以等高或不等高，开始时双脚均采用正踩方式，做动作时一条腿保持不动，另一条腿以所踩支点为轴顺时针或逆时针旋转，使所踩脚点由正踩变为侧踩，同时身体变为侧向岩壁，靠一只手锁定身体，另一只手向上抓握支点。这个动作在斜面和屋檐地形使用非常广泛，尤其在屋檐地形配合扭身锁定动作更加完美。

(6) 蛙步

蛙步动作是攀岩中比较难的一种技术，因为其对身体柔韧性和展髋能力要求较高。

由于近年扭膝动作和动态动作的出现，现在已经很少使用，但也还有人坚持采用蛙式攀爬。其动作要领是双手抓握两支点，双脚尽量抬高踩住胸前或腰部的一个或两个支点，使身体缩成一团，像青蛙一样，然后伸手去抓握下一支点。

（7）摆腿

摆腿动作是一个维持平衡的动作，通常配合同手同脚动作。一起使用。当做同手同脚动作时，有时可能感觉不太平衡，这时将辅助腿摆向受力腿一侧，以维持身体的平衡，达到究成动作的目的。根据脚点位置的不同，有时可能会出现辅助腿与地而平行的情形。

（8）高抬脚动作

高抬脚动作指脚点位置很高时所做的动作，遇到脚点很高的情况通常有两种高抬脚方法：一种是双手抓握同一支点，将身体稍微向所要抬到的脚点转，身体向后倾，腰部向与所要到达脚点的相反方向扭曲，让出空间抬脚。当将脚抬到所要到达的脚点时，双手同时发力将身体拉起，同时抬起另一只脚，将身体重心压到所踩支点上；另一种方法是双手抓握同一手点，身体向后微倾，用将要踩踏下一脚点的脚踩现有的脚点，另一只脚踏一下岩壁，同时身体借力向上，将所要抬的脚迅速抬到所要到达的脚点上，以完成高抬脚动作（图 5-2-6）。

图 5-2-6　高抬脚动作

（9）动态动作

动态动作可以分为两种，完全动态动作和不完全动态动作。不完全动态动作指动态抓握下一支点时，发力脚并未离开原来的脚点，通常是用一只手动态抓握下一支点，身体 t 至少有两点仍固定在岩壁上（将双手、双脚算做四点）。完全动态动作指动态抓握下一支点时，发力脚已经完全脱离原来的支点，身体上三点甚至四点全部脱离岩壁去抓握下一支点。完全动态动作又可分为两种：一种是三点脱离岩壁，即一只手动态抓握下一支点时，另一只手仍抓握原来的支点做辅助性的发力，但两脚均脱离岩壁的动作；另一种是四点脱离岩壁，即双手、双脚在做动态动作时全部脱离岩壁，靠一只手或双手同时抓握下一支点，控制住身体的平衡。

（三）器械攀登

当一些岩面用正常的方法无法进行攀登时，可以考虑利用器械进行攀登。利用器械攀登的方法很多，着重介绍以下几种：

1. 上升器攀登

将主绳一端在上方固定好，另一端扔到岩壁下方。将上升器扣入主绳，然后通过保护绳套、铁锁、下降与安全带连接。检查安全后开始攀登，攀登时手和脚要协调配合。

2. 抓结攀登

抓结是一种绳结，利用抓结攀登是在没有上升器的情况下采用。其连接的方法是用两根辅助绳在主绳上打成抓结（手握端），另一端打成双套结（连脚端），不断向上攀登。其攀登的方法及要领与用上升器攀登方法一样，都是抬腿提膝使拉紧了的辅助绳松弛，将上升器沿主绳向上推进到不能再往上推，脚随之下蹬，身体重心一侧上移，另一侧也如此动作，反复进行，直到你要到达的地方。在操作过程中，注意保持身体平衡，始终保持面向岩壁的姿势，动作要协调、有节奏。

六、下降

下降是从事户外运动的基本技术，随着户外运动的蓬勃开展，下降中的沿绳下降（垂降、速降、悬降）技术逐步发展为户外运动中不可或缺的项目。无论是专业的登山运动，还是非专业的登山户外运动中，下降时都必须注重规范性、安全性、专业性。在很多人看来，下降技术简单而有规律，往往会使人麻痹大意，忘记或忽略可能发生的危险。在中国登山户外运动事故调查研究小组编撰的《2007—2008 年中国山难事故报告书》中报告，多起遇险、遇难事件均发生在下降中。由此可见，下降是整个活动中最危险的环节。认真学习并熟练应用正确的下降技术是安全开展登山户外运动的重要保证。

在通常情况下，小于 45°的缓坡、中坡下降，危险系数较低，一般不需要特殊的装备和技术，可在登山杖、冰镐等器械的辅助下，自然行进到 45°以上的陡坡、悬崖峭壁等地形，下降则必须依托专业的装备和技术。

开展沿绳下降活动（速降），下降高度应在 150 m 以内，要使用双绳下降，并且两名队员相互连接。

下降经验分享：

（1）下降前要有足够的精神准备，要胆大心细、沉着果断，做到动作敏捷、准确、消除麻痹大意的思想。

（2）下降路线以坡度较缓且支点较多为最佳。

（3）难度接近时，应选择较短线路，并视自然风化程度酌情考虑。

（4）在下降时，不论强度、难度大小，都应佩戴手套，避免擦伤。

第三节 山地自行车运动

山地自行车是专门为越野行走（穿越丘陵、小径、原野及砂土碎石道等）而设计的自行车，1977 年诞生于美国的旧金山。当时，一群热衷于骑沙滩自行车在山坡上玩乐的年轻人，突发奇想，要是能骑着自行车从山上飞驰而下，一定非常有趣。于是，便开始越野自行车（山地车）的设计和制造。从此，“速降竞技”作为体育比赛中的一个新项目开始崭露头角。速降竞技是运动员骑山地自行车沿规定的下坡线路高速滑降，速度快者为胜的运动项目，这一新鲜、刺激的比赛项目吸引了众多的爱好者。

自行车虽然始于欧洲，但美国人发明的山地自行车却一扫传统的自行车概念，将一股新风吹遍全球。

一、山地自行车的结构

XC 越野车是最常见也是最实用的山地自行车（以下简称“山地车”）（图 5-3-1）。

图 5-3-1　XC 越野车

（一）车架

一部山地车是否骑得舒适，是否轻巧易控，能承受多高的强度，能用多长的时间，能否升级等，关键就是看车架。

车架大致分为两种：硬车架和全避震车架（图 5-3-2）。

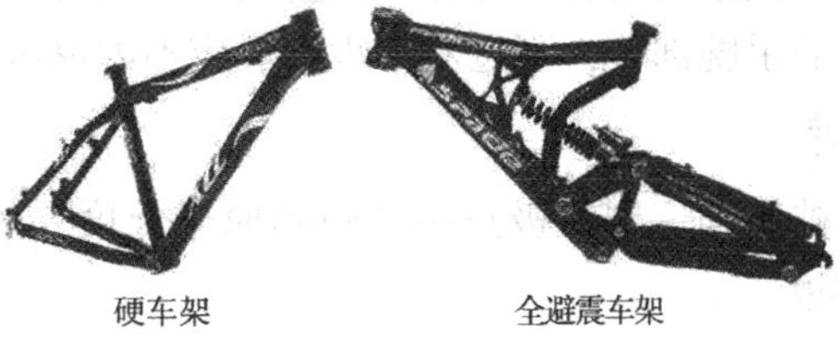

图 5-3-2　车架

（1）硬车架：骑起来更省力、更轻巧，价格低廉。

（2）全避震车架：更舒适，过颠簸的山路时不用减速，不过骑起来有懈力，不适合长途骑行且价格较高，尤其是选择一款优秀的后避震器，价格跟车架价格不相上下。

（二）前叉

前叉是山地车中科技含量较高的部件，硬前叉的山地车已经不多见了，现在基本都是带避震器的前叉（图 5-3-3）。

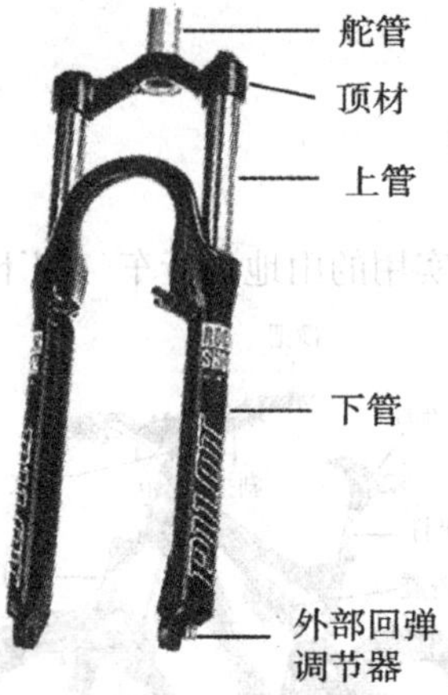

图 5-3-3　前叉

1. 前叉的介质和种类

（1）弹簧叉：最低档的前叉，没有阻尼。

特点：便宜。

（2）阻力胶：以阻力胶为介质，没有阻尼。

特点：比上不足、比下有余，不过用 3 年左右时间会老化，需要更换。

（3）油簧叉：以弹簧为回弹介质，以油为阻尼。

特点：最重，但是最结实。弹簧用起来比较润，对小震动反应灵敏，一般半年换一次避震油。

（4）油气叉：以空气为回弹介质，以油为阻尼。

特点：比油簧叉轻，但结实度有所降低。以空气为介质的好处是重量更轻，可以在高速越野中保护骑行者的手腕部位，不过对小震动反应不太灵敏。

2. 前叉的工作顺序

遇到障碍物—前叉被压缩—到了极点—回弹到原来长度（回弹的速度受阻尼的影响）—弹跳系统工作结束。

（三）制动系统

山地车的制动系统包括刹车、刹把和刹车线。山地车主要有两种刹车：“V”刹和碟刹，而普通的中悬吊刹车已不常见。

1. “V”刹

刹车力量很大，因为是靠摩擦轮圈制动，所以轮圈一定要调整到位。

“V”刹的优点是轻便，便于调整；缺点是当轮圈受外力变形的时候，刹车就会和轮圈摩擦，影响骑行（图 5-3-4）。

2. 碟刹

比起“V”刹，更不容易把轮胎抱死，高速行驶的时候，抱死很危险，会导致侧滑。碟刹比“V”刹要沉（图 5-3-5）。

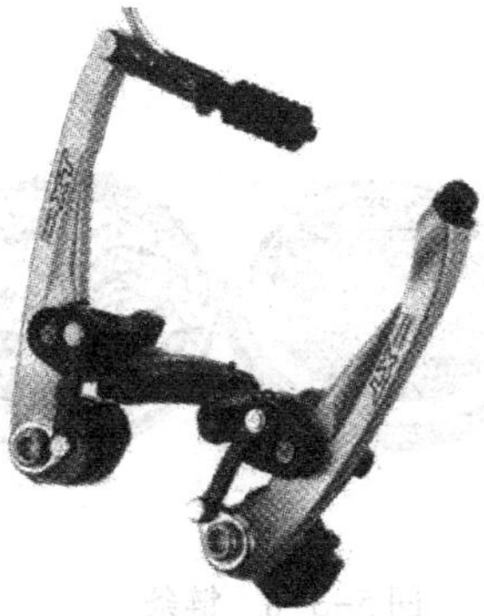

图 5-3-4 “V”刹

图 5-3-5 碟刹

（四）传动系统

山地车的传动系统包括牙盘、中轴、链条和飞轮。

1. 牙盘、曲柄

越野山地车的牙盘有 3 片，3 片齿数有不同配比，曲柄也有不同的长度，可供用户自由选择（图 5-3-6）。

图 5-3-6 牙盘、曲柄

2. 中轴

现今的中轴均为密封式，防水、防尘、免维护。中轴有梅花孔中轴和方孔中轴两种，还有不同长度可供选择，因此，必须依照梅花孔或方孔的牙盘购买（图 5-3-7）。

3. 链条

链条是传动系统中的关键链接，其好坏直接影响传动系统与变速系统的性能。选择时一定要根据飞轮齿片的数量，选购不同厚度的链条（图 5-3-8）。

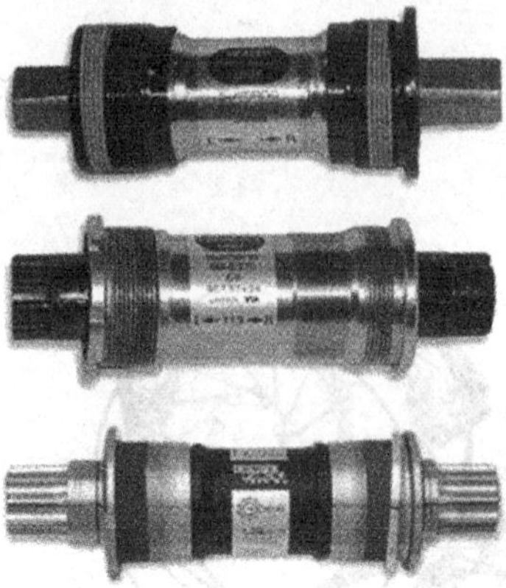

图 5-3-7　中轴

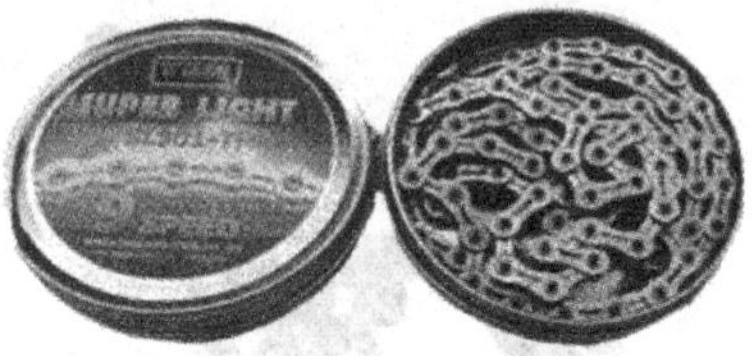

图 5-3-8　链条

4. 飞轮

飞轮一般为 7~9 片，顶级的飞轮为 10 片，需配合 10 速的专用链条使用（图 5-3-9）。

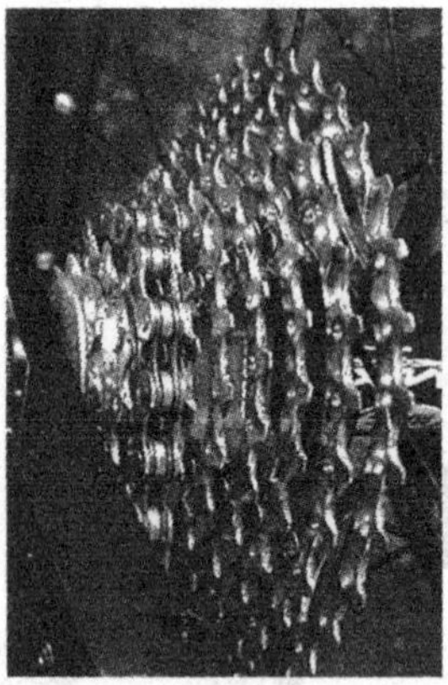

图 5-3-9　飞轮

（五）变速系统

山地车的变速系统包括变速拨杆（图 5-3-10）、前拨链器（图 5-3-11）、后拨链器（图 5-3-12）和变速线（图 2—3-13）。其中，变速拨杆分为两种，一是剪刀变速器，一是转把变速器。虽然转把变速器的变挡速度很快，但也有人钟爱剪刀变速器，因人而异。还有一种是联体手变（双控变速刹把），即把变速拨杆和刹车的闸把做成一体，虽具有极高的兼容性且外表美观，但万一闸把坏了，得连指拨一起全部更换。

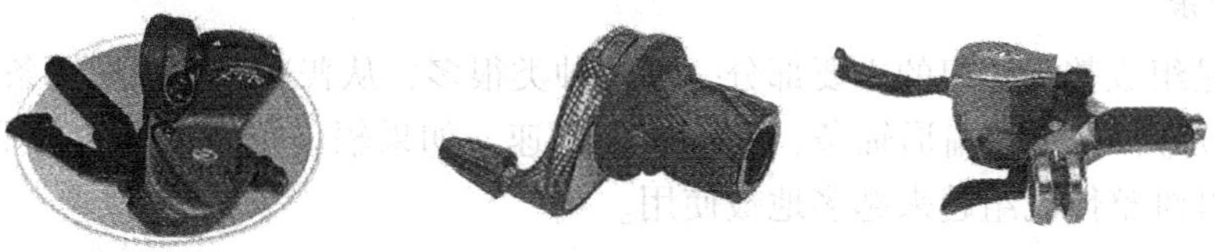

图 5-3-10　变速拨杆

图 5-3-11　前拨链器

图 5-3-12　后拨链器

图 2-3-13　变速线

（六）车轮

山地车的车轮由车圈、辐条、前后车轴、外胎和内胎组成。

1. 车圈

山地车应选用双层圈。因为双层圈比单层圈更结实，更能经受恶劣地势对单车性能的考验。车圈又分为刀圈和工型圈（图 5-3-14）。

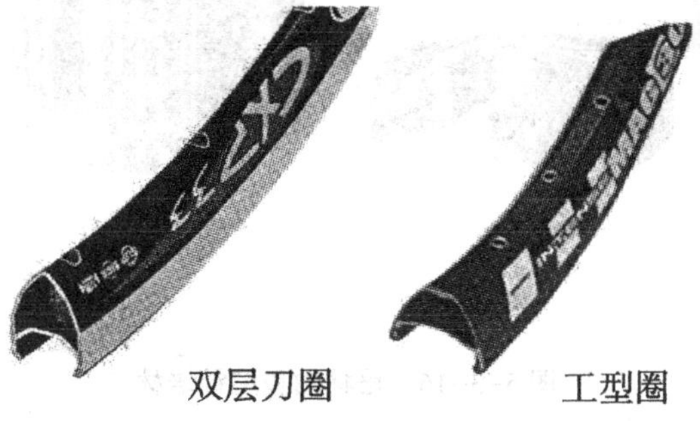

图 5-3-14　刀圈和工型圈

（1）刀圈

优点是抗纵向冲击的性能强，不会发生圆周变形，而横向的变形是很好调整的；还能减小空气阻力，适合业余车手和训练使用。缺点是沉，不适合爬坡。

（2）工型圈

抗横向冲击的能力强些。

2. 辐条

辐条是组成整个轮组的重要部分。辐条种类很多，从普通截面圆形辐条、钛合金变径辐条（DT），到变径扁形辐条，发展非常迅速。如果辐条越轻，车轮的重量也越轻。现今，碳纤维整体轮组越来越多地被使用。

3. 车轴

车轴又称花鼓（图 5-3-15）。车轴分为培林轴和珠挡轴。建议买培林轴，滚珠坏了，可以更换。

图 5-3-15 车轴

培林是英语“Bearing（轴承）”的音译，培林轴其实就是轴承轴。还有一种轴，它比培林轴能承受更强的压力，叫珠挡轴，这种轴如果珠挡坏了，更换很麻烦，需要专业人员使用专门的材料来更换。而培林轴中的轴承滚珠，全世界型号统一，用坏了换起来很方便。

培林轴中还有一种轴叫滚针培林，是用圆柱体代替球体作为传动的介质。优点是强度更大，润滑度稍有下降。一般用在中轴和腕足（图 5-3-16）。

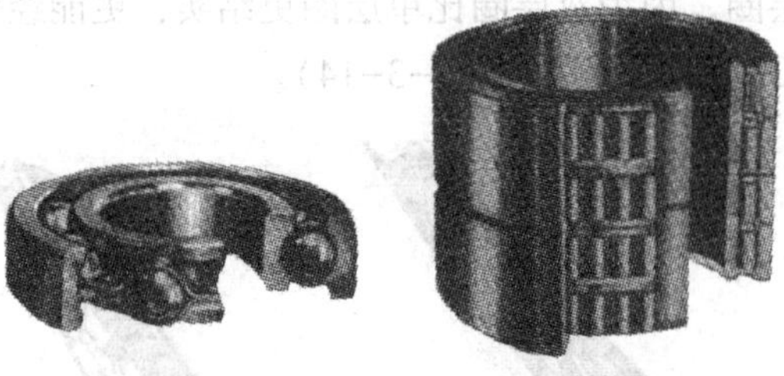

图 5-3-16 培林轴和滚针培林

4. 外胎

外胎的质量很重要，因为它直接影响骑手在特定路面对车的操控。不同的胎纹适应不同的路面（图 5-3-17）。胎纹越平，阻力越小，速度越快，在平地上的摩擦力越强。尤其是平纹胎，适合在城市平整的水泥路面骑行。细齿胎适合泥路，胎纹越凸，阻力越大，速度越慢，轮胎直径越大，在山地上的摩擦力越强。

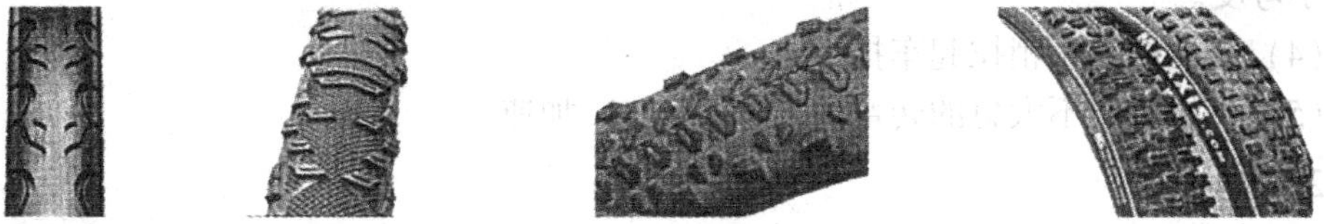

平纹　凸纹（细齿胎）　凸纹　凸纹

图 5-3-17　外胎

二、山地自行车的骑行技术

（一）基本骑行技巧

1. 姿势

正确的山地车骑车姿势是：上体较低，头部稍前伸，双臂自然弯曲，腰部弓曲，降低身体重心，双手轻而有力地握把，臀部坐稳车座，以防止由于车子颠簸而产生的冲击力。

2. 踏蹬

自行车的踏蹬方法有自由式、脚尖朝下式和脚跟朝下式三种。

（1）自由式踏蹬法

目前，一些优秀运动员大都采用自由式踏蹬法。这种踏蹬方法，就是脚在踏蹬过程中，踝关节角度随踏蹬部位的变化而变化。自由式踏蹬法符合力学原理，用力的方向与脚蹬旋转时所形成的圆周切线一致，减少了膝关节和大腿动作幅度，有利于提高踏蹬频率，自然通过临界区，减少死点，大腿肌肉也能得到相应放松。但这种踏蹬方法较难掌握。

（2）脚尖朝下式踏蹬法

在整个踏蹬旋转过程中，脚尖始终向下，这种方法踝关节活动范围较小，有利于提高频率，容易掌握，但腿部肌肉始终处于紧张状态，不利于自然通过临界区。

（3）脚跟朝下式踏蹬法

在整个踏蹬旋转过程中，脚尖稍向上，脚跟向下 8°～15°，这种方法在正常骑行中很少使用，只是少数人在骑行过程中做过渡性调剂用力时才使用。它的特点是肌肉在短时间内改变用力状态，能得到短暂休息，达到消除肌肉疲劳的目的。

（二）转弯技巧

1. 倾斜法

倾斜法是指车体一线，往弯内倾斜。使用倾斜法的具体要求如下。

（1）人车保持同样的倾斜角度。

（2）伸直外侧腿的膝关节并下意识地加点力度，就好像你要把脚踏踩下来似的。

（3）用内侧腿的膝盖顶着横梁。这是一个调节骑行轨迹的好方法，减少压力就可以减小弯度。

（4）外侧的手稍稍拉起车把。

（5）可以利用不太急的转弯处（小于45°）加速。

2. 把向法

把向法是指车子保持直立，身体往弯内倾斜。把向法的具体要求如下。

（1）向前挪动，直至鼻子和刹车把成一行。

（2）保持车子直立，身体往弯内倾斜（足以让外侧的手臂伸直）

（3）把车把往弯内一侧转动。

（4）内侧手臂弯曲，把车把拉回，同时外侧手臂把车把推出，以转动车把方向。

（5）保持两膝内扣，继续踏蹬。

3. 湿沥青路上倾斜的两个缺陷

（1）倾斜这种转弯技巧尽管能提供很好的牵引力，但是倾斜的角度和重量的分配不太利于在湿滑路面上骑行。

（2）倾斜技巧没有相应的扭转来得灵敏。

（三）刹车的技巧

前刹车能提供非常好的制动力，但使用不当也可以让你变成空中飞人。前刹车的使用技巧如下。

1. 使用前刹车的时候重心后移

当使用前刹车的时候，人体重心会因为惯性而自然前移，此时可有意识地将重心向后移动（身体放低，臀部后移）。重心后移越多，获得的刹车力量越大。

可选择在沙地或有点湿滑的平地上练习，加快速度，然后使用不同的力道压下前、后刹车，让学员了解如何控制刹车。

2. 转弯时减小前刹车的力量

和驾驶汽车一样，在转弯的时候要降低速度。如果此时用力压下刹车，将会产生侧滑而失去控制。在转弯的时候可同时使用前、后刹车来降低速度。刹车时，前轮的反应会降低，所以减小前刹车力，转弯将会更完美。

如果在一个下坡的急转弯处需要使用刹车，尽量使用后刹车的力量。即便在平地转弯刹车时，也要将重心后移并降低，以前面30%、后面70%的力量，来做刹车动作。

3. 不要过度压下前刹车

惯性可以使骑手保持一定的速度通过障碍物，但在高速行进中过度压下前刹车又会使骑手重心突然前移而向前摔出。

如果在陡坡下坡转弯中使用前刹车，必须同时控制前、后刹车，但不能过度用力一直按着刹车，可通过一放一按的动作，防止刹车锁死的现象发生。

（四）团队骑行的配合

1. 队形

在团队骑行中，队伍的配合战术非常重要。一般在骑行中队伍需保持“一字”

队形，这样可以使后面的队员减少风阻，从而节省体能。在不同的赛道和条件下，队形需要作相应的调整。

(1) 在复杂的山地赛段中，领骑队员的主要任务是把握好节奏，选择好路线，在遇到情况时用手势与后面队员交流。

(2) 在平滑的公路上骑行时，需保持“一”字队形，两车之间保持半个轮距，以有效减少风阻。如果遇到侧风，尾随的队员需要调整队形，排在领骑队员的侧后方。

(3) 下山骑行时，队员之间需要保持一定的距离，以免发生危险。

2. 牵引技术

牵引技术是山地车比赛中特有的一项技术，合理、娴熟的牵引技术可以帮助队伍提高速度。在一支队伍中，队员的水平会有一定的差距，女队员通常是“木桶理论”中最短的那块板。为了弥补差距，队员间就需要通过牵引来达到平衡，以发挥最高水平。目前，常用的牵引装置有两种：

(1) 在牵引队员山地车车座下连接一根长约 1.2 m 的 PVC 软管，然后在座管上端连接一条长约 1.5 m 的弹力绳，将弹力绳穿过软管，在绳子末端做一个圆套，用来连接被牵引队员。被牵引队员在车把中间做一个勾子，用来连接牵引绳。

(2) 在牵引队员座管上端连接一个可自动收缩的牵引器（图 5-3-18），在牵引绳的末端做一个圆套，用来连接被牵引队员。被牵引队员在车把中间做一个勾子，用来连接牵引绳。通常选择此种牵引装置的人较多，因其安装和使用都较方便。

图 5-3-18　牵引器

一般不宜使用没有弹力的绳子牵引山地车，而宜选择弹力适中、有足够强度的弹力绳，以避免弹力绳被拉拽过长，甚至折断。在使用弹力绳牵引时，不加 PVC 管不能使用，因弹力绳易卷入车圈或其他车身部分，影响骑行，甚至导致碰撞等事故发生。

三、山地车的保养

（一）山地车的日常维护

车圈等只需要用软布擦拭即可，如果需要可以蘸取煤油等擦除难以去除的污渍。

山地车经过一段时间的日常骑行，或者是比赛归来，往往会出现变速不准或刹车不灵敏等问题，这些问题可能并不会立刻影响山地车的使用，但是如果不注意保养，会极大影响山地车的使用寿命。

日常简单的保养，不需要专业的技术人员，也不需要太多的专业工具，靠自己就能对山地车进行维护，让山地车在上阵的时候“神清气爽，健步如飞”。

（二）山地车的清洗

用水冲洗车架、轮组、车头、坐管、指拨、前拨、后拨、前叉、脚踏、刹车、牙盘、飞轮和链条等部件后，再用抹布擦拭，清除泥巴、灰尘和油泥。

（三）山地车的保养和调试

如果说清洗是为了让山地车在关键时刻更好地发挥作用，并且延长车子的寿命，那么注重车的保养和调适，受益更多的还是车子的主人。

在进行保养前，必须擦干山地车上的水，特别是链条、飞轮和牙盘，以防止山地车生锈；然后再分步骤对线管（变速线、刹车线等）、刹车（“V”刹）、前拨、后拨、链条等部件进行保养和调试，有些部位需加适量润滑油，以减小山地车的磨损。

四、骑行山地车的注意事项

（一）骑行途中的补水

户外运动越野赛比赛和训练时通常使用水袋（1.5 L以上）补水，补水应坚持少量多次的原则。在骑行需要补水时，先观察骑行路面的道路状况，在路况较好时方可进行补水。饮水时，应保持原有骑行节奏不变，目视前方，一只手臂微微弯曲握住车把，另一只手将水袋吸管放入嘴中。使用山地车专用水壶补水，在俯身取水壶时，小号水壶抓握水壶盖，大号水壶握住瓶身凹下去的部位。在饮水时，水壶要放置在嘴角侧面（避免饮水时遮挡视线），用牙齿拔开瓶盖，饮水完毕，用身体压下瓶盖，将水壶放回水壶架上。在补水的整个过程中，要始终目视前方，观察路况，切勿目随手动。

（二）骑行途中的食物补给

户外运动超过一小时以上，就需要准备巧克力、能量棒等高热量食品。在准备时，应将包装袋稍撕开并放置在方便取食的口袋中。补给时，每隔一小段时间进食一次，仍要坚持多次少量、均匀进食的原则，切勿等到饥饿时再进食。产生的垃圾应随身携带，切勿随地乱扔。

（三）骑行中对后方的观察

当需要观察后方情况时，要同时注意前方路况。双手控制住车把，当从一侧扭头向后看时，将另一侧手臂放松，保持车身笔直。骑行速度较快时，可以快速从左臂下方低头向后查看。在列队跟骑的过程中，要走直线，切勿曲线骑行，曲线骑行者易阻挡其身后车手的视线，使身后车手不明路况，影响安全。

第六章　户外运动的水上项目

在上一章中，我们对户外运动的陆地项目进行了一番探讨。而户外运动的水上项目也值得进行论述。本章主要围绕户外运动的水上项目展开具体论述，内容包括潜水、漂流运动、溯溪和溪降。

第一节　潜水

本节主要围绕潜水的概念、发展历程、本质、分类、装备、操作及技术等内容展开具体论述。

一、潜水的概念

首先，我们对潜水的概念进行大致介绍，为下文的内容做一个铺垫。潜水（Diving）的定义是，为进行水下勘查、打捞、修理和水下工程等作业而在携带或不携带专业工具的情况下进入水面以下的活动。后来潜水逐渐发展成为一项以在水下活动为主要内容，从而达到锻炼身体、休闲娱乐目的的运动。

二、潜水的发展历程

两三千年前，人们就已经把畅游海底当作愿望了。潜水的源头可以追溯到米索不达文化全盛时期，阿兹里亚帝国的军队用羊皮袋充气，由水路攻击敌军，这也许就是潜水的老祖宗了。距今1700年前的中国史书《魏志·倭人传》中，就已经有了海边渔夫在海里潜水捕鱼的场面描写。到了1720年，一个英国人利用一只定做的木桶潜到水下20m深的地方成功地进行海底打捞活动。潜水活动有着悠久的历史，在我国潜水至今已有2000多年的历史。从古代的赤体“扎猛子”到今天使用各种器械的现代潜水，潜水运动、旅游、休闲等活动已在全世界范围内蓬勃发展起来。

如今专业潜水的前身是160年前由英国郭梦贝斯发明的机械潜水，以便从水中携带空气。这种潜水最早于1854年在日本出现。1924年，使用玻璃作为护目镜并使用“面罩式潜水器”从水中排出空气被用作水肺潜水设备的前身。就在今年，日本人将面罩式潜艇渗透到地中海底部约70米处。在第二次世界大战期间，使用闭环空气填充设备开发了一种专门用于军事的“空气罩潜水器”。在第二次世界大战结束时，法国开发了开放式“空气潜水器”。它在1945年左右在欧洲和美国非常受欢迎。近年来，由于潜水设备的进步，潜水运动一直在积极进行，更多的人从事潜水运动。

三、潜水的本质

实际上，大多数人都高估了潜水的风险。确实，潜水是一项非常危险的运动。如果受过专业培训并按规则形式，那么风险极小。其实，在潜水中遇到鲨鱼的可能性非常低，大多数鲨鱼并不会主动攻击人类。

在潜水期间，一个人在水下，身体由水支撑并感觉轻；人所看到的是一个新的世界，一种新的感觉，并置身于大自然。你也可以潜入水中并抑制呼吸，或随自己的意识在水中朝着你想前往的任何方向移动。在不知情的情况下，琐事便抛到脑后。

四、潜水的分类

潜水就是人完全在水里的活动。经过长期的研究与分析，我们对潜水做出了分类，主要归纳为以下两个类别。

（一）浮潜

浮潜又可分为两大类——浮游和屏气潜水，具体如下。

（1）浮游是指只浮在水面不潜入水中的活动。

（2）屏气潜水是指在憋住呼吸期间潜入水中的潜水活动。

（二）给气潜水

给气潜水即潜水者在潜水期间能得到气体的供应，这种潜水可分为以下两种。

（1）自给气潜水又称水肺潜水，是指潜水者自己携带氧气瓶潜入水中的活动。

（2）供气潜水又称水面供气潜水，是指潜水者在水下活动期间，依靠一条送气管从水面将空气输送给潜水者使用。随着时代的进步与社会的发展，世界闻名的度假海岸区域都陆续设有这种潜水活动。

五、潜水的装备与操作

在上文中，我们对潜水的分类进行了一番探讨。下面，我们主要围绕潜水的装备与操作进行具体论述。

（一）基本个人装备

首先，我们对基本个人装备进行大致介绍，从以下九个方面入手。

面镜：与游泳用的防水镜不同，潜水面镜有用于平衡压力的鼻囊，并可防止水进入鼻腔。

呼吸管：可以使人在浮潜时不用把头抬离水面也能呼吸。在水肺潜水活动中，潜水者通常通过呼吸管来进行水下作业。

蛙鞋：提供水下的推动力。与游泳不同，水肺潜水只是依靠腿部的运动来实现移动，而双手通常用来做其他的事情。

潜水服：即使是在热带地区最热的日子里潜水，最好也要穿上相适合的潜水衣，因为深水中的温度比较低，而潜水活动在通常情况下并不像游泳那样激烈，寒冷可能会造成疲倦、反应迟钝、肌肉抽筋等症状，因此一套合身、厚度适宜的潜水服是绝对必要的。

浮力调整器（BC）：是控制浮力的装置。在水面上时可使潜水者轻易地浮在水面上；在水下时可通过微调 BC 内的空气来实现最佳的浮力状态。

气瓶：里面通常装的是高压的空气或混合气体，供潜水者水下呼吸用。气瓶需要定期送专业机构检验，对一般潜水爱好者来说，通常只是向潜水店租用，不需自己购买气瓶。

空气压力调节器：人不可以直接吸入气瓶里的高压气体，这就需要通过空气压力调节器来进行压力调节。调节器由一级头和二级头组成，一级头用来连接 BC，二级头是用来呼吸的，许多潜水者都配有一个备用的二级头。

潜水仪表：必备的潜水仪表有压力表、深度表、罗盘、潜水计时表等。

配重和配重带：配重是为了平衡潜水者本身、潜水服、各种潜水设备等所产生的浮力，通常配重是铅制的，由配重带拴在潜水者的腰上。如遇有某些紧急情况需要立即上升时，潜水者可以迅速解开配重带，抛弃配重。这里要强调的是，在深水中快速上浮至水面是很危险的。

（二）专业潜水设备

潜水摄影、摄像机：有特别的防水外壳，用于水下摄影、摄像。现在许多摄影器材生产厂家纷纷推出与自己摄影器材相匹配的防水外壳，也推出一些专用的水下摄影器材。

（三）辅助潜水装备

潜水电脑：可以记录潜水活动的各项数据，并可以直接给潜水者提示减压时间等重要参数。

潜水刀：用途很多，主要是防止潜水者被鱼线、渔网或海藻缠住时用的。

潜水浮标：潜水时必须在水面放置浮标，以告知水面船只避开。

潜水日记：用来记录你的潜水经历，并且最好由该次潜水活动的潜水长签署以证明。

药品箱：用来存放一些常用药，如创可贴、晕船药、感冒药、止泻药等。

水下记录板：用来和潜伴在水下进行充分的沟通。

水下电筒：夜潜的必备工具。

装备袋：专门用来放置潜水用品、设备，当然贵重的东西最好随身携带，如潜水电脑等。

六、潜水技术

（一）潜水技术要领

下海前的必要学习：包括呼吸管和调节器的使用方法、水面休息方法、紧急情况处理等。入水前的准备工作非常重要！自己亲自检查装备功能是否正常，同伴间再相互检查一遍。

入水的姿势：正面直立跳水时，水深需在 1.5 m 以上，双脚前后开立，一手按住面罩，一手按空气筒背带。背向坐姿入水时，面向里坐于船帮上，向后仰面入水。正面坐姿入水，可供初学者使用。侧身入水，在橡皮艇上浮卧滚身入水。

潜降：采用 BC（浮力调解器）法时，用浮力调节器，配合配重带，头上脚下地潜降。不用 BC 时，头下脚上。

上升：将上升速度控制在每分钟 18m 以内，简单地说，就是不要超过自己呼出气泡的上升速度；不要停止呼吸；上升时抬头看水面，可以伸出右手指定方向。注意背后，身体缓缓自转。

下列病患者不适合潜水：感冒、神经过敏病、耳鼻疾病、心脏病、高（低）血压、醉酒后、糖尿病。

浮潜和水肺潜水的差别：水肺潜水（Scuba Diving）是指潜水者背负氧气筒，借筒内氧气呼吸，长时间潜水的方法。浮潜（Skin Diving）是在潜水者能屏息的时间里潜泳，直到无法再憋气时浮出水面的方法。

（二）潜水的原则

两人同行原则：两人从入水到上岸都必须在一起；教练不得允许同伴自行上岸；两人应经常保持联系。

落单时的应对原则：保持镇静，浮上几米，寻找同伴；找不到时，就浮出水面；注意观察气泡。超过 10 分钟，仍无同伴的踪迹，应回到入水地点。若无必要，请不要猎杀水中动物。每 10m 检查残压计余量。

第二节　漂流运动

在上文中，我们对潜水进行了一番探讨，想必每位读者对这部分内容已经有了一个深入的了解。下面，我们主要围绕漂流运动展开具体论述，内容包括漂流运动的概念，扎筏，漂流的技术要领、装备、器材、安全措施等。

一、漂流运动的概念

实际上，漂流是一种极限运动。该运动一直在世界上流行。中国大陆的漂流活动始于一系列冒险体育活动，如长江探险漂流等。1986 年，以姚茂书为代表的长江第一次漂流，引起了全世界的关注，人们因勇敢的壮举而热血沸腾，从此形成了漂流文化，波及了中国的土地。不难看出，漂流运动蕴含了挑战自我、不断进取的精神意义。

目前，中国有 150 多个商业漂流场所，各种群众性的漂流冒险活动很难计算出其数量，可以说是数不胜数。由于漂流运动具有独特的趣味、刺激、时尚的特征，导致许多年轻人爱上了它，并成为新闻媒体的热点话题。

如果河流足够宽广可以航行，漂流会比沿着河岸走更容易、进程更快一些。长期野外生活的生存者可能会有制作独木舟的经验——把一截粗壮树干中央部分烧空，或者在上面钉牢桦树皮或兽皮柳木构架，也可以仿制古欧洲人建造的那些用芦苇扎成的漂艇。要想造得很好，经得起波浪的敲打，就不那么容易了，即便在将制造它们作为传统手艺的群落中，也还是需要专门的手艺人。

对于探险者来说，建造木筏还是比较切合实际的。即便材料不是很好，也不会轻易倾覆。在出征之前，每只浮艇和木筏都应在宿营地附近的安全水域进行充分的试航。

尤其是在丛林地区，在季风性的河水中借筏漂流是完全可行的，在丛林中有足够的船木或理想的竹林，也可以用连根拔除的树木，它结实坚固，不会腐败。如果必须砍伐船木，可以选择那些倾斜的树木，会容易一些。顶端有死枝的树干通常仍很结实，可以用来扎筏。

可选用油桶或其他漂浮物支撑木筏漂流。如果找不到坚实的船木，一块防水帆布或其他防水材料也可以用作柳木船上的运载工具。

不要用轻薄脆弱的木筏在任何水域中碰运气。在崇山峻岭之中的河水流速通常很快，只有真正坚固耐牢的结构才能幸免于难。在下游宽阔的河面，如果木筏散了架，落水者必须游很远才能到达岸边。

二、扎筏

根据扎筏所用的材料可以分为竹筏、木筏、独木舟、皮筏等。

（一）筏的构成

1. 筏身

它是漂流主要依托的部位。其材料主要由坚韧的竹、木构成。现代漂流借助的材料很多，可以是兽皮、油桶等。

2. 固筏木

它是指将筏身固定的木条、藤条或其他材料。

3. 舵筏

为了便于掌握筏前进的方向，通常用一根长篙，前端绑牢一片舵板，长篙绑在筏尾端固定交叉成“A”字形的构架上。构架底部钉入筏身上已钻好的孔洞中，顶端分别用绳索或藤条拉紧，系牢在筏上。

4. 移动撑篙

一根或两根材质较好的长竹、木，主要用于避开危险的情景，如暗礁、漩涡等。

（二）筏的类型

1. 竹筏

竹筏（或称竹排）一般不宜在急流险滩中使用，容易被卡住或翻沉，但在风平浪静时漂行，却韵味十足。手持长篙，一边深深浅浅地撑着，一边观赏河岸景观，悠哉游哉。

单层竹筏可能无法支撑你的重量，或者过长难以操纵，所以最好制成双层竹筏。将粗壮的竹竿砍成3m长的一段，两端与中央分别钻孔，利用坚韧的树棍穿过竹孔，再用藤条把每根竹竿与树棍绑牢。双层竹排间更要相互压紧绑结实（图6-2-1）。

图6-2-1 竹筏

（据董范、曹志凯、牛小洪，户外运动学，2014）

2. 木筏

又称夹筏，它是制作最迅速的一种。圆木作筏身，用四根足够长的厚实木棍，分别在圆木柄端将其固定成木排。

3. 混合筏

混合筏是借助可漂浮的油桶、兽皮等，依据竹筏和木筏的构造方法建造而成的漂流工具。

4. 皮筏

一般来说，皮筏实用性范围最广、最普遍、最常用。它采用橡皮或高分子材料制作，有三个或多个独立的气室，在正常使用时不会有漏气问题。皮筏的适应性很强，因为其材料柔韧性能好，又有充气囊可以以柔克刚，即使遭到落差较大的瀑布或险峻的河谷，也几乎能化险为夷（图6-2-2）。

图6-2-2 皮筏

（据董范、曹志凯、牛小洪，户外运动学，2014）

5. 独木舟

把一截粗壮的树干中央部分烧空或挖空，或者在上面钉牢桦树皮或兽皮柳木构架，也可以仿制古欧洲人建造的那些用芦苇扎成的漂艇（图 6-2-3）。

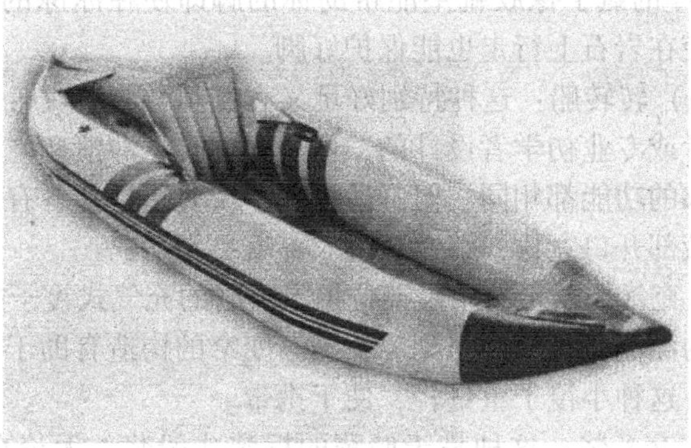

图 6-2-3 现代充气独木舟

（据董范、曹志凯、牛小洪，户外运动学，2014）

三、漂流技术要领

（一）扎制要领

选材要结实、坚固、柔韧；结绳固定要紧密。

（二）漂流要领

试航要充分可靠；“读河”要专心密切；遇险要沉着、机灵；救护原则要清晰，先我—后人—再装备；分工协作要具体明确；“水手”角色要重点突出（漂流的主要负责人）；上岸不要掉以轻心。

四、漂流的装备与器材

漂流是一种冒险，但绝对不是玩命。必要的漂流用具是爱好者从事这项户外休闲活动的前提，尤其是在比较“凶”的河流上。漂流的方法、用具很多，这里我们只介绍部分单人漂流用具。

防水上衣：漂流者如遇又湿又冷的情况，运动衣是穿不住的。有了一件好的防水上衣，就可以不受从河里溅入的冷水侵扰。这种上衣使用粗纤维和坚固的胶乳帆布来御寒。

漂流手套：除了在热天，手套通常都很受漂流者的欢迎，一副好手套能让手保暖，不致起水泡，同时使划桨更有力。

背包：对于有桨或无桨漂流探险都极为理想的，既能保持包内物品干燥，又有方便的肩带和拎手使得在短途的陆路上或背或提都很方便。

水上运动头盔：对于激流探险来说，高质量的头盔非常必要，可以起到保证人身安全的作用。

收口包：对于短程旅行，此包可装大量物品而不太占地方，而且能使包内物品不会被水弄湿。

漂流靴：3 mm 厚的氯丁橡胶靴垫能帮助你的脚即使在冰冻的水中也能充分保暖，同时耐磨的靴底即使在岩石上行走也能保护好脚。

戴格尔（Dagger）转转船：这种特别好玩又有点刺激的游戏船是为漂流好手、喜爱高难度漂流的初学者或专业初学者设计的，适合于旋转、冲浪和空翻。

救生衣：救生衣的功能都相同，但舒适性这一重要指标却各有差异。由于肩部、腰部和两侧都可调，腋部开口宽松，萨波救生衣穿着更舒适。

艾尔（Aire）可充气划子：艾尔是一位世界著名的充气式筏子的漂流高手。艾尔公司改进了其传统型的漂流筏，从船尾到船头渐渐变窄的构造有助于克服空气阻力，加快船速及增强破浪感。这种小筏子重量轻，便于携带。

沃纳（Werner）交叉桨：这种易于储藏的拆装式船桨，无论在惊险的激流中，还是在悠闲的湖面上都能提供足够的动力，而且价格优惠，对初学者也很适合。

NSR 可充气划子：这个不足 3m 长得可爱的小家伙别名叫“鸭子”，对于初学者最适合，它在水中稳定性极佳，在洞中和浪峰上反应敏捷。

五、漂流技能的训练方法

（一）漂流基本技能的训练

扎制技能的训练，在模拟条件下扎制不同材质的筏，对扎制的筏进行全面的评价，找出存在的问题以及解决的方案。陆地模拟漂流的训练，主要是模拟完整或一段漂流的过程。完整的漂流包括：寻找合适的制筏材料—扎筏—陆地全面检查—试筏—改进筏不合理的部位—登筏前的准备工作（人员及分工、漂流水域的侦探、携带物品的清理等）—确信无误—登筏漂流—处理各种危险情景（排除险情与救护等）—上岸—安全地系好筏。漂流安全卫生技能的训练，主要是针对伤病、漂流危险排除等。条件模拟训练，应选择比较接近探险的水域进行严格的模拟训练。

（二）训练方法

（1）分解训练法。训练漂流应具备的各种知识与技能，结绳技术、钻孔技术、捆绑技术、撑篙技术、排险技术等。

（2）完整训练法。一人或多人协作，进行扎筏、试筏等全过程训练，针对学生野外探险的实际情况，以多人协作训练为主。

（3）重复训练法。重复各种技能的训练，以达到熟练的程度。

（4）模拟训练法。它分为模拟条件训练和真实条件训练，主要是训练学生的应变能力。

六、注意事项

漂流的注意事项有以下几点。

（1）漂流只能在白天进行，黑夜里绝对不要冒险。夜间应将木筏系牢停泊，早晨醒来时要确保木筏仍在那里，在远离水边的高地上暂时露营。

（2）最好携带一套干净的衣服，以备下筏时更换，同时最好携带一双塑料拖鞋，以备在船上穿。

（3）漂流时不宜携带现金和贵重物品上船，若有翻筏或其他意外事故发生，漂流公司和保险公司不会赔偿游客所遗失的现金和物品；若感觉机会难得一定要带相机的话，最好带价值不高的傻瓜机，并事先用塑料袋包好，在平滩时打开，过险滩时包上，而且要做好丢入水中的思想准备。

（4）上筏的第一件事是仔细阅读漂流须知，听从水手的安排，穿好救生衣，找到安全绳。

（5）在天气气温不高的情况下参加漂流，应在漂流出发时购买雨衣。

（6）漂流筏通过险滩时，要听从水手的指挥，不要随便乱动，应紧抓安全绳，收紧双脚，身体向筏体中央倾斜。

（7）若遇翻筏，千万不要慌张，要沉着冷静，因为有救生衣。

（8）不得随便下筏游泳，即使游泳也应按照水手的意见在平静的水面中游，不得远离筏体独立行动。

（9）如果船只发生意外，应举起船桨，以向附近水域的船只求救。

（10）由于游泳者在冷冰的水中不到十分钟的时间内就会耗尽力气，应对经过远程游泳的人实施针对体温过低和受到冲击的救护。

七、漂流安全措施

（一）游过激流

游过激流往往会有一定的危险性，但是这个过程也具有一定的趣味。

（1）平静面对。漂流者应心态平和地面对急流，注意用脚避开前面的岩石，要抓住艇身内侧的扶手带，坐在后面的人身子略向后倾，让桨为自己把握方向。

（2）屏住呼吸。在漂流船冲入大浪前自己先深呼吸，然后屏住呼吸随漂流船冲入波浪，在浪与浪的间隔中，再次吸气、屏气，一直等到漂流船冲过急流、越过险滩，进入平缓水域再调整呼吸。

（3）远离船边。漂流者一般是骑在漂流船的船舷边操桨划水的，当冲过激流时，最可怕的是骑在外面的脚挤在船和岩石之间，这会导致腿部受伤，甚至还会让漂流者落水。因此要远离船边，特别是在航道上有岩石的一侧。

（二）陷入漩涡

除非船凭着很大的惯性冲过漩涡，否则卷曲的波浪会撞回到筏上而使它停下来，水也会立即灌进筏内，常常让船猛烈地旋转乃至倾斜。一些漩涡甚至可能会掀翻筏，当然这并非很常见，因为筏身会因浸泡而加重。这时，漂流人员应该立即进入顺流的水中以避免可能发生的倾覆，措施是用桨或橹划动顺流的水，以使筏身从漩涡中脱身而出，尽管漩涡表层的水通常都是逆流，其实在其下层以及漩涡的旁侧都有水流；万不得已时，用岸上的绳子也可把筏从漩涡中拖出来。

（三）与岩石碰撞

漂流者在穿越激流时，如果不能避开岩石，可采取以下方法进行处理。

（1）掉转船头。航道上有岩石，漂流船在撞上岩石前，操桨手应轻轻旋转船，调转船头绕开岩石。

（2）船头撞上岩石。船体无法旋转，只好让船头撞上岩石，船体受阻会降低速度或停下来，这时就可通过一些旋转来调整航线，再次出发。

（3）集中于一侧。如果船侧有岩石，全体船员最好在碰上之前，立即跳到离岩石最近的船侧。船员集中于一侧的重量将会改变漂流船的重心，使其旋转，让船顺流绕开岩石。但要注意，如果重心过于集中于漂流船的一侧，可能会使漂流船失去平衡而导致倾覆与沉陷。

（四）倾覆

倾覆是由诸如大的漩涡、波浪、单侧的波涛及障碍（如石头和倒下的枯树）所引发的，那么救护的对象按先后顺序依次是：

（1）自己。

（2）船上的其他乘员。

（3）装备。

试着跳开以避免撞击到障碍上，如果确定不会陷入船与石头之间的逆流中，应该尽量地浮在水面上，另外还可以上岸避开这一段急流水域。尽量保持与你的同伴一起行动，如果有人失踪，应检查船下以确定他是否被绳索或衣物缠住（这就是为什么必须确保没有松散的绳套的原因）。不要担心装备，首要的是确保每个乘员的安全。由于从倾覆的船内游向岸边非常困难，落水者通常会需要其他船只的帮助，这应该在远离急流的平静水面来操作。救援筏只逆水接近，捞起倾覆筏的一条缆绳，再把它牵往岸边，其余筏也应该沿途搭救落水者，并尽可能快地清点人数。

（五）靠岸

急流与瀑布是不可避免的，在无人的急流区系上救生绳以帮助筏驶过，并在岸上对筏保持密切地控制，切记不可将绳索套在你自己身上，在绳上打个结或将绳绕在树上都可帮助你实现对筏的控制，靠岸的时候务必带上所有物品。

（六）安全措施

水上漂流，尤其是在急流险滩间搏击，安全是第一位。只有成功地完成漂流的历程，才能充分领略其中的乐趣，给自己留下美好的回忆。因此，你切不可逞勇下水。在下水之前应充分了解是否具备以下条件。

是否有经验丰富的优秀职业桨手。

是否有详细的漂流河段的地理资料。

是否有便于侦察救护、轻巧灵活的独木舟。

是否有在桨手指导下参与积极性强的皮筏，是否有承担物资、装备运输的皮筏。

是否有帐篷、救生衣、水上服装、安全帽。

是否有急救器材和药品。

由于激流探险是一项相当危险的运动，所以每个人都必须理解并学会观察警戒线。这个安全警戒线并不能消除风险，但它能将风险降低到一个可以接受的程度，漂流的经验是很有帮助的，但安全方面哪怕一丁点疏忽也可能导致悲剧的发生。以下这些指导条例即是基于美国河流探险协会分支机构的安全章程而制订。

（1）详细深入地研究准备漂流的河道。收集一些详细的地图及指南，研究河流的流量、斜度、季节性涨落、气候、难点、潮流及特别险要处，特别要注意因雨季、融雪以及水闸泄水而引起的突发性涨落。

（2）任何时候都要穿着救生衣，最好是类似（飞行员穿的）救生衣型。

（3）小心地避开河流危险地段。

高水位：当水流量增大时，会极大地增加救援的危险和难度。低水位时很安全的河流，在高水位时往往会成为一个杀手。

寒冷：寒冷会很快地掠夺落水者的力量和自救能力。当水位或气温很低时，应在风衣下穿一件防寒服或羊毛衫。每个人都应在防水包里放一套干衣服。在寒冷的水中，即使是短途游泳，也能导致体温过低，上岸后应立即想法取暖（烤火、换干衣服、睡睡袋、吃热的食品、喝酒，赤身挤入等）。寒潮和高水位常常会一齐涌来，特别是晚春时节。在寒冷及高水位时，一件保暖的防寒服是安全设备中很重要的物品。

滤网：灌木丛、倒下的树木、成堆的木材、桥桩或其他能让水流过的东西都能打翻一条船。任何东西被这些障碍物缠绕后，所产生的水压都是巨大的。

逆流和堰坝：当水流经过一个障碍物，然后又向后回旋，水的表面将形成逆流，并且能抓住与波浪之间任何漂浮的物体。一个人工的堰坝是不能够通过的。游泳者最大的愿望是在空洞的底部和侧面赶上顺流。最后一种救生措施，就是脱掉救生衣以减少浮力和增加沉入顺流水的机会。

（4）游泳或走急路以寻求帮助时，穿上网球鞋以便保护你的脚免受岩石损害。

（5）首先要知道救生措施，包括人工呼吸，其次一定要带上急救药箱。

（6）进行应急程序训练。知道怎么处理沉陷、翻转等，能在急流中游泳和穿过急流给船系上绳索。

（7）确信设备处于良好状况。船外侧没有松动的绳索缠绕人，带上修理箱、空气泵和安全绳。

（8）参加有组织的团体出游。标明领头船和随行船（带上急救箱、修理箱、空气泵和安全绳）。每条船都依次航行在它后面一个可以看见的距离内。船与船之间保持一个安全的距离，以便不会在急流中碰挤。

（9）搜索所有不能从上游看得清楚的急流。

（10）停一只船在所有主要急流下方，以便提供必要的帮助。

（11）团队中要有两条或更多的船。确信所有队员对标志和救生程序都很熟。

（12）对你的操作能力有一个真实的概念。不要尝试那些太困难的河流，把那些超出你或你装备能力之外的急流标出。急流探险是一个团体的努力。参与者要有合作精神、互相依靠和不断照顾同伴的意愿。一队船就是一个紧密的团体，在这里每个人都对危险警觉，准备随团队需要而行动。用比利·麦克基利斯的话说："保持警觉，保持害怕，甚至你获得了自信与技术时，也不要想着危险已经过去。这并不是说在险象面前应该畏缩不前，而是说在某种情况下，自己应保持一种潜意识的害怕，要清楚地知道你正在做的事情是危险的！”[1]

八、漂流运动的技术

(一)“读河”技术

有经验的桨手每到河流的转弯处或险滩的面前，总会盯住河面仔细观察，这就叫作“读河”。在险滩的地方，水急浪大，礁石众多。“读河”就是要找出那些隐藏的陷阱，并找出一条穿越险滩的最佳通道。要弄明白险滩是怎样形成的，对行船有什么危险，首先要搞清楚水流的几个基本形态。

1. 险滩的舌部

当河床向下倾斜，平静的水面出现白色的浪花时，激流通常是在中心部分河床最深，流速最快的地方。在两岸靠边和稍浅的地方，河水受阻而降低流速，这样便形成了中间水流较快的现象。并且，中心较快的水流力量较大，进一步冲走了石块泥沙，清除了阻力和障碍，并形成二个“V”字形的舌部，“V”字的顶端通常指向最少障碍、最小阻力的通道。

2. 倒卷浪

完全露出水面的礁石容易被发现，但有些藏在水下的礁石就暗藏玄机。当水流过礁石的顶部，汇入礁石后面的憩流（止水）时。河水形成反向的流动（向上游方向流动）。这种现象称作倒卷浪，常出现在半隐半现礁石的下游处。当礁石恰好处在水面之下时，由于看不到水花，从上游方向就很难发觉。要注意激流中较平静的地方，因为水下的礁石会使激流分流，而且水流过礁石表面时是平行不起浪花的。如果上岸观察，从下游的方向来看，这时倒卷浪非常明显。有些礁石被激浪所覆盖，必须持续全神贯注地观察才能看得出来。如果要是较大的潜藏较深的礁石，在其下游会有较大的倒卷浪，通常叫作“洞”。这种“洞”往往力量很大，可以轻易地把船掀翻。有些“洞”像抽水马桶一样，一旦误入其中，好像被引力吸住，如陀螺般旋转，很长时间陷在里面。因此，要不遗余力地避开。

3. 直立浪

河水在陡峭下降的河床中流速较快，而在较平缓的河床中流速就较慢。当流速快的水流遇到流速慢的水流，水流量无法及时排走，浪就会相叠起来，形成高高的直立浪。直立浪的大小与水量和落差有关。一般的直立浪都不会造成问题。如果直立浪很高但坡度平缓，最好的办法就是船头对准浪尖，直接骑过去。这种浪气势磅礴，在惊涛骇浪中穿行，感觉非常过瘾。如果直立浪看起来很陡峭，这是很可能翻船的，应该选择从浪的边缘部分通过，因为边缘部分往往角度较缓，高度也低些。但首先应该确认是直立浪还是水下礁石。水下礁石在激流冲过时也会激起冲天大浪。只不过礁石激起的浪散乱不

[1] 董范，曹志凯，牛小洪．户外运动学（第二版）[M]．武汉：中国地质大学出版社，2014．

齐，而直立浪则显得非常有规律。

4. 转弯

通常最深和最快的水流在转弯处的外道。河水的趋势是把船推向转弯的外道，正是礁石和其他危险情况较多的地方。一般要求在转弯时要把船调整在45°角，并保持在里道的位置上。一旦有必要，利用河水的力量可以较容易地划到外道上去。但如果想从外道往里道划则很困难，因为要克服河水的全部阻力。

5. 洄水

在礁石后面或两岸突出部分后面，河水的流向与主流相反，向上游方向流动，这称之为洄水。河流转弯处里道的憩流也称为洄水，尽管此处的水不流向上游方向，在主流和洄水交错的地方有条洄水线，也称为洄水栅。这条洄水栅非常霸道，没有经验的新手看不出来，不会利用两股水流力量的话，有可能被困上数小时而划不出来，在洄水中打转转。另外，需要特别注意的是，在洄水线处有两股不同方向的水流在“打架”，遇到强劲的洄水线，万一不慎也会平“地”翻船。洄水对行船是非常有用的，可以利用洄水停船上岸、侦察激流险滩、建立营救点、等待落后的同伴，等等，但那些旋转涡流状的洄水应该注意避开。

“读河”不是一门科学，没有精确的定理公式。要把“读河”作为一门艺术来看待。在礁石与巨浪，涡流与“洞”组成的布满陷阱的险滩上也没有太明显的标志。桨手只能凭经验在激流险滩中划出一条想象中的通道，并力争沿这条通道穿过险区。另外，激流险滩从水平面看时与从岸上看是不一样的。因此，有经验的桨手在“读河”时已确立了备用方案，以便在无法进入原定路线时不致手忙脚乱。

（二）操桨技术

1. 前进与后退

在漂流运动中，掌握前进和后退技术是漂流者应重视的方面。正对前进方向或背对前进方向向前侧身，手臂打直，把桨伸到水里，利用整个身体的力量把两边桨往回拉或前推，要记住身体的用力方向与桨对水的作用力相反、水的反作用力与推动艇筏前进的方向一致。每次划动都应是一个持续的动作，力量均匀地作用于每个桨，一个基本的技巧就是“直面危险，努力拉动”。因为这种拉动是最有力的，因此很多操作都用此方法让船减速或后退。

2. 改变船的角度

（1）单桨转动。只使用一支桨，当一支桨划动时，另一支桨在水面，会让船产生一些后退运动。

（2）双桨转动。双桨转动需要一点技巧，需一支桨推动时，同时拉动另一支桨，双手反向运动。

在漂流运动中，采用双桨操作船会转得快些，并且可以围着中心转。这种技术是用于让船在大的波浪中直行，设置船朝向渡口的角度或者让船转向。

3. 避开障碍

为避开直接的障碍，常用摆渡的方法从旁边穿越水流。避开障碍的基本技巧主要包括以下几点。

（1）确定水的流向（不必与河岸平行）。

（2）让船左右转动以便与水流成一个角度（即设定摆角角度）。

（3）平滑拉动，持续操桨。

4. 激流摆渡

当船边水流的力量（由摆渡角度引起）推动船从侧边穿越水流时，猛烈的敲击会降低船速。这样即使最小的水流运动也可能让船摆上渡口。激流摆渡的基本技巧主要包括以下几点。

（1）把船转到想要到达的角度上，改变船在河中的位置，最重要的是让船与流水保持一定角度，然后开始向后划桨，而不是向着河岸。

（2）当船处于一个不是直对逆流的摆渡位置，用旋转船的方法将船从侧边滑过障碍或穿过一个狭窄的通道。用双桨旋转让船转向，并利用船后部旋转时水流对船的力量，让船从障碍物后部穿越，让船首保持直指逆流的方向。

激流摆渡主要用于让船保持钝角（大于45°）或在没有空间转动船首时避开障碍，而无须花费太大的力气。

5. 利用后部旋轴使船转向

（1）以一个钝角接近障碍，在拐弯处上渡口。最重要的是船对水流的角度，而不是对岸的角度。

（2）拉动上首桨（离障碍物最远），使船旋转，让船首首先穿过船道。在水流与岩石的冲撞中，船可能撞上岩石，在石头周围摇摆。毫无疑问，一个操桨者为了顺利地穿过急流，必须学会娴熟地使用纵旋轴、后旋轴和运用所有划桨技术。

6. 排桨船操作技巧

排桨船操作技巧与双桨船不同，双桨船是由一人操桨，而排桨推进则是通过船长和船员的共同努力，并且大部分操作都是顺流的，船以比水流更快的速度向前进。船员坐在船边，并使力量均匀地分布于船的两侧。船长坐在船首指挥，把他手中的桨作为方向舵。这时船上人员的配合更紧密，因为船的前进趋势常在障碍物中形成一个紧密的道路。因此，船长必须预料到前方水况，并迅速地通知船员跟进，而不是与水流背道而驰。船长发布口令，用这些口令就可以像一人划船一样地操作船。

在漂流运动中，如果遇到满布障碍物的水域和危险水道，根本没有时间精确地指向通道，让桨向前，因为船顺流而下的速度太快了。这时，可采取以下方法来降低船速，让船穿过水流而到达边沿。

（1）逆流摆渡，需更强的力量。用此方法应让桨向前，使船与水流成一定角度，桨与逆流成一定角度，指向想到达的地方。

（2）顺流摆渡，所需力量较小，但能让操桨手看清前方，在最后时刻也易让船头转向。它是让后桨动作，让船首与逆流成一个角度，指向想到的地方。

第三节　溯溪和溪降

溯溪是由峡谷溪流的下游向上游，克服地形上的各种障碍，穷水之源而登山之巅的一项探险活动。溯溪本是登山行进中的技术之一，由峡谷溪流的下游到上游，直至顶峰，称为完全溯溪。溯溪是一项可以结合登山、攀岩、游泳、绳索操作、野外求生、定位等综合性技术的户外活动。在溯溪过程中，溯行者借助一定的装备，具备一定的技术，去克服诸如急流险滩、深潭飞瀑等许多艰难险阻，充满了挑战性。也正是由于地形复杂，不同地方须以不同的装备和方式行进，因而使得这项活动富于变化而魅力无穷。溯溪活动需要同伴之间的密切配合，利用团队协作精神去完成艰难的攀登，对于溯溪者是考验，同时又可得到信任和满足，得到克服困难后的自信与成就感。所有的困难和未知都是启发漂流者思考和向上的动力，这就是溯溪的时尚魅力。

一、溯溪

（一）溯溪的方式

1. *初级溯溪*

初级溯溪是溯溪运动的方式之一。沿着溪谷，逆溯到溪的源头，其行程不受时间限制，路程多少不定，踩着清流碎石，缓步走入清幽宁静的溪谷中，不知不觉往上游走去，这就是溯溪的开始。

2. *以地域研究为主的溯溪*

以地域研究为主的溯溪也是溯溪运动的一种方式。如调查某山区的所有溪流并综合考察其棱脉、溪谷、岩壁、步道以及动植物、人文生态等资源，发现这种溪谷都未曾开发而无任何资料可供参考，这时就需要动员大量人员，长年累月利用假期逐一探测才能完成。

3. *完全溯溪*

这种溯溪方式就是克服一切岩壁峡嶂，穿越无数急流深潭，再蜿蜒登顶，然后依山径路线而下。

4. *漫无目的的溯溪*

漫无目的的溯溪具有较强的休闲娱乐性，是目前国内最盛行的一种溯溪方式。兴趣相投的朋友可组成小队伍，结伴溯溪，尽兴而止，自由随意。这种溯溪方式成为国内众多户外运动俱乐部开设的运动项目之一，开展较为广泛。

（二）溯溪的器材装备

溯溪属于登山运动的一种，因此该运动也需要登山的器材装备。除此之外，该运动还需要配备一些溯溪专用物品，如安全头盔、溯溪鞋、救生衣、护腿、防水衣物、手套等。

1. 技术装备

（1）安全头盔：避免落石或跌倒时可能的碰撞，保护攀登者头部的安全。

（2）主绳：9~11 米，防水，拉力为 2000~3000 千克，攀登用。

（3）安全带：攀登者穿在身上，用铁锁等与主绳相连，起保护作用。

（4）铁锁：用于连接各种绳索、安全带及攀登器械，使用简便、容易。

（5）上升器：用于向上攀登的器械。

（6）下降器：用于从上方下降到下方的器械。

（7）水镜：可保护攀登者眼睛。

2. 个人装备

（1）溯溪鞋：这种鞋是用于垂钓的防滑鞋，鞋底摩擦力大，在湿滑的岩石上走特别方便。这种溯溪鞋在国内很难买到，但手工编织的草鞋也可做防滑鞋。

（2）防水衣物：其主要以轻便、透气性良好、易干燥的尼龙面料为宜。

（3）护腿：使用护腿可防止蚂蟥等的叮咬。

（4）保暖衣物和露宿帐篷、炊具、食品等，视日程的安排而有选择性地携带，物资装备的准备以轻便、负重不宜过大为准则，帐篷可以携带外帐。另外，溯溪者还可自带渔具等，在露营时享受垂钓带来的乐趣。

在溯溪运动中，由于所用器材装备常常受到水的浸泡，因此所带的装备需要妥善打包，一应物品最好用塑料袋包好以后再放入背包，尽量使背包的体积最小。

（三）溯溪运动技术

溯溪运动技术不仅要求溯溪者掌握基本的登山、攀岩技能，而且还需要掌握攀登瀑布、涉水泳渡等技术。溯溪的技术主要包括：地图的判读，登山、攀岩技术和溯溪专用技术。

1. 攀登技术

掌握熟练的攀登技术是溯溪者开展溯溪运动的基本要求。攀登技术的基本要领为“三点式”攀登，即在攀登时四肢中的三点固定，使身体保持平衡，另一点向上移动。

2. 溯溪专用技术

溯溪专用技术主要包括穿越乱石、涉水泳渡、横移、爬行高绕、瀑布攀登等。

（1）穿越乱石

穿越乱石技术是溯溪者应掌握的溯溪专用技术之一。峡谷溪流中多滚石岩块，且湿滑难行，在溪流中行走应以踩踏小碎石为主，在小碎石上行走一般不会滑倒。溯溪者在踩踏大石块时，应看准踩踏地点踏稳，并事先想好万一站不稳时的解决办法，以避免因踏上无根岩块跌跤或被急流冲倒受到伤害。

（2）涉水、泳渡

在溯溪运动中，涉水、泳渡也是常用到的技术。涉水或泳渡时，必须清楚地判断水流的缓急、深度，有无暗流，必要时借助于绳索保护技术。在溯溪过程中经常使用绳索横渡过河，涉及一系列的绳网、绳桥技术，这里不作详细介绍。

（3）横移

横移是溯溪遇到瀑布时常采用的一项技术。在岩壁瀑布下有深潭阻路，可尝试由两侧岩壁的岩根横移前进。岩石多湿滑，支点不易掌握，横移时须特别谨慎，有时支点隐藏于水下，此时以脚探测摸索移动，若特别困难，应选择更加简单的涉水或泳渡。

(4) 爬行高绕

该技术主要用于其他溯溪技术不能实现的情况。如在遇到瀑布绝壁时，可采取爬行高绕的方式前进。即从侧面较缓的山坡绕过去，高绕时小心在丛林中迷路，同时避免偏离原路线过远，并确认好原溪流。

(5) 攀登瀑布

在溯溪运动中，攀登瀑布技术是最刺激和难度最大的一项技术。攀登前必须事先观察好路线，熟记支点，要充分考虑好进退两难时的解决办法。瀑布主体水流湍急，但苔藓少，有时反而容易攀登。瀑布攀登虽然刺激，但是难度较大，对溯溪者的经验和技术要求较高，因此，不具备娴熟技术经验的溯溪者或初学者均不适宜采用这种技术。

（四）溯溪注意事项

溯溪运动要求溯溪者除掌握一些基本的安全注意事项之外，还应掌握诸如溯溪前的准备计划、体力、天气、意外事件处理等事项。

1. 基本安全注意事项

(1) 横渡溪流：选择横渡地点及横渡方式，可利用跳跃岩石、游泳、辅绳、木杖或数人互助同时渡河。

(2) 暖身操：溯溪运动是一种全身活动，为避免伤害事故的发生，溯行前的暖身是必要的。颈、肩、手、胸、腹、背、腰、臀、脚等各部位的关节和肌肉都应进行充分伸展。

(3) 宿营地点：避免在岩质不稳或易落石地带扎营。在气候不佳时，营地应选择在最高水线以上，以避免山洪暴发，措手不及。

(4) 坚持三不原则：不贪快、不摸黑、不做超过本身技术能力的动作是溯溪者应坚持的原则。

2. 其他注意事项

(1) 在溯溪运动前应充分做好准备计划，前进路线与临时撤退方案都要让每个溯溪队员了解。

(2) 溯溪运动一定要组队结伴，切忌单独进入溪谷中。

(3) 溯溪是运动量极大的活动，平时应强化体力及耐力训练。而对于各项溯行技术，如游泳、攀岩、定位等及所需装备器材的使用，都应达到熟练的程度。参加溯溪活动之前，应阅读有关溯溪技术的书籍，学习各项攀登技术。

(4) 在溯溪过程中，如果发生意外事件，溯溪者应保持冷静，不可慌乱，应视情况的轻重缓急，决定继续前进或撤退中止活动，将伤害降低至最小的程度。

(5) 绝对不可摸黑赶路，因为溪谷中高低不平，极容易失脚受伤。

(6) 在溯溪运动前，应注意查看最近的天气情况。天气转坏时，一定要及早考虑所去溪流及上游地区的天气情况，尤其是南方山区及多雨地区，因为有些时候在上游下一点雨就可能导致山洪暴发，而山洪暴发是溯溪者所面临的最大危险。

(7) 对于行进路线的选择，要考虑到溪水上涨的可能，最好能有撤退路线以防万一。

(8) 在溯溪过程中，如果发生意外的事故和灾难，可向各地派出所报案请求援助。

(9) 在参加溯溪运动时，溺水是极易发生的伤亡事故。为避免溺水事故，溯溪者在涉水过河时，应选择在水最浅（浅于膝盖以下）并且水流平稳之处，避免在急流及瀑布上游处渡河，以免因不慎滑倒，尚来不及爬起或上岸，就已接近危险地区了。若在水较深处渡河，应先架设好保护绳索或手持一根长杆试探水的深浅，小心地慢慢渡过。参加溯溪活动，需要经常进行涉过溪流的训练，最好装备头盔、救生衣及溯溪鞋等专用装备，以提供安全保障。

(10) 溯溪过程中应尽量避免湿水。一般峡谷中多阴凉潮湿，湿水以后衣物、鞋子不易干，容易疲劳，脚久在水中易起水泡，所以非不得已不要湿水是溯溪的基本要诀。

(11) 溯溪运动应避免在大雨或暴雨天，以及汛期时在拦水大坝的下游进行。

二、溪降

近几年，溪降运动作为一种户外休闲运动逐渐兴起，其在阿尔卑斯地区较为盛行。溪降即进入峡谷溪流中去体验大自然。溪降运动由现代登山运动演化而来，它与其他户外运动相比，更富刺激性和挑战性，因此对溪降者的技术和身心素质要求较高。

在我国，较适合开展溪降运动的地区是以丘陵和山地为主的南部地区，这里溪涧和瀑布分布甚广，因此是开展溪降运动的极佳之地。溪降运动自20世纪90年代末在我国开始流行，经过近几年的发展，溪降爱好者的队伍不断发展壮大。而在原本不太具备条件的北方地区，也或多或少地尝试开展这项运动。

溪降运动与溯溪运动的方向相反，它自上游向下游展开，顺瀑布主体沿绳索下降，或顺水滑降。溪降运动具有较强的休闲娱乐性，是一项适合于普遍开展的大众户外休闲运动，尤其适合青年溪降爱好者参与。

（一）溪降运动的装备

在溪降运动中，往往存在一定的危险因素，因此需要溪降者配备专业的登山装备，尽量减少意外的伤害。原则上其装备是登山装备，以及攀岩器材和水上设备，再予以防水处理。

(1) 专业溪降静力绳：瀑布溪降应选择长度50~150米、直径9~12毫米的溪降专业绳，专业绳由合成纤维制成，具有防水防冻功能，并获得国际（UIAA）认证。

(2) 下降器、“8”字环：通常用双绳下降，但制动手不能离开绳子；如果是单绳，则绕法有所不同。

(3) 上升器：在攀登过程中，用于向上攀登使用，也起保护作用。

(4) 安全头盔：可用轻便的攀岩头盔，当在瀑布里失去平衡或有落石时，保护头部以免受到伤害。

(5) 安全带：穿在身上，由铁锁等与主绳相连，起保护作用。溪降的专用安全带后面有一个座，用一般攀岩或登山安全带也可以，但应使用获得国际质量认证的座式登山安全带。

（6）铁锁：用于连接各种绳索、安全带及其他器械。

（7）SRT：在没有溺水危险的情况下，用直径9～12毫米单绳下降，里面有两个小滑轮，把绳子绕在上面，松手即停，可以腾出两手应付紧急事件。

（8）溯溪鞋：防滑设计的溯溪鞋、草鞋或运动鞋，另外有防滑底的运动凉鞋也是一个不错的选择，以防被岩石擦伤脚趾。

（9）着装：以伸缩性大的运动裤或游泳衣裤为主。

（10）手套和护腿：护腿分长筒和短筒两种，长筒除护小腿外还可护膝。在瀑布溪降中，有时很难保持平衡，身体经常被瀑布冲击撞向岩壁，有它们的保护，可以避免擦伤。

（二）溪降运动的技术与方法

1. 溪降运动基本技术

（1）下降器下降

下降者在腰部系好安全带，挂好铁锁，再将下降器和铁锁连接，左手握下降器，右手在胯后紧握从下降器穿绕出来的主绳。面向岩壁，两腿分开约成60°～80°，蹬住崖壁，身体后倾，便可开始下降。如果是悬空状态，脚自然分开、悬垂，身体靠向绳子。

（2）单环结下降

如果没有下降器，溪降者可采用以铁锁和单环结的连接代替下降器下降的方法进行溪降。这种下降方法和动作要领与下降器下降法相同。

（3）缘绳下降

在坡度近于90°时，可采用缘绳下降法。此方法简单易学，只要有一条主绳就可进行下降操作。将主绳一端在陡壁上方固定，另一端扔至崖下，下降者在绳上打好抓结，并与腰部安全带上的铁锁连接。抓结到连接处的距离不能过长，也不能过短，以臂伸开能抓住抓结为限。下降者面向固定点，两腿分开站到崖棱时一定要拉紧主绳，并握住抓结，方可开始下降。

2. 溪降运动技术要求

（1）溪降者应学习正确使用攀登的保护装备，其主要包括安全帽、安全带、下降器、上升器、铁锁等。

（2）按顺序，沿拉紧的保护绳，登至下降处等候。

（3）由保护教练在下降处做绳索保护，并再次确认方可下降。

（4）在熟练掌握了下降的技术动作后，可选择适宜的着脚点做跳跃动作，并在接近瀑底时，解开保护绳索，轻松跃入潭中，充分体验溪降的乐趣和惊险。

3. 溪降运动的方法

溪降运动主要包括下降法、滑降法、悬崖跳水法三种。其具体方法如下。

（1）下降法

在溪降运动中，下降法是最常用的一种技术，它是利用下降器进行的瀑布下降。沿瀑布下降时，由于瀑布主体水流急、流量大，一般应避免主流而选择水流较小的路线。绳索则选用防水登山绳，下降时因绳子湿，操作不如干绳便利。沿瀑布下降时一定要小心谨慎，控制下滑速度。

（2）滑降法

滑降法也是溪降运动中常采用的一种重要方法。由于水流的长期冲刷，岩面往往是自然光滑，顺水滑降就是利用这种光滑岩面来进行的，滑降者可以利用这个方法快速下滑。滑降有两种方法：仰身滑水和匍匐头向下游坐“飞机”。仰身滑水时两臂侧直并于体侧，抬头，身体呈直线，或两腿直并拢，呈坐式，上体稍后仰；匍匐滑水时两臂前平伸，抬头目视前方，入水时要低头，当身体几乎全部没水后再抬头钻出水面。

溪降者在滑降时，应选择较平滑的地形，切忌在有突出明显的尖棱角岩块上滑行，同时，滑降面坡度不宜太大，下方边缘距潭不宜过高。

（3）悬崖跳水法

悬崖跳水又称为“跳冰棍儿”，一般采用脚朝下的直体跳水方法。起跳前身体要平稳，同时两臂屈于胸前、两肘紧夹身体两侧，一手捏住鼻子，以防入水时灌水。跃出的距离视悬崖的具体情况而定，一般距离崖壁 2 米左右，要避免碰撞岩壁，且落水方向为潭水最深处，身体在空中垂直并保持平衡，入水时一条腿微前伸，另一只脚则微上抬屈膝，这样能缓冲下降速度。从心理上说，要沉着、稳定、果断，同时需要有足够的勇气和胆量。

溪降者在选择跳水悬崖时，应事先探测好悬崖的高度和崖下潭水的深度。有经验的溪降者，在跳水过程中可采用空中团身旋转动作，初学者和没有掌握跳水技能的溪降者应禁止空翻和头朝下“扎猛子”，以避免跳水过程中受伤。

（三）溪降注意事项

在溪降运动中，溪降者需要注意以下几个方面。

（1）溪降者在溪降前应仔细观察路线，然后确定溪降的路线，注意可能遇到的问题，并考虑好解决的方法。

（2）参加溪降的人员必须具备游泳技能。

（3）溪降前，溪降者必须将溪降所用的保护绳设置好，保护绳的上方固定支点必须是两个。保护装置必须牢固。

（4）在溪降的练习过程中，溪降者必须经常检查支点的牢固性和所系绳结是否有松动及绳子的磨损情况。

（5）保护者必须做好自身的安全保护，经常检查连接自身的固定支点的牢固性和绳子、绳结的情况及安全带的情况等。

（6）保护者必须认真观察练习者溪降的整个过程，及时放绳，及早发现问题及时进行保护。

（7）在溪降练习前，溪降者必须检查安全带穿戴是否正确。检查包括：安全带主带是否在髂骨上方；安全带主带是否系紧；安全带主带是否反扣；连接保护绳的主锁丝扣是否拧紧锁好等。

（8）溪降时，溪降者应注意手脚的配合及保持身体的平衡。

（9）溪降必须戴安全帽进行。溪降时头脑要始终保持清醒，遇到意外一定要镇静。

（10）溪降者在下降过程中，应注意岩石、陡坡、裂缝、水流的冲击等。

（11）溪降者应避免在暴雨天开展溪降活动。[1]

---

[1] 余亮. 高校户外拓展运动教学与实践研究［M］. 北京：中国水利水电出版社，2014.

第七章　户外运动的健康管理

体育运动的最终目的是增进国民健康、增强国民体质、提高人民整体生活质量。户外运动是集健身和体验于一体的运动，从业者需要具备强健的体能和合理的营养支持。另外，在野外环境中，了解自然危险因素可能对人体造成的伤害及防治办法，有助于参与者顺利实现户外活动目标。所以，参与者要关注自己的健康水平，重视户外运动的健康管理。

第一节　户外运动的体能训练

户外运动起源于耐力比赛（Endurance Racing），因此运动员的身体素质显得特别重要。由于户外运动的时间、路程一般都比较长，所以对运动员而言，耐力是比赛获胜的基础。

一、肌力训练

以下介绍与攀登力量素质关系密切的肌肉群及其力量训练方法。

（一）上肢肌群及力量训练

上肢力量是从事户外运动项目非常重要的一项身体素质，攀岩、划船等均对上肢力量的要求很高。可采取引体向上、俯卧撑、悬挂、举重、卧推等方法发展上肢力量。

1. *上臂肌群*

上臂肌群分为前、后群。前群主要是肱二头肌，即屈肌；后群主要是肱三头肌，即伸肌。前群屈肌可采用负重弯举、引体向上等方法训练，后群伸肌可采用双杠支撑臂屈伸、手倒立臂屈伸等方法训练。

2. *前臂肌群*

前臂肌群分为前群肌和后群肌。前群肌的主要作用是屈腕、屈指和使前臂内旋，可采用反缠重锤、反握负重腕屈伸等方法训练；后群肌的主要作用是伸腕、伸指和使前臂外旋，可采用正缠重锤、正握负重腕屈伸等方法训练。

3. *手肌*

手肌指手指肌群，常用手指悬垂、握力器、指卧撑和手指抓重物等方法训练。

（二）下肢肌肉群及力量训练

下肢力量是运动员完成全部活动或竞赛的基础，走、跑、跳跃、蹬踏自行车等均需要下肢力量，可采取长跑、负重蹲起、蹬踏等方式练习下肢力量。

1. 盆带肌

盆带肌分为前群肌和后群肌，前群肌主要是髂腰肌，其作用是使大腿屈和外旋，一般采用悬垂举腿，仰卧起坐等方法训练；后群肌主要是臀大肌，其作用是使大腿伸和内旋，一般采用后蹬跑、跑斜坡、俯卧背腿等方法训练。

2. 大腿肌

大腿肌分为前、后群肌。前群肌主要是股四头肌，其作用是使小腿伸直，一般采用负重深蹲、蛙跳、鸭子步走等方法训练；后群肌主要是股二头肌，其作用是使小腿屈和外旋，一般采用负重腿屈伸、后踢腿等方法训练。

（三）腰、腹、背肌群及力量训练

腰、腹、背力量是身体平衡和集中发挥全身力量的重要的联系纽带。腰、腹、背力量好，可以在很多项目中节省局部力量，取得事半功倍的效果，可采取负重蹲起、仰卧起坐、两头起等方法训练。

1. 腹肌

腹肌主要是指腹直肌、腹内斜肌、腹外斜肌、腹横肌和腰方肌，其机能是使脊柱前屈（两侧收缩）、侧屈（一侧收缩）和旋转。

2. 背肌

背肌主要是指背阔肌，其机能是使上臂伸、内收和内旋，一般采用单杠引体向上、爬绳、向后或向体侧拉拉力器等方法训练。另外，还有竖脊肌，它是人体强大的伸脊柱肌，一般采用提拉杠铃（或壶铃）、负重体前屈等方法训练。

（四）胸肌肌群及力量训练

胸肌主要是指胸大肌。它能使上臂屈、内收、内旋，一般采用双杠臂屈伸、卧推杠铃、俯卧撑和拉力器等方法训练。

负重项目，需要很好的肩部力量来完成，一般可采取负重行军的方式进行训练。

必须指出的是，在每次进行力量训练之后，要特别注意肌肉的放松及拉伸，以防止肌肉僵化，失去弹性。

二、呼吸、循环系统机能训练

呼吸、循环系统机能主要通过耐力训练来提高。耐力训练负荷时间长，心率一般控制在150次/分钟左右。在进行有氧耐力训练时，要注意呼吸方式，培养用鼻呼吸，节奏和动作节奏协调一致的能力。

有氧耐力训练经常采用的方法有匀速负荷跑和变速跑。采用匀速负荷练习时，练习中基本不休息；采用小强度间歇有氧耐力训练时，练习与休息之间的比例大约为1∶1/2，休息也必须是积极性休息。

长距离奔跑和大运动量竞赛要求运动员要有较好的心肺功能。可采取戴口罩短跑（缺氧训练）、长跑后蹬台阶、短距离两侧摸线跑+立卧撑+高抬腿跑组合等方式进行心肺功能训练。一般要使最高心率达到200次/分钟以上，并能在短时间内（5分钟）恢复，方能取得较好的效果。

参加比赛的运动员，训练强度以等同或者超过竞赛强度以及能及时恢复体力为宜。一般可根据个人身体情况，采取渐进加量，达到个体力量顶点的方式进行。在参加比赛前，一定要适当减少运动量，把运动状态调节到最佳。运动员应该在教练员的指导下进行身体素质训练，避免一味追求大量、高强度的盲目训练。教练员应根据运动员的身体素质情况，制定符合运动员特点的科学训练方案，避免运动员在训练中受伤。

三、平衡、灵敏能力训练

（1）平衡能力训练。在攀岩过程中，平衡能力主要体现在身体重心的移动和支点的选择方面。所以，对平衡能力的训练主要是培养攀登者对时间和空间的判断能力，提高其确定方位、方向的能力和在不同情况下控制身体姿态的能力。

发展平衡能力经常采用的训练方法有走平衡木、过独木桥、跨跳栏、跳跃台阶、滑冰、垫上翻、过绳索桥、云梯、伏虎圈等。

（2）灵敏能力训练。灵敏能力通常是指人体在各种复杂条件下，快速、协调、准确、灵活地完成动作的能力。发展灵敏能力应采用多种多样的练习方法，并要经常地变换练习手段：若长期使用同样的练习方法，就会形成动力定型，不利于灵敏性的发展。灵敏能力对于攀登者非常重要，它可使攀登者动作敏捷和协调，给人一种美的感受。发展灵敏能力常用的训练方法也很多，如球类练习、各种游戏、垫上技巧、跳跃、游泳及多种器械体操等。

四、柔韧素质训练

发展柔韧素质的柔韧性练习主要有两类，即准备活动中的柔韧性练习❶与增加动作范围的柔韧性练习。

（一）准备活动中的柔韧性素质练习

运动员在准备活动中，使作用相反的肌肉群得到积极的练习，这将有利于在随后的训练或比赛中做出理想的表现。

通过这类积极、动态的准备活动，采用适宜的动员性练习（图7-1-1），就激活了这种运动所需的功能性和柔韧性。

---

❶ 在准备活动中，选择使用接近运动员现有动作范围的动员性练习，使身体对将要执行的活动做出准备。

图 7-1-1　积极、动态的动员性练习

（据田径运动教程编写组，田径运动教程，2013 年）

（二）增加动作范围的柔韧性素质练习

增加动作范围的柔韧性训练，要使所选择的被牵拉的肌肉或肌肉群放松，才能增加动作范围。这不仅保护了肌肉，而且也保护了参与专门肌肉群工作的一个或多个关节。

在柔韧性训练中，运动员应平稳呼吸且要增加呼吸深度，以促使肌肉放松、加快血液流动，动作要轻柔而缓慢。

提高柔韧性，每周应该有若干次适宜的柔韧性练习。主要有两类牵拉练习。

1. 主动牵拉

在主动牵拉中，由运动员控制动作。这些练习通常是在“末端姿势”下以静力方式进行的，可用于整理活动，持续 6~10 秒即可。

如果在单独的柔韧性训练课中，采用主动静力牵拉的目的是增加动作范围，需要保持 15~30 秒。

图 7-1-2、图 7-1-3、图 7-1-4 都为主动牵拉练习的例子。

图 7-1-2　主动牵拉练习（一）

（据田径运动教程编写组，田径运动教程，2013 年）

图 7-1-3　主动牵拉练习（二）

（据田径运动教程编写组，田径运动教程，2013 年）

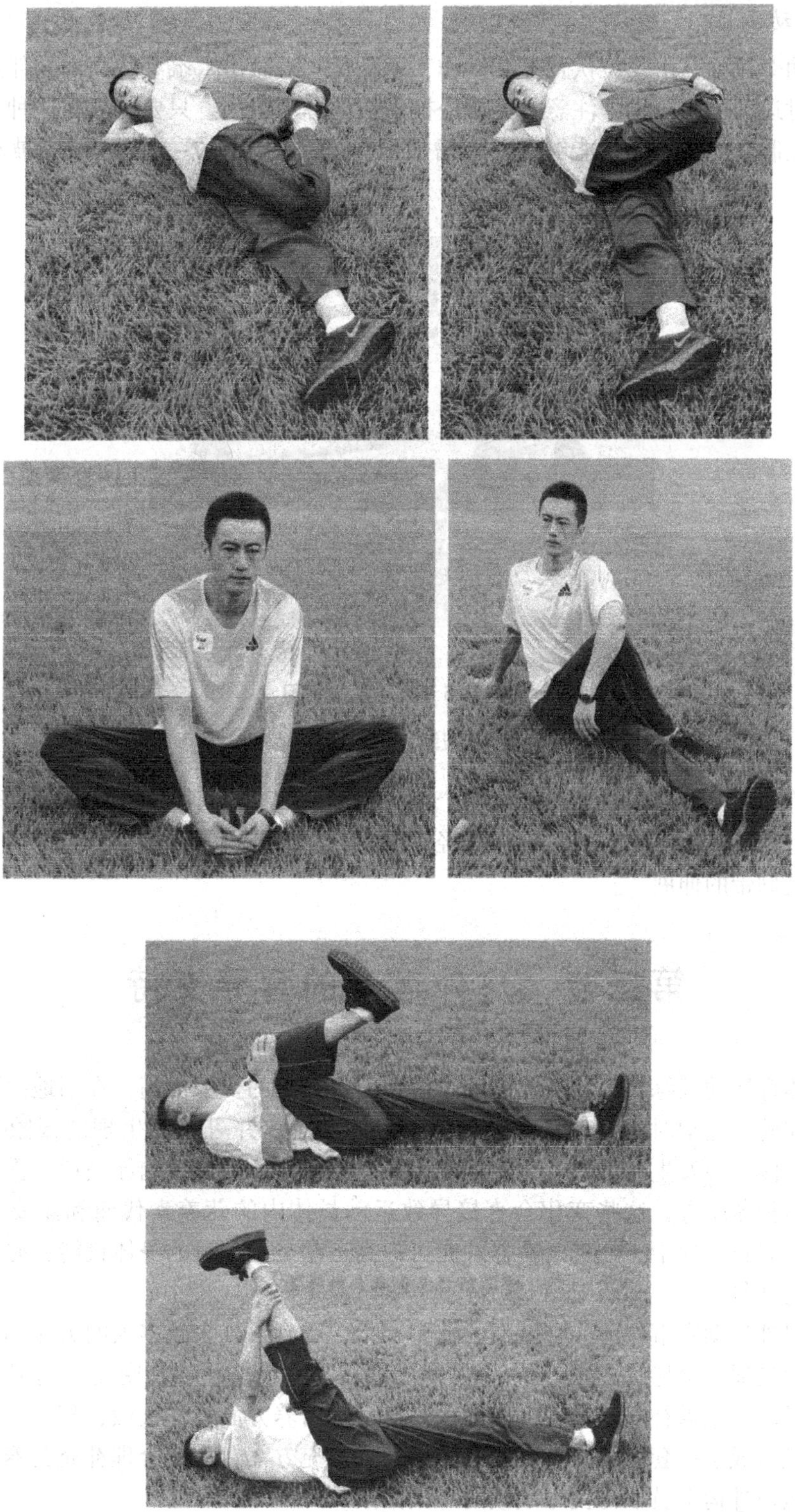

图 7-1-4　主动牵拉练习（三）

（据田径运动教程编写组，田径运动教程，2013 年）

2. 被动牵拉

在被动牵拉中，由一位伙伴控制动作，运动员主动做出末端姿势，由同伴逐渐施加压力，这时运动员应该集中注意力于放松被牵拉的各个肌肉。只要能够在这种牵拉练习中技巧地控制牵拉过程，就能够有效地增加动作范围。如图 7-1-5 所示为被动牵拉练习的例子。

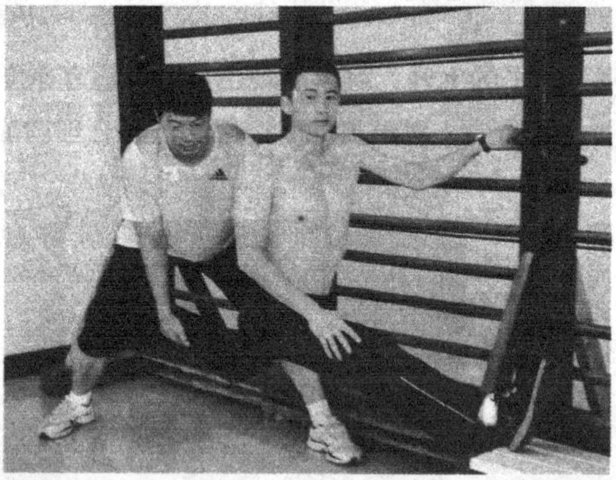

图 7-1-5　被动牵拉练习

（据田径运动教程编写组，田径运动教程，2013 年）

这些练习的主要目的在于，针对一个或一系列关节，制订并执行增加其动作范围的长期计划。在具体练习的时候，应注意轻重缓急，循序渐进，有些姿势应保持一定的时间，以促进韧带的伸展。

第二节　户外运动的营养支持

竞技体育运动训练对运动员体能和生理负荷等方面的要求极高，在山地户外运动比赛中也是如此。运动时，人体经常处于生理应激状态，并可达到生理的极限负荷。此时，运动员体内会发生一系列变化，如能量大量消耗、体内储备糖原消耗严重、体液大量流失、精神紧张等，这些变化会直接导致运动员体内的营养素代谢和需要量发生变化。因此，竞技过程中，合理的营养补充可提高运动员运动时的身体机能，并促进运动员运动后的恢复。

山地户外运动赛事作为一种新型的体育赛事，受到了越来越多人的关注和参与。比赛中，运动员通常会持续 2~3 天的高强度比赛在紧张、连续、高密度、高强度的比赛过程中，运动员急需补充营养。但目前国内对运动营养方面关注甚微，相反，欧美等发达国家已经形成了一套系统、合理、成熟的营养补充方案。不能合理补充营养已成为制约国内山地户外运动员取得良好成绩的一大因素。

一、运动员合理营养的基本要求

（1）运动员食物补充的量应满足运动训练或比赛能量消耗的需要，使运动员能保持适宜的体重和体脂水平；食物补充的质量应能满足全面的营养需要，运动员食物中蛋白质、脂肪和碳水化合物的比例应适应不同项目运动训练的需要。

（2）运动员的食物应包括谷类食物（米、面、适量的粗杂粮和薯类），蔬菜水果，奶和奶制品、肉、鱼、豆和豆制品等高蛋白食品以及纯能量食物。

（3）运动员一天内进食的食物总重量不宜超过2.5kg，体积过大的食物会影响运动员的运动能力。尤其是参加有合理冲撞的运动项目的运动员更需要注意食物的体积，尽量为其提供浓缩的体积、重量较小的食物。

（4）运动员每餐食物能量的分配应根据运动训练的强度或比赛的任务来安排，原则上应保证运动员能量消耗与摄取的平衡。当运动员训练任务过重时应考虑加餐，平时应遵循“早餐吃饱，午餐吃好，晚餐吃少”的原则来安排运动进食。

（5）安排运动员的进食时间应考虑运动员的消化机能和饮食习惯。大运动量训练或比赛前的一餐一般应在3小时之前完成，运动结束后至少休息40分钟方可进食。

二、运动员比赛期间的饮食营养安排

比赛期间，运动员饮食营养安排的原则和具体措施如下：

（1）食物应满足运动员身体能量和体液平衡的需要。食物的体积和重量要小，且易消化和吸收。饮食应含有高碳水化合物、低脂肪、适量蛋白质和充足的水分．并含有丰富的无机盐和维生素。

（2）选择食物应以运动员的个体喜好为主，即在饮食的安排和选择上除要符合生理要求外，还应充分考虑运动员的心理需要。

（3）比赛期间应避免食用高脂肪、干豆类、含纤维过多的粗杂粮、韭菜等容易产气或延缓胃肠排空时间的食物。

（4）保证运动员饮食中有足够的糖，以维持运动员的血糖水平，保证运动中的糖原供能。

（5）饮食应满足比赛项目的特殊需要。以山地户外运动比赛为例，比赛期间多选择一些含碳水化合物丰富的食物，如馒头、面包、饼干、蜂蜜、果冻、蛋糕等，以提高肌肉和肝脏的糖原储备量，饮料应富含电解质和糖。

三、比赛前的饮食营养安排原则

（1）保持适宜的体重和体脂水平：运动员在赛前要不同程度地减少运动量。饮食中的热能摄取量应根据运动量的减少而减少。赛前饮食和营养应以保证运动员获得最佳竞赛能力的体重和体脂水平为基本原则。

（2）食物多样化：比赛前，运动员的饮食营养应平衡，保证食物中无机盐和维生素的含量。

（3）减少蛋白质和脂肪等酸性食物：由于蛋白质和脂肪的代谢产物是酸性的，会使体液偏酸，促使疲劳提前发生或加重疲劳。因此，赛前切忌大量摄取酸性食物。

（4）增加碱储备：赛前运动员应增加体内的碱储备，多吃蔬菜、水果等碱性食物。

（5）补充体内缺乏的维生素：过量补充维生素对人体运动和比赛能力的提高无积极作用，但体内如果缺乏维生素，补充维生素将有利于运动员比赛能力的发挥。运动员的维生素营养状况受膳食供应、运动强度等多方面的影响。因此，运动员应注意食用富含各种维生素的食物，从中摄取机体所需的维生素。

（6）赛前补糖和糖负荷：体内的糖储备包括肌糖原、肝糖原和血糖三部分。体内糖储备耗竭时可影响比赛能力，特别是耐久力。比赛前和比赛中适量补充糖可维持血糖水平，并可提高竞赛能力，延缓疲劳的发生。

（7）增加体内的抗氧化酶活力：抗氧化酶是指超氧化物歧化酶（SOD）、谷胱甘肽过氧化酶（GSH-PX）和过氧化氢酶（CAT）等。这些抗氧化酶有清除体内自由基的作用。增加机体的抗氧化能力，应进食适量的瘦肉类食物、增加新鲜蔬菜和水果、减少脂肪含量高的食物，保持膳食平衡。

四、赛前一餐的饮食营养原则和措施

（1）赛前一餐的食物体积要小，重量要轻，能提供2.09~4.18MJ的能量。

（2）赛前一餐应在比赛开始的3小时以前完成。赛前30分钟进餐，不论是固体食物还是液体食物，胃、肠部均会产生胀满感。

（3）比赛当日不宜改变习惯饮食及饮食时间。运动员宜食用适口且富含营养的食品，切勿强吃不爱吃的食物。

（4）参加会大量出汗的比赛项目或在高温环境下比赛时，应在赛前补液500~700mL。

（5）赛前一般不宜服用咖啡或浓茶，以免比赛中产生利尿作用。赛前还应禁止服用含有酒精的饮料。

（6）耐力性项目比赛前应补充糖分。为避免胰岛素效应（可能引起头晕、抽筋、肌肉乏力），补糖的时间应在赛前15~30分钟内进行。补糖种类包括葡萄糖蔗糖、果糖和低聚糖。虽然不同的糖对比赛能力或血糖水平的影响无明显差异，但以低聚糖的效果为佳。低聚糖的渗透压约为葡萄糖的1/4，吸收较快，因此，可通过补充低聚糖使运动员获得较多的糖。补糖量应控制在50g/小时，或每千克体重不大于1g。

五、比赛途中的饮食营养措施

运动员在剧烈的比赛中会大量出汗而使体液处于相对高渗状态，途中或赛中饮料应是低张和低渗的（即含糖和含盐量低）。参加能量消耗较大的项目时，运动员可根据饥饿感觉在途中摄取一些容易消化吸收的液体或质地柔软的半流质食物。食物体积要小，以免影响呼吸。

比赛中，每隔15~30分钟应补液100~300mL，每小时补液量不大于800mL；比赛中，运动员饮用的饮料应以补水为主，温度较低、含一定量的低聚糖和钠盐的饮料最佳。

六、赛后的饮食营养

运动员赛后的饮食应以含高糖、低脂肪、适量蛋白质且易消化的食物为主。促进赛后机体的恢复，运动员补液极其重要。赛后补液应以富含电解质的运动饮料为主，液体的补充量应能使体重恢复到赛前的水平。因大强度、大运动量，运动后的即刻糖原合成酶活性最高，因此应及早补充糖类食物或含糖饮料，以保证运动员体内能量储备物质的恢复。

七、户外运动食品准备的基本原则

(1) 少量：一天保证0.6kg。
(2) 保证能量：高蛋白、碳水化合物、维生素，低脂肪。
(3) 便于携带、储存：体积小、保鲜、不易变质。
(4) 食品多样化、可口：品种多样，有水果、蔬菜，便于恢复体力。
(5) 食用方便、快捷：特殊环境，不易烹煮，开口即食。

八、户外运动赛事中的能量补给

肌肉能量的主要来源是碳水化合物，确切地说，是葡萄糖。人体在吸收葡萄糖以后，以糖原的形式储存起来。其中2/3在人体肌肉组织里，可随时转化成葡萄糖，给肌肉提供能量；另外1/3储存在肝脏，以补不时之需。运动中，应该在肌糖原消耗完之后，在肝糖原消耗完之前，补充能量。

一般来说，补充能量的最佳时间，是运动开始后半小时左右。大量研究证明，持续运动超过半小时后，体内的糖原便开始出现耗竭，此时若不补充能量，人体只有靠分解脂肪和蛋白质来提供能量，但其速度较慢，难以满足运动的需要。

如果运动时间还未超过半小时，则不需补充能量，只要喝水即可，因为体内的糖原完全可以保证这段时间的能量消耗。但无论运动时间长短，在运动前后及运动过程中，都应摄入足够的水。

补充能量时，最好选用液态的碳水化合物，因为液体比固体更容易被人体吸收，能够更迅速地转化为能量，同时，不会造成任何胃部不适。一些固体的运动补剂，如PowerGel、GU等，不仅含碳水化合物，还含有可提高成绩的咖啡因。但咖啡因利尿，因此，在食用这些能量补剂时，一定要喝足量的水，以防脱水。

哪一种运动饮料最好，目前尚无定论，但以能达到以下要求为好：

(1) 每千克运动饮料中，摩尔渗透浓度（Osmolality）应达到250~370mOsm/L（毫渗量）。

(2) 碳水化合物浓度为5%~7%。

(3) 碳水化合物类型。碳水化合物包括麦芽糊精、葡萄糖、右旋糖、果糖及葡萄糖聚合体等许多种类。其中，葡萄糖和右旋糖属于高糖，能很快提高血糖水平；而果糖属低糖，吸收慢，耐消耗；麦芽糊精属多糖复合型碳水化合物，提高血糖水平的速度最快。运动员可以根据自身的需要选择使用。

(4) 含碱性电解质。保持人体内的电解质平衡，可防止脱水、抽筋，维持体内的酸碱平衡。

第三节 户外运动的心理训练

心理素质是运动员充分发挥和运用体力与技术优势，完成某一具体技术动作乃至整个活动和比赛的重要基础和保证。为了有效地发挥每个运动员的体力和技术特长，必须对运动员进行心理素质训练。心理素质训练分为专项技术心理训练和竞赛心理训练。

一、专项技术心理训练

专项技术心理训练是指针对某项特定的技术项目进行的心理训练。

户外运动是具有一定危险性的项目。由于与习惯生活的巨大反差和下意识的自我保护心理，运动员在进行户外运动危险性项目时，往往会出现紧张、焦虑、恐惧等心理，如进行攀高、竞速、探险项目时产生的恐高、恐速、恐黑等心理，导致动作僵化、变形，从而影响动作的准确性和熟练程度，严重的会导致危险的发生。针对这些现象，进行专项技术心理训练，可以有效地消除运动员的紧张、恐惧心理，从而保证动作的熟练和准确以及运动员的人身安全。

专项技术心理训练的方法有：

(1) 充分熟悉和了解保护技术措施

运动员对户外运动危险项目的紧张、焦虑和恐惧等心理，主要出于其对保护措施的怀疑。向运动员详细地讲解保护措施的安全指标、操作规范，并让运动员彼此互相保护，充分地熟悉、了解和体会保护体系的安全性，建立对保护体系的坚强信心，则可有效地消除运动员的紧张、恐惧心理。

(2) 充分熟悉和适应产生紧张、恐惧的场景

紧张、恐惧心理的产生与项目场景和习惯生活环境的巨大反差有很大关系。人们对于司空见惯的事物，往往会产生一定的适应性，即所谓“见多不怪”。让运动员经常在可能产生紧张和恐惧心理的场景中进行训练，使运动员对于平常认为“危险”的场景产生适应，就可以有效地减少紧张、恐惧心理。

(3) 应急能力训练

对于出现的或者可能出现的紧急情况，训练运动员及时采取措施，制止可能发生的危险的能力，也可以有效地消除紧张、恐惧心理。进行这项训练，一是要求教练员能够及时总结户外运动中易出现的紧急情况，并给运动员列出应急措施，对其加以训练；二是要求教练员能够巧妙地将这些紧急情况合理地安排在训练课程中，由运动员自己进行应急操作。

二、竞赛心理训练

竞赛心理训练是指为了在竞赛过程中，完成全部竞赛和争取好的成绩而进行的心理训练，其方法有：

1. 毅力的培养

相对短跑等短过程项目的兴奋、紧张来说，山地户外运动竞赛持续时间较长，运动员具备坚强的毅力是非常重要的。山地户外运动竞赛又是一种多项目组合的竞赛，疲劳、心理压力，以及某些伤病都不可避免，因此，运动员的比赛毅力非常重要。可以通过平时大强度、长距离的训练，以及挫折训练、“魔鬼训练”等方法，提高运动员的比赛毅力。所谓“魔鬼训练”，是在一个合适的场合，教练员利用法律、规则允许的手段，对运动员进行精神和肉体双重折磨，逼迫其中途放弃的一种训练方式。其目的在于挖掘运动员的最大潜能，促使其创造更好成绩。

2. 好胜心的培养

争取领先，取得好成绩，是运动员参加比赛的目的。除体能和技术外，好胜心是运动员夺取好成绩的心理基础，在好胜心的驱使下，运动员在比赛中就有可能超水平地发挥其潜在的能力。好胜心的培养，可以通过比赛来完成。通过各种形式的比赛，如户外运动赛、歌唱赛、各种训练课比赛等，建立相应的激励和处罚机制，并以激励手段为主，在建立自信心的基础上，逐渐培养运动员的好胜心。好胜心的培养，与尊重运动员的个性有关。应该注意保护和培养运动员“不服输”的个性，改变懦弱的个性。

第四节　户外运动急救

体育运动的医务监督、运动性疲劳、常见损伤的防治等培训内容，可以参考社会体育指导员理论培训教材。这里主要对山地户外运动中常见伤病的防治作简要介绍，重点是防治问题。

一、户外伤病员的搬运

（一）搬运伤员

在野外搬运伤员时，要根据伤情、地形、人员等情况灵活运用不同的工具和方法，迅速将伤员搬运至安全处进行包扎和急救，严重者要及时送医院抢救。

1. 搬运时的注意事项

（1）搬运前尽量做好伤员的初步急救处理。

（2）动作要轻而迅速，避免不必要的震动。下坡时应将伤员头部朝后，并保持平衡。

（3）搬运过程中要时刻注意伤员伤情的变化。

2. 搬运的方法

（1）单人搬运法：多用于轻伤员。常用的有扶持法、肩扛法、背负法、抱法、拖拉法等（图 7-4-1）。

①扶持法

②抱法

③背负法

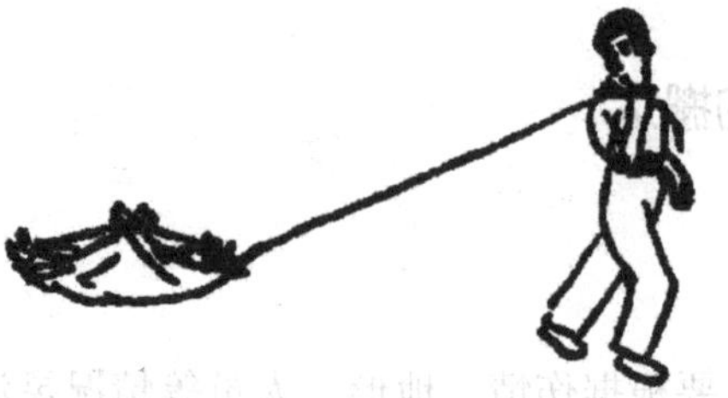

④拖拉法

图 7-4-1 单人搬运法

（据国家体育总局职业技能鉴定指导中心，户外运动，2012 年）

（2）双人搬运法：多用于头、胸、腹部等部位受伤的重伤员。常用的有椅托式、轿杠式、拉车式和抱托式（图 7-4-2）。

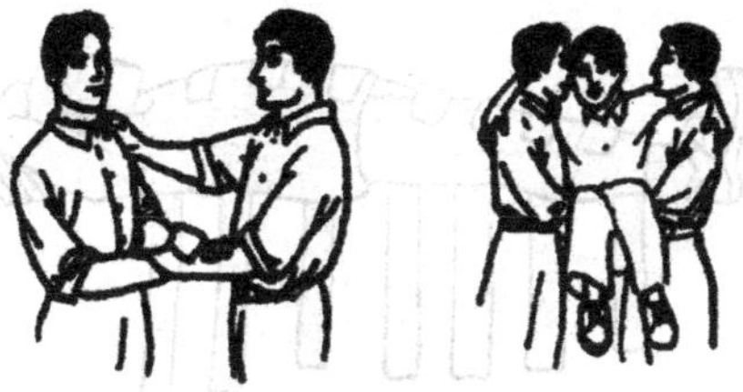

①椅托式

②抱托式

③拉车式

图 7-4-2　人搬运法

（据国家体育总局职业技能鉴定指导中心，户外运动，2012 年）

（3）脊椎损伤搬运法：搬运脊椎损伤病人时，应多人用手分别托住伤病员的头、肩、臀和下肢，动作一致地将伤病员搬起并平放在硬板、门板或担架上。注意在伤员颈部和腰部加上软垫并将其固定，严禁使用抱头、抱脚、拖拉等不合理动作，避免躯干弯曲，损伤中枢神经而加重病情（图 7-4-3）。

①

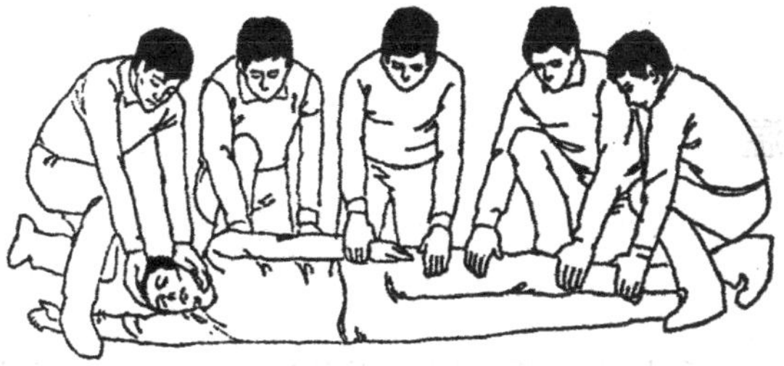

②

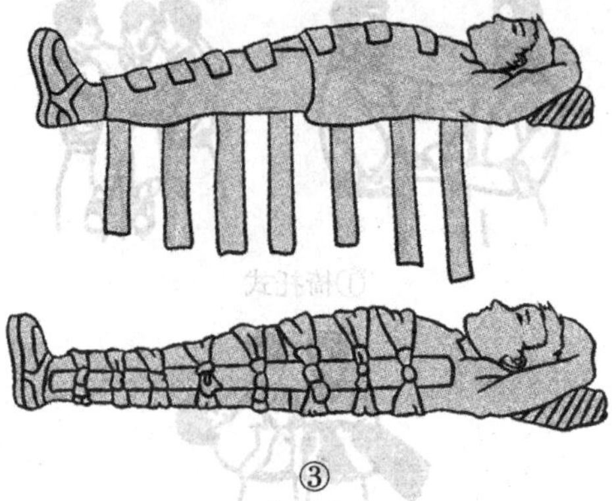

图 7-4-3 脊椎损伤搬运法

（据国家体育总局职业技能鉴定指导中心，户外运动，2012 年）

（二）制作简易担架

单人和双人搬运法是在野外找不到任何搬运器械和替代物的徒手搬运法。这些方法虽然省去了寻找和制作简易担架的时间，但在野外山路崎岖不平以及搬运路途遥远时，应尽可能寻找和制作简易担架，使伤病员在搬运途中减轻痛苦，使搬运者节省体力（图 7-4-4）。

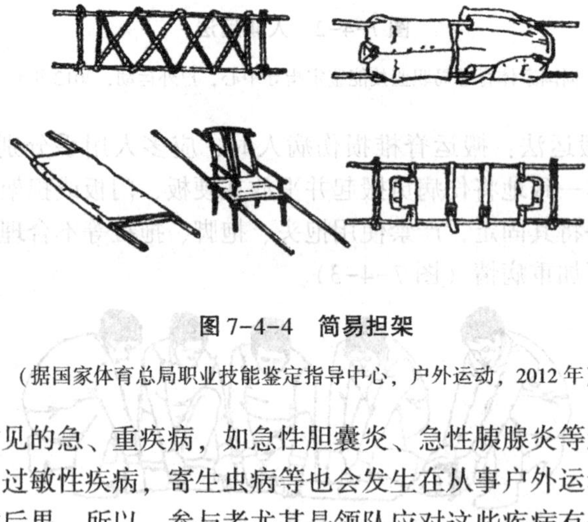

图 7-4-4 简易担架

（据国家体育总局职业技能鉴定指导中心，户外运动，2012 年）

另外，一些常见的急、重疾病，如急性胆囊炎、急性胰腺炎等急腹症，霍乱、出血热等急性传染病，过敏性疾病，寄生虫病等也会发生在从事户外运动的人群中，如处理不当可能造成严重后果。所以，参与者尤其是领队应对这些疾病有一定的了解，以便及时处理。

二、冻伤与失温

（一）冻伤

冻伤可分为两种，一种是由于低温潮湿所引起的冻疮、战壕足和浸泡足；另一种是由冰点以下低温所引起的冻结性冻伤，包括局部冻伤、冻僵和冻亡。外界气温低于-

30℃时，仅需数分钟即可造成组织冻结。皮肤出现冰冻的空气温度为-15℃。高山冻伤，主要是高山低温环境所引起的冻结性冻伤，这种冻伤在登山和探险时较易发生，发生后由于处理不及时又容易造成残疾，必须引起重视。

1. 冻伤的分度

冻伤可根据冻伤的程度、损伤的范围、反应的轻重、临床表现和结果的不同. 由轻到重分为4度。

（1）一度冻伤：损伤限于皮肤浅层。受冻早期自觉痒、隐痛或针刺样疼痛. 皮肤呈粉红色，继而转为苍白或蜡样白色，此时有麻木感或感觉缺失，无水泡。

（2）二度冻伤：损伤达到真皮，肿胀，12~24小时出现大量浆液性水泡：5~7天后水泡逐渐吸收、结痂、干燥、脱落。一般不留疤痕。

（3）三度冻伤：皮肤全层冻伤坏死，可累及皮下组织。皮肤呈青紫、紫红或青蓝色，有水泡。全层黑色坏死后会遗留疤痕。

（4）四度冻伤：受伤深度达到肌肉和骨骼层，水泡较少。2~3周后出现木乃伊样的干性坏疽，如并发感染则发生湿性坏疽，最后变为干性坏死组织而脱落。病程3~6个月。残端根据情况需治疗或截肢。

一、二度为轻度冻伤，与重度冻伤的区别在于有无明显组织坏死。

2. 冻伤的预防

冻伤的预防要抓好两个环节，一是做好自我保护，二是“以动防冻”。自我保护就是针对引起冻伤的各种原因采取有效的防范措施。

（1）针对气温低，配备各种防寒衣物，尤其是保质保量的鞋袜、手套、帽子、面罩等。鞋袜、手套要大小合适，以有利于手脚活动为宜，过紧会影响血液循环，容易冻伤。着衣要外紧内松，多层保温。外套要合身防风，以免冷气穿透和衣服内的空气形成对流，造成热量丧失。里层要适当宽松，各层内衣之间形成空气隔离层。内衬，包括手套和袜子的内衬，要松紧合适且贴身，紧了会影响血液循环，松了会增加空气对流而保暖不良。同时，不能用手直接接触冰雪以及冰镐、上升器、照相机等导热且散热性极强的金属物品。

（2）风是促使冻伤发生的重要因素。空气的对流散热作用与空气的流动速度呈正相关。例如，无风时，空气的保温值为1，气温为1℃；7级阵风时，空气的保温值下降了88%，实际气温为-22℃。这种由于风速增强使气温下降的效应称为“风冷”效应。在海拔5000余米的绒布河谷中，下午的地面风速可达20m/秒以上，一天内地面风速变化可达18m/秒。春秋季节，珠穆朗玛峰北坡7000m以上，下午4点后的风速往往达到15m/秒，最大可达10级以上，人员必须伏地避风，否则会被大风吹入山谷。1965年，登山运动员攀登珠穆朗玛峰时，冻伤的发生率高达7%，一阵大风吹过，即刻就发生登山运动员鼻和面部冻伤，且可以直接观察到冻伤部位由白变黑的过程。所以，要注意防风，早出早归，避免下午在大风中行进。行进途中遭遇大风时，要立即将冰镐插牢，背对风，身体微屈，紧抱冰镐，减少受风面积，必要时可伏地避风。

登山经常会遇到暴风雪，暴风雪是风、雪、湿、冷的综合环境因素，可致气温极度下降，极易造成登山者冻伤。

（3）潮湿是促发冻伤的重要因素。针对潮湿，要保持易冻部位、内衣、帽子和面罩的干燥。涉水后，要及时更换鞋袜，晚上烤干或放在睡袋里烘干手套、鞋袜和鞋垫等。登山途中要注意掌握行动节奏，避免大量出汗而形成湿冷的局部环境，尤其是手足部分。

（4）针对参加户外运动时热量消耗大，抗寒能力下降情况，要随时携带一些高热量食物，以备急用。饮酒可引起血管扩张，增加热量散发，吸烟有明显的收缩外周血管的作用，因此，登山时应尽可能戒烟、戒酒。

（5）“以动防冻”。一是要注意平时进行防寒锻炼，登山前在户外进行体能训练，坚持用冷水洗手、洗脸、洗脚，增强抗寒能力；二是在寒冷地区活动时，切忌久停不动。手指、脚趾要经常在手套中、鞋中活动，休息时揉搓面部、耳朵、鼻尖，活动肢体。较长时间的休息或等待时，更要注意活动手脚，促进血液循环，保持局部体温。

2003 年，登山运动员登珠穆朗玛峰时，有两名队员发生冻伤并因此截掉部分手指。分析其原因，首先在登山前的防冻教育不够。这两名队员在 8000m 以上双手仅仅戴了薄手套，又接触上升器等金属物，对手部的保温防护做得不够。其次，发生冻伤后未及时进行复温治疗。再次，体力消耗过大与冻伤的发生也有关系。如果在这些方面处理得当，则有可能减轻冻伤程度或避免截肢。

3. 冻伤的治疗

冻伤治疗的基本原则是保温和复温。首先要尽快脱离湿冷环境，保持患处的温暖和干燥。冻疮和轻度冻伤可以用按摩、超短波、红外线、透热疗法和外用药等方法进行治疗，一般 1~2 周可以自愈。重度冻伤患者应派人护送到安全地点，使其冻伤部位不再在活动中受到挤压和摩擦。治疗的首选方法为快速用温水使其融化复温，以缩短冻结持续时间和冻结组织融化所需要的时间，从而减轻组织损伤的程度。具体方法为：用 40~42℃温水浸泡，每次 20~30 分钟，每天 1~2 次。温水中可加氯己定（洗必泰）、新洁尔灭等药物，以预防或治疗感染。浸泡时间不是越长越好，时间过长对冻伤组织有害。快速复温时，剧烈疼痛和起水泡为正常反应。在野外条件下有时难用温水复温，可视条件采用其他应急方法，如将冻肢放在温暖的部位（胸部、腹部或腋下），使肢体尽快复温；还可使用热水袋或密封的塑料袋，装入七成满的 42~44℃的热水，用毛巾包裹后贴紧伤处使之复温，注意水不要太热，以免烫伤。

使用错误的方法治疗冻伤会引起严重的不良后果。临床观察证实，及时进行快速复温，96%的冻伤病例不需要截肢，而用冰、雪、冷水浸泡，69%的冻伤病例需要截肢。44 例重度冻伤因用错误方法复温，包括冷水浸泡、用雪揉擦、火烤、室内自然融化复温等方法，最后均截肢而造成残疾或发生功能障碍后遗症。这些事实很清楚地告诉我们应如何处理冻伤及错误处理会造成的严重后果。也可以形象地说，保鲜食物的制作和使用，其诀窍就是速冻和快融，与冻伤处理的道理一样。发生冻伤后不能用雪搓，重度冻伤更是严禁用雪搓，以免造成组织细胞不可逆的损伤。

1997 年，户外运动者攀登托木尔峰时，由于遭遇暴风雪，几名队员脚被冻伤。下撤时，几名冻伤队员在高山营地进行了快速复温等急救，康复很好，没有截肢。而另有 3 名队员急于下山，直接下撤到大本营，没有及时治疗，伤势加重，最后不得不做截肢手术。

（二）失温

失温又称体温过低、全身性冷冻损伤，冻僵则是最严重的体温过低。失温主要是由环境低温、潮湿引起的，和保暖措施缺失有直接关系。诊断低温症的标准是中心体温（肛温）低于35℃。

1. 低温症的预防

（1）防寒服装隔热值要高，防风、防水、透气性能好。在无风、中等温度和不活动的情况下，裸体置身于气温30℃的环境中，人会感到舒适；气温低于27℃时，就需要穿上衣服来保暖或进行活动产生热量；气温低于25℃时，散热量开始大于产热量；气温为21℃时，2.9mm厚的普通衣服令人感到舒适。黑色衣服可吸收太阳辐射热的88%，绿色衣服吸收57%，白色衣服吸收20%。

（2）头颈部要重点保暖。全身保暖做好后，如果对头部不予以保暖，外界气温为15℃时，在不活动的情况下，头部散热为全身产热的34%，4℃时为50%，-15℃时为75%。

（3）保持服装干燥。湿衣服的保暖性不到干燥衣服的50%，水汽可在衣服内结霜。所以，防寒服装的透气性很重要。

（4）落入冷水后，服装要仍具有保暖功能，包括鞋袜。头部浸泡在冷水中．可使体温下降速度加快约82%。腋窝、体侧和腹股沟也是散热快的部位。故头部宜保持在水面上。

（5）衣服不要穿得过紧，多层穿着比单层穿着保暖性好，因为衣服中间有空气气层。

（6）睡袋、帐篷、雪洞等都有重要的保温作用。

（7）耐寒锻炼可提高基础代谢率，加强机体对糖、脂肪的利用能力，加强神经传导功能。耐寒锻炼包括一般性的体育锻炼、冷空气锻炼、冷水浴锻炼。

2. 低温症的治疗

（1）立即脱离寒冷环境，远离大风，离开潮湿和寒冷的地面。

（2）换上干衣服，使用毛毯、睡袋等保暖。

（3）通过使用热水袋、烤火、晒太阳、互相依偎取暖。喝热汤、进食高热量食品。

（4）热水浴快速复温效果好，但四肢不要泡入热水，以减轻外周血管扩张．避免造成休克。

其他的并发症对症处理。

三、中暑

在暑天进行户外运动时，常常经历阳光暴晒、高温、缺水、过度劳累、大量流汗，因此，极易发生运动性中暑。在30~40℃的热环境中，温度每升高1℃，能量消耗就增加0.5%。此时，体内产生的热量不易散发出体外，造成体温升高。当外界温度超过35℃，即高于皮肤温度时，传导和辐射的散热方式产生障碍，只能靠蒸发的方式散热。遇高温、高湿天气时，蒸发也受到影响，加之运动产热增加，热量会积累在体内，造成体温升高，甚至引起脱水、盐代谢失调。

（一）中暑的症状

病人感觉头晕、头痛、心跳加速、恶心，出现呕吐、大量出汗、低血压、腹泻、皮肤干燥等症状。严重时可突然晕倒、抽搐、体温急剧上升，肛温可达 39.5℃以上，惊厥，甚至危及生命。

（二）中暑的治疗

此时应立即将病人抬到阴凉通风处，如野外无遮阳处可用帐篷罩布或宽大的衣物撑起遮阳。松开病人衣扣，进行头颈部冷敷，扇风，用酒精或白酒擦体，针刺足三里、内关等穴位。让病人服用十滴水、人丹等药物，能饮水时大量饮水。若呼吸困难可进行人工呼吸。30 分钟以内，直肠温度未降至 38.9℃以下者，必须采取冰水浸泡浴。

（三）中暑的预防

烈日下要尽量减少活动量，运动 50 分钟后应休息 10 分钟，并特别注意水和盐的补充。防止肢体，特别是防止头部受热，可用野草、树枝、草帽、湿毛巾遮盖。严禁穿背心、短裤在烈日下长时间活动。要带足防暑降温药物。中午饭后要休息，以保持体力。衣服应选用宽大、通风、易吸汗的面料，最好为白色，以减少太阳辐射。

在高温地区进行户外运动，应首先增强参训队员的体质，以适应野外高温气候，如进行热适应锻炼。在热环境中，进行中等强度的运动，体温不超过 38℃，脉搏不超过 160 次/分，每次持续 20 分钟，每天锻炼总时间为 2~4 小时，共进行 10~20 天。

加强营养，适当增加蛋白质的摄人。注意补充水、电解质、维生素。补充水分时，要少量多次，不宜一次性暴饮。

四、烫伤与烧伤

在野外活动时，经常要用火，因用火不慎，不时有烧伤的报告。由于野外医疗条件有限，烧伤面积超过全身皮肤总面积 50%时，可能会造成生命危险。所以用火时务必小心谨慎并注意以下事项：

（1）正确使用炉灶和炊具，如不能在明火周围放置或使用汽油等易燃品；炉具一定要放稳，避免倒覆；高压锅的通气孔一定要保持通畅等。

（2）一旦身上起火，要尽快躺卧在地上，滚动灭火。如一味向外跑，风和气流会使身上燃着的火更旺。扑灭身上的火焰后，立即除去伤者身上燃着的衣物及其他残留物。

（3）汽油炉等起火时，千万不要试图用水浇灭，而要用其他物品覆盖灭火。

（4）伤口用凉水浸泡，用肥皂水清洗。

（5）一级烧伤（仅仅发红），不必包扎，使用药膏即可。

（6）二级烧伤（有水泡形成），不要挤破水泡，外用药膏并包扎。

（7）使用布洛芬等止痛药。

（8）三级烧伤，没有水泡，但皮肤焦黑或变白，人会失去知觉，需马上送医院抢救。

五、水泡

长时间行走，可能会因鞋袜不适或沙粒进入鞋子等引起脚部水泡。开始是红点，继续摩擦就会发展成水泡。

长途跋涉时，要选择合适的鞋袜，把鞋带系紧一些，减少脚在鞋中的活动度。休息时，尤其是感到局部疼痛时，要检查脚部。如出现红点，要轻柔按摩一会儿，提紧袜子，调整鞋带，涂点润滑剂并垫一块棉布。

水泡的处理方法是：

（1）如水泡未破，应尽量保持水泡完整，减少感染机会，用无菌、不吸附的绷带包扎。

（2）如水泡已破，要清洗干净，涂上药膏，用绷带包扎，但不要清除萎缩的水泡表皮。

（3）如水泡影响走路，可刺破放液（但不要剪除萎缩的皮肤），涂上抗生素，用绷带包裹。

六、过敏

近些年来，由于环境和饮食结构的改变，过敏的人明显增多。在户外运动中. 由于接触花粉、植物，蚊虫叮咬，接触冷、湿等致敏源的机会增多，常会引起过敏：

过敏的症状很明显，如痒、肿，出现荨麻疹、皮疹等，还有肺感染性的鼻炎结膜炎、咽炎等。严重者还可发生胃肠道、呼吸道的过敏反应，需要及时治疗。

进行户外运动要备抗过敏药、抗敏软膏等。

七、毒蛇咬伤与毒虫蜇伤

（一）毒蛇咬伤

1. 毒蛇咬伤的急救

（1）扎：紧扎距伤口5cm左右肢体的近心端。

（2）洗：反复冲洗伤口。

（3）切：用锋利的小刀在伤口做“+”“++”形切口。

（4）吸：用吸筒或拔火罐从切口处吸出毒液，至吸出的血呈鲜红色为止。

（5）口服季德胜蛇药片，首服20片，每隔6小时服10片，并用温水将药片调成糊状，涂敷在伤口四周2cm以上（伤口不涂）。

（6）当地应有许多有效草药，如七叶一枝花、滴水珠等，可随当地条件选用。

（7）严重的受伤人员应及时送到医院诊治，针对蛇毒种类注射抗蛇毒血清。

2. 毒蛇咬伤的预防

（1）向当地人学习毒蛇咬伤的防治经验，改善宿营地的环境卫生，清除垃圾杂草，堵塞洞穴，不要把手伸到洞口、岩石下面和木料堆中。

（2）在山区、森林、旷野草地等有蛇出没的地区行进时，应戴好帽子，穿硬面鞋，穿好袜子，扎好裤脚，并携带棍棒“打草惊蛇”。

（3）向进行野外生存训练的队员讲解蛇咬伤的防治方法和急救措施，携带蛇药片备用。

（4）尽量在明显路径上行走。晚上行走时，要带手电和手杖。

（二）蜂蛰伤

在野外经常遇到黄蜂、马蜂及许多不知名的野蜂，它们一般不主动袭击人类，只有在巢穴受到攻击后才不顾一切袭击入侵者。因此，在野外作业时尽量避免触及野蜂巢穴，特别是悬挂在树丛中的那些巨大蜂巢。如果需用蜂蛹做食物，采集时一定要做好个人防护，特别是头面部的保护，并在身体暴露的部位涂抹清凉油、风油精等驱虫药物。

1. 蜂蛰伤的症状

被少量蜂螫伤症状较轻，仅出现局部红肿和疼痛，无全身症状。如被大量的蜂蜇刺，螫伤部位广泛，则会出现头晕、恶心、呕吐、血压下降、脉搏增快且微弱，甚至休克等现象。同时，毒素还会引起溶血，破坏肾脏功能。

2. 蜂蛰伤的治疗

（1）拔出毒刺，野蜂毒性呈碱性，可用食醋、柠檬、稀盐酸等洗敷或2%普鲁卡因局部封闭，给予止痛药物等。在无任何药物的情况下，可局部涂抹自己或他人的小便，止痛效果显著。

（2）可将当地中草药捣烂进行局部外敷，如两面针、鲜岗松、大青叶、薄荷叶、马齿苋、韭菜、棉叶、青蒿或者无毒鲜花等。

（3）将季德胜蛇药片捣碎，调成糊状外敷。

（4）有全身中毒症状的伤病员应立即送医院医治。

（三）蜈蚣咬伤

蜈蚣多生活在潮湿的地方，野外宿营时应特别注意。蜈蚣不受刺激时一般不会攻击人类。它对人体造成伤害主要是其第一对足的末端有利爪，爪上藏有毒液腺的出口。

1. 蜈蚣咬伤的症状

被咬伤的地方有两枚牙印，局部可出现红、肿、热、痛、痒等症状。有时可发生淋巴管炎及淋巴结炎。严重的还会出现头痛、发热、眩晕、恶心、呕吐、抽搐和昏迷等。一般症状可在数天后消失。

2. 蜈蚣咬伤的治疗

（1）蜈蚣和蝎子的毒液呈酸性，可用肥皂水、氨水或苏打水（碳酸氢钠）洗涤伤口并冷敷。

（2）可用等量雄黄、明矾研成粉末，以浓茶或白酒调匀，外敷伤口。

（3）可用新鲜桑叶、蒲公英叶、鱼腥草、野葱或野蒜捣烂外敷伤口。

（4）症状严重者可口服季德胜蛇药片解毒，每日3次，每次10片。

八、猝死

户外运动中发生的猝死属运动性猝死。运动性猝死指运动中或运动后即刻出现症状，6 小时内发生的非创伤性突然死亡。症状发生 30 秒内的死亡称为即刻死。

运动性猝死大多数是发生在原有的器质性疾病的基础上，这些器质性疾病可能患者生前并没表现出来或没被意识到，在体力负荷骤然加大时，这些疾病便可能导致死亡。

导致运动性猝死的主要器质性疾病是心血管系统疾病，占猝死病例的 70%～80%。其中，又以冠心病、急性心肌梗死居多，心肌炎和心肌病也较多见。另外，还有心脏瓣膜病、先天性心脏病、遗传性疾病、心脏传导系统的急性紊乱等。值得注意的是：运动过量是心肌猝死的促进因素，尤其是 40 岁以内运动员的心肌梗死，身体过累常是主要诱发因素。感染、流感、暴食、高山缺氧、暴晒、运动后立即热水浴、精神紧张等均可能成为心血管意外发生的诱因。因此，体格检查、运动时的医务监督、运动员训练和比赛的管理是重要的预防措施。

脑血管意外也是运动性猝死的重要原因，主要有脑出血和蛛网膜下腔出血。此外，中暑也是运动性猝死的常见原因。中暑所造成的死亡可见于完全健康的人群中，在热环境下进行剧烈运动尤其是耐力项目，容易发生中暑，造成脱水、电解质失衡，甚至导致死亡。

急性出血性胃炎也可导致运动性猝死。

衰竭猝死往往由综合性原因引起，随着体力的耗尽，全身各系统的生理功能均会发生严重障碍而至死亡。例如，2007 年，山友夏子在冬季登山时猝死，法医进行了尸体解剖，结论为由于寒冷环境引起体温过低，全身新陈代谢和生命抑制造成死亡。体温过低与保暖措施不够、体能消耗大、体力状态较差等有关。

在高山探险中引起猝死和病故的原因为急性高山肺水肿、急性高山脑水肿、心脏病、体温过低、全身衰竭等。在我国户外运动中，因疾病发生死亡的原因还有喉头水肿引起窒息和肝坏死（可能与误食毒蘑菇有关）。

第八章 户外运动的野外装备

在进行户外运动的时候，为确保运动者的人身安全，有一些野外装备必须在出发前准备好，其主要涉及“衣、食、住、行”四个方面，具体来说，“衣”指的是野外着装，“食”多指水、盐等，“住”指的是野外宿营装备，而“行”指帮助人们在野外生存的各种必要工具，也可以包括各种活动所需的物品。本章将围绕野外活动所需的装备进行具体的介绍，具体涉及野外宿营装备、野外着装、野外专用包、野外生存的必要工具以及野外生存的必需物品。下面进行具体论述。

第一节 野外宿营装备

在野外活动，难免会遇到需要在自然环境中住宿的情况。这就需要运动者将野外宿营装备准备充分。主要包括帐篷、睡袋之类的睡眠物品、防潮垫之类的生活用品以及炉具这种做饭所需的装备。在上述这些宿营装备的帮助下，即便运动者在野外，也可以正常的休息与就餐。

一、宿营装备之帐篷

帐篷，是撑在地上遮蔽风雨、日光并供临时居住的棚子。其主要的制作材料是帆布，是一种可连同部件随时拆下、转移的一种宿营装备。通常，人们在使用帐篷时都是先把帐篷的各个部件准备好，然后一起携带至搭建帐篷的现场，再加以组装，这一系列过程也免不了要使用各种相关工具。因此，需要熟悉宿营时与帐篷搭建等有联系的各种部件和工具。只有知道了各个部件的名称和使用方法，熟悉帐篷的构造，才能让搭起帐篷变成一件轻松之事。

（一）帐篷的基本结构

门：出入帐篷的口，遇到特殊情况，还可以在另一侧设窗。

地面垫：是帐篷里铺到地面上的垫子。如果帐篷要在湿气重的地方搭建，那么就还要再铺一层竹席，以免太凉。

帐篷主体：有三部分，分别是帐篷的布幕、支柱及垫子。

支柱：也可以叫作柱子，垂直竖立于地面。有笔直的一条或以两条、三条连接的各种形式。有些管状支柱的弯曲部，需要以铁丝连接起来。

屋顶：构成帐篷倾斜面的部分。

飞垫：可叫作“第二层屋顶”，主要放在帐篷的顶部，能够用来遮蔽强烈的日光的照射。

墙壁：帐篷侧面的墙壁部分，有些帐篷有，有些帐篷没有。

主绳：又称柱绳，由支柱两端分出。作用为避免支柱倾斜，并以钉子固定。

角绳：由帐篷布幕之四角延伸出来，并以钉子同定。

腰绳：由帐篷布幕之屋顶底边延伸出来，并以钉子固定。

钉子：插入地面以固定绳索和帐篷布幕的底边，有金属制及合成树脂制。

袋子：布囊的一种，主要作用是将布幕和支柱、钉子、木锤等收好。

（二）帐篷的基本类型

户外运动的帐篷按季节可分为两大类：三季帐篷（普通户外活动用）和四季帐篷（冬季/高山用）。下面将详细介绍这两类帐篷之间的不同。

1. 三季帐篷

一般比较轻，通常在春、夏、秋三季都能用，属于适合较温和气候的帐篷。其按形式可以分为以下三类。

（1）单层帐篷

单层帐篷较为简单，一般用一块用帐杆撑起来的带有几个通风口的雨布搭建而成，适合在较温暖的天气中使用，在使用的过程中，还可以适宜地打开通风口的拉链，这样能够让帐篷更加通风一些。

（2）营房帐篷

三季帐篷采用营房帐篷的设计。这种形式的帐篷底面为矩形，帐体窄，呈长条形。营房帐篷所使用的支撑杆和面料都较少，整体呈楔形。

不好的地方是它的顶面比较平，如果一下雪，就会有积雪的情况出现，若是遇到了强降雪，那就很可能会让帐篷承受较大的重压而导致垮塌。

（3）自支撑帐篷

穹顶形的帐篷是可以自支撑的，这个特点让它不用加额外的桩或者栓支撑就能够很好地自行支立。同时，将帐篷抬起并移位也可以很简单地完成，好像是拎一个大充气气球一样。也能很轻易地抖、甩、拍打这样的帐篷，能够在拆解打包之前把上面存的脏东西都抖掉。

三季帐篷通常可以在风雨中表现良好，但是设计特点也决定了它们一般难于应付过大的降雪量。

2. 四季帐篷

与三季帐篷相比，四季帐篷相对而言更为结实，他一般会增加 1~2 根支撑杆，这样的话，帐篷的支撑系统可以抵抗更强的风力或是更厚的落雪层。

到了冬季，帐篷的外形一般会被设计成圆滑的穹顶形，这样设计的目的是希望可以让外帐篷顶部比较平的地方少一些，防止下大雪时帐篷顶堆积很多雪压垮帐篷造成危险。当然，这些冬季或高山帐篷不仅仅只在冬季或高山上用，它们同样适用于相对温和的气候条件。

（三）帐篷的主要面料

防水面料技术指标以防水程度为准。其中，底部材料以聚乙烯（PE）最为常见，质量由其厚度和经纬密度决定；内部面料一般是透气尼龙或者是透气棉布，质量主要由其密度决定。

防水面料技术指标如下。

（1）防泼水面料。一般只用于儿童或游戏帐篷，防水能力较弱。

（2）防水300mm的面料。一般用于沙滩帐篷、遮阳帐篷或者是干旱少雨用的棉布帐篷，防水能力一般。

（3）防水800~1200mm的面料。用于常规的简单宿营类帐篷，防水能力强。

（4）防水1500~2000mm的面料。用于比较中档的帐篷，如果旅游的时间持续较长，可选择这种帐篷，防水能力非常强。

（5）防水3000m以上的面料。通常是较专业的帐篷级别，往往会经过耐高温、耐寒冷等技术处理，防水能力最强。

（四）帐篷的支撑骨架

常见的支持骨架（俗称帐篷杆子）主要包括以下四种，它们分别是钢管、弹性钢、玻璃纤维杆以及铝合金骨架。

（1）弹性钢。主要有两种用途，其一是用在儿童帐篷上，还有一种情况是用在沙滩的游戏帐篷上。

（2）钢管。又名高频焊管，主要用在军用帐篷、救灾帐篷等大型帐篷上面，表面都有喷塑或镀锌处理。

另外，钢管一般可以分为圆管和方管，管径范围大致为19~50mm，管壁的厚度基本在0.8~3mm之间。

（3）铝合金骨架。一般价格要高于其他支持骨架，特点是重量轻，携带方便，不易折断。不过它也有不好的地方，那就是它很容易弯曲然后变形，会给人一种质量不好的感觉。

（4）玻璃纤维杆。越粗刚性越强，柔韧性越弱，因此纤维管的支架在选择的时候要充分考虑到其地面的尺寸和高度的比例然后再决定选择哪一种，否则，太过于粗或太过于细都很可能在使用的时候被折断。

二、宿营装备之睡袋

（一）睡袋的基本技术参数

1. 温标

通常情况下，温标包括以下三个数据。

一是最低温度。主要是指该睡袋使用的最极限温度，高于最低温度可以保证使用者身体正常，不会因为温度过低而发生危险。

二是舒适低温。表示的是使用该睡袋的时候所选用的最舒适的某一温度。在这个温度下，人睡觉会十分的舒适自然，不会太冷，也不会觉得太热。

三是最高温度，表示使用该睡袋适宜最高温度。如果高于这一温度，使用睡袋的人就会觉得热，而且会非常不舒服，如果在这种温度中持续待着，甚至会让使用者热得无法忍受。

2. 睡袋填充物

睡袋填充物主要有两种：羽绒和化纤棉，此外还有单层的抓绒睡袋。

第一种，羽绒。又分为鸭绒和鹅绒，同等条件下鹅绒的保暖程度稍高于鸭绒。羽绒主要有 3 个性能指标，如表 8-1-1 所示。

表 8-1-1　羽绒的 3 个性能指标

指标	描述
指标一：填充重量	填充羽绒的净重量，如 400g 鹅绒睡袋表示的是鹅绒的净重量是 400g（而不是说睡袋重量 400g），1100g 鸭绒睡袋表示的是鸭绒的净重量是 1100g（而非睡袋重量 1100g）
指标二：含绒量	含绒量用百分比表示，如 80 绒表示 100 重量单位中绒的含量是 80 单位。 一般鸭绒最高含绒量在 85~90，鹅绒的含绒量可达 90~95。
指标三：绒的膨胀度❶	羽绒的膨胀度越高，绒的保暖性能越好。 一般国产鸭绒的膨胀度在 450 左右，国产鹅绒的膨胀度是 450~600。美国安第斯山地鹅绒膨胀度高达 700~800。

第二种，化纤棉。这类睡袋的种类很多，质量参差不齐。从最普通的喷胶棉，到四孔棉、七孔棉、3M Thinsulate 棉、Polarguard 3D/HV 棉等。

化纤棉填充睡袋的一个缺点是用的时间久了，保暖性会逐渐降低一直到最后不再具有保暖性，但它和羽绒睡袋相比，湿了之后还能起到一定的保暖作用，这是它的优点。而羽绒睡袋若是湿掉了，那就肯定没有办法再保暖，甚至还会让温度很快散发。填充密度用 g/m^3 表示。

第三种，抓绒。睡袋使用抓绒缝制而成，除了能够直接作为夏季睡袋或卫生睡袋来用以外，还能搭配上其他睡袋用于冬季，提升保暖效果。根据时间经验，一个-3℃的睡袋，加抓绒睡袋后保暖效果可达-10℃左右。

3. 睡袋的常见里料、面料

羽绒睡袋对内外材料的要求很高，涤纶或尼龙是睡袋里料的常用材料。而睡袋的面料，一般以防水透气材料为主，这是由于在很多比较冷的地方，清晨起床的时间段，帐篷里面会有很多的热气凝结而成的小水珠，很容易会不经意间地溅到睡袋上，因此，睡袋的外用材料有防水性是很有用的，可以在很大程度上保证睡袋的干燥。

（二）睡袋的外观类别

常见的睡袋有 3 种形状：玛咪式睡袋、信封式睡袋以及混合型睡袋。

（1）玛咪式睡袋（图 8-1-1），又称木乃伊式睡袋，这种睡袋肩宽脚窄，肩部宽度是 75~85cm，脚步宽度 45~55cm。

玛咪式睡袋适合寒冷季节使用，是同样重量下能够达到最好保暖效果的睡袋形状。

❶ 膨胀度是指一盎司羽绒在 68.4g 压力下有多少立方英寸。

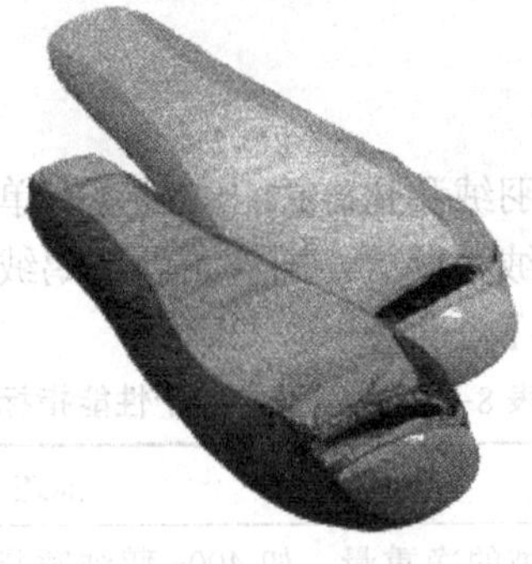

图 8-1-1　玛咪式睡袋

（蔡勇，据户外运动与安全防卫技能，2016 年）

信封式睡袋（图 8-1-8），顾名思义，像个信封一样，“肩部”和“脚部”宽度相同，这类睡袋内部相对而言是很宽松的，比较适合的使用季节是夏季，不适合体形小的人，比较适合体形宽大的人士。

图 8-1-2　信封式睡袋

（蔡勇，据户外运动与安全防卫技能，2016 年）

混合型睡袋。结合了玛咪式睡袋和信封式睡袋，很多都是信封睡袋加上一个玛咪式的帽子。

它在设计上吸取了前两款睡袋的优点，摒弃了前二者的不足，在携带及使用的舒适性上都有了较大的提高。

（四）睡袋的洗涤、干燥与存放

1. 洗涤

（1）羽绒睡袋的洗涤

在羽绒专家眼中，羽绒睡袋 4 年左右清洗一次就可以。使用寿命 10~12 年，可清洗 3 次。

假如不是特别的脏，那么简单清洁就可以，如用毛巾蘸汽油清洁表面材料。在户外运动里，睡袋更容易脏，需要的清洗次数更多。

（2）化纤棉睡袋和抓绒睡袋的洗涤

化纤棉睡袋和抓绒睡袋洗涤的时候更随意一些，可以直接去洗。若洗衣机够大的话也能直接进行机洗。晾晒时如果能够平铺着或者拿到宽阔地方挂搭会更好，以免过度下垂。

2. 干燥

睡袋适合放在通风、干燥的环境下平放晾干，尽量不要让强烈的日光直接去晒它，这是因为紫外线对尼龙表层的伤害是非常大的。

然后还要注意，睡袋在晾干后请持续摇晃睡袋并轻轻拍打羽绒纠结处，这样做可以让羽绒完全舒展，等睡袋恢复原状后，再把它装到存储袋里。

3. 存放

日常存放最好能够选择干燥、阴凉的环境，而且要保证睡袋是非常的清洁；不可置于压缩袋内存放，长期压缩会使羽绒保暖层失去弹性从而降低保暖性能。

推荐使用赠送存储袋存放，也可使用底部织带倒挂于衣柜内；无论是羽绒睡袋或化纤棉睡袋，在长时间不使用的情况下，尽量不要压缩起来保存，尽量保持睡袋的蓬松，适当的晒一晒也是不错的方法。这样做的目的是保持羽绒和棉的保暖性，延长使用寿命，尤其是羽绒睡袋，尽量保存在专用的羽绒睡袋存储袋里（宽松透气的棉质袋子）。

三、宿营装备之防潮垫

在户外露营里，防潮垫非常重要。防潮垫除了能够减轻睡在不平坦地面造成的不舒适感，另一方面还能够隔绝地面的湿气，哪怕是在夏天，地面上的温度还是要比空气中的温度要低，人们接触地面的时候，传导作用会将人们皮肤的热量带到地面。

而防潮垫是利用一层几乎不流动的空气来做成隔绝层，与人们使用睡袋和保暖衣服类似，都可以抵御外界的低温。隔绝的效果根据使用材质能利用多少空气层和空气层的流动性而有所不同。

（一）防潮垫的类别与优缺点

1. 充气垫

如图 8-1-3 所示为充气垫。

优点：舒服，而且可调节柔软度。

缺点：太重、太大，而且容易弄破，保温性能一般。

图 8-1-3　充气垫

（据蔡勇，户外运动与安全防卫技能，2016 年）

2. 铝膜防潮垫

如图 8-1-4 所示为铝膜防潮垫。

优点：轻便，防潮和舒适性佳，性价比高。缺点：容易破损。

图 8-1-4 铝膜防潮垫

（据蔡勇，户外运动与安全防卫技能，2016 年）

（二）防潮垫的选择

选择防潮垫时要参考四个因素：隔绝性、舒适度、使用体积和耐用度。

（1）天气因素。在天气一直比较稳定的情况下，考虑舒适度要比考虑隔绝性更重要。如果天气状况不稳定，要先考虑隔绝性，选择隔绝性强的防潮垫。

休息时的舒适度：可以根据不同的价格选择不同舒适度的防潮垫。如果对这方面要求不高，不太在乎防潮垫的舒适度，那就选择比较便宜、比较轻的防潮垫就可以了；如果要求防潮垫舒适度很高，那么选择比较贵的防潮垫往往更好一些，也能获得更高的舒适度。

重量：通常，较舒服的防潮垫通都是比较厚的，那样躺在上面会觉得更舒服一些，也会更重一些，若是要进行长程纵走或者登山健行，防潮垫的重量一定要予以充分的考虑。

体积：防潮垫的体积最好不要太大，尤其是在背包的容纳空间已经不多的情况下，尽量选择小一些的防潮垫。

四、宿营装备之炉具

早期的营地炊事都是利用营火，但营火的残渣或痕迹都会污染环境，登山者最好使用炉具炊事，即使生营火也不要太大，必须等到火完全熄灭、灰烬完全冷却才能离开，木材选用死木头或倒木，不要砍林木或残株。

（一）炉具的选择

选择炉具时主要考虑重量、高度、温度和燃料的燃烧能力，选用声誉可靠的炉具，须易点火，易操作，持续火力长。登山用的炉具须具备海平面的高度 4～8min 煮开 1kg 的水，同时炉具须具备控制火力的开关，避免食物烧焦（图 8-1-5）。

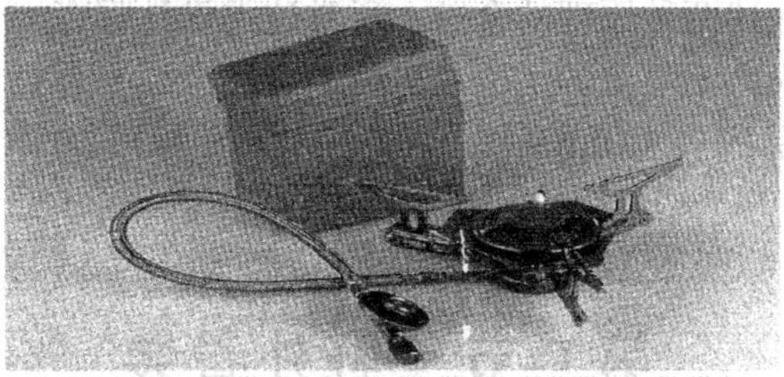

图 8-1-5　炉具

（据蔡勇，户外运动与安全防卫技能，2016 年）

（二）炉具的主要类型

登山用的炉具依使用的燃料油可分为三大类，最常用的是瓦斯炉和汽化炉两种。

1. 瓦斯炉

液态瓦斯包括甲烷、乙烷、丙烷、丁烷等。

瓦斯炉是所有各式各样的炉具之中，最方便也最容易操作的炉具，国内目前所能看到瓦斯炉具，综合来说有以下几种，但是有些瓦斯炉具彼此是使用互不兼容的瓦斯罐，所以需特别注意。

表 8-1-2　瓦斯炉具的种类

类别	描述
EPI（英制）	瓦斯罐的颜色为绿色；可依重量分为 4 种
PRIMUS（瑞典制）	大瓦斯罐为黄色，小瓦斯罐为铁灰色；可依重量分为 2 种
CAMPING GAZ（法制）	瓦斯罐颜色为蓝色；可依功能分高山用和平地用两种
ALPS（韩制）	瓦斯罐颜色为蓝色
COLEMAN（美制）	瓦斯罐颜色为铁灰色
GOGAS（美制）	瓦斯罐颜色为银色

2. 汽化炉

汽化炉最常见的有冷式的、热式的、冷式热式混合三种。

冷式炉具最主要的特点是炉身内的燃料是经过加压而汽化，在燃烧时不会因为压力过大而爆炸，且加压瓶中燃料温度不会上升，因此主体温度较低。

热式利用燃料受热升华，产生压力使燃料汽化（有点类似虹吸原理），在设计上属较早期的设计，原理简单，唯一缺点是加压瓶中的燃料温度会持续上升，直至烫手。

冷式热式混合是上述两种原理的合一，通常这类设计都有一个相同的特点，即油瓶太大需要加压，否则火力不强，炉子也是热的。

汽化炉较有名的品牌有 COLEMAN PEAK-1（美制）、MSR（美制）和 OPTIMUS（瑞典制）。

第二节　野外着装

爱运动的人如果有一身专业运动服，不仅可以排汗透气，还会让运动者保持一个良好的运动状态。对于野外运动而言，如果着装实用性很强，那么对于运动来说可以“事半功倍”。下面将从登山鞋、服装以及其他装备三个方面出发，介绍野外着装。

一、基本着装之登山鞋

选择合适的登山鞋是相当重要的事，登山鞋如果想穿的舒适，首先开口要拥有足够的空间，这样即便是走在潮湿的或者是有雪的地方，也可以比较方便地穿上或脱下自己的鞋。

通常鞋口要能够防止水进入，缝合线距要窄，也是为了可以防水进入，脚趾与脚后跟需 2~3 层的皮革或织品保护。

脚趾的前端需要硬一些，这样就不会因穿着冰爪扣带而挤压或踢踏硬冰雪造成脚趾受伤，脚后跟最好能够比较硬一些，从而能够增加行进期间脚的稳定度，雪地下坡才能踩出立足点。

（一）登山鞋的基本类别

1. 轻量化的郊山登山鞋

这类鞋子大多采用尼龙布及皮革制成，设计的时候更多会考虑鞋的透气性及轻量化，鞋底一般是软底，这样穿着更为舒适，但是防水性能可能会稍差一些。

虽然有些鞋子采用防水材料及特殊的设计以提升防水性，但总的而言，这类鞋子并不适合长路程登山及探险性的活动（图 8-2-1）。

图 8-2-1　轻量化的登山鞋

（据蔡勇，户外运动与安全防卫技能，2016 年）

2. 健行鞋

这类鞋子使用皮革、尼龙布或混合制成，有些还加上 Gore-Tex 防水透气布。在设计上，更加强调鞋子的坚固耐用性，在鞋底的设计方面，也非常重视抓地力，有些更在鞋跟部位予以加强，目的是保护使用者的脚踝。所以其重量普遍比轻型登山鞋要重一些。但这类鞋子大多无法配合冰爪在雪地使用（图 8-2-2）。

图 8-2-2 健行鞋

（据蔡勇，户外运动与安全防卫技能，2016 年）

3. 重型登山鞋

这类登山鞋的材质与一般登山鞋基本上是一样的，不会有多大的区别，但它在设计脚部的保护及鞋底时，为应付更复杂困难的登山活动而有所加强。通常它的鞋底较厚重坚硬，有些甚至加装钢板，因此质量较重。在防水处理上也特别留意，以保持脚部的干燥。

但这类鞋子在使用前必须先行适应，不然直接穿上新鞋上山，坚硬的鞋子及不易弯曲的鞋底会使穿着者不适（图 8-2-3）。

图 8-2-3 重型登山鞋

（据蔡勇，户外运动与安全防卫技能，2016 年）

4. 双重靴

双重靴是专门为了极地攀登而设计，顾名思义是由内外两层鞋子组合而成。双重靴不但坚硬厚重，而且价格昂贵，但它却是极地攀登时的利器。

它是由塑料制成的外靴及保暖材质的内靴所组成，兼顾防止雪水渗入及保暖的功能，使穿着者的脚部不致在恶劣的冰天雪地中冻伤（图 8-2-4）。

图 8-2-4　双重靴

（据蔡勇，户外运动与安全防卫技能，2016 年）

（二）登山鞋的主要优势

防水性是现代登山鞋的首要功能，很多专业背包族选择购买登山鞋也正是看中了登山鞋的这一功能，这是运动鞋或普通旅游鞋所无法比拟的。

一般旅游者大都比较注意鞋的舒适性，而对鞋的防水透气性关注较少。20 世纪 80 年代随着防水透气薄膜和涂层的出现，户外运动登山鞋在防水性上出现了革命性的变化，其中 60%以上的户外鞋都采用 GORE-TEX 材料，带有 GORE-TEX 铜牌的登山鞋几乎成了登山鞋质量和品质的标志。

因为对户外运动者来说脚踏实地的感觉更重要，所以登山鞋的鞋底有独特的设计，绝大多数是以大波纹形的底纹为主，这有助于增大鞋的防滑性能。

登山鞋外观粗犷，多为高腰设计，这样可以起到保护足踝的作用。早期的登山鞋多使用明线，外观看起来非常古朴，但也存在鞋身不耐磨的问题，新型登山鞋的明线非常少，耐磨性明显提高。

登山鞋的特性是其他运动鞋和军靴所无法比拟的，所以当你决定去旅行和爬山之前，选择一款适合的户外鞋是必不可少的工作。

二、基本着装之服装

户外环境是瞬息万变的，当下清风徐徐、阳光闪耀，马上就雾气逼近，接着狂风骤雨；也可能山下倾盆大雨，山顶阳光普照。这更凸显了户外运动服装选择的重要性，合适的服装才能保障户外活动者的健康与舒适。通常根据三层穿法的概念去调整服装准备。

（一）内层

内层的定位是“舒服”，只有舒服才能真正突显排汗内衣的功能。选择内衣时应该注意符合这些要求，贴身但不紧绷，可以迅速把汗水排向外层衣服，透气和干燥。例如，合成纤维织物的背心或高领长袖衫等这样的内衣能保持皮肤和内衣之间的干燥环境。

运动内裤具备通风透气、排汗吸汗的良好功能。其他要求和内衣标准大致一样。

（二）中层

中间层是真正的保暖层，一般而言起保暖作用的衣服主要有以下两种。

第一种保暖衣主要功能是保护颈部和腕关节，可以选择宽松带拉链的高领上衣，或宽松有袖的衬衣，衬衣的袖口可以扣上、卷起，天热的时候可作外套，外罩一件风衣即可，这方面抓绒材料制作的保暖衣就不错。

第二种保暖衣在保持体温方面起主力作用，其次一个功能就是把内衣排出的汗气向外输送。必要时可以当成外套用，外面再披件雨衣。由于保暖是它的最重要作用，其次才是排汗功能，所以，一般认为添加了10%左右化学纤维的羊毛和羊绒织物最为适宜。

保暖裤可以选择保暖和透气性能好，对脚踝关节有保护作用的裤子，裤管口应有拉链可以开合。

（三）外层

最后是保护层，习惯上也称为全功能外套，它是户外活动服装中最重要的，也是最经典的部分，外衣要求抗强力拉扯和耐磨性好，防风、防雨、透气，方便安置随时需要使用的用品等功能，有些外衣还可以两面穿。

（1）外衣的耐磨性。一般来说，登山款的冲锋衣会选择三层压胶的面料，虽然穿着合适性欠缺，但耐磨性能好，适合登山活动。徒步款多采用相对比较柔软的两层而料制作，使用范围更广些。

（2）外衣的防水、透气性。运动会散发大量的汗液，而户外又难免遭遇风雨。液体的水有一种表面张力的特性，也就是聚拢自身体积的特性，我们在荷叶上看到的水是呈颗粒状的水珠而不是平铺开的水渍，这是因为荷叶表面有一层附有蜡质的茸毛组织，水滴由于表面张力的作用无法在这层蜡质茸毛上扩散和渗透。防水、透气服装就是利用了水的表面张力特性，在织物上涂布一层增强织物表面张力的化学涂层，使水珠尽量收紧而不能散开、浸润织物表面，从而无法透过织物组织上的孔隙。同时这种涂层又是多孔性的，单分子状态的水蒸气可以顺利透过纤维间的毛细管孔道散发到织物表面。

在进行较大的运动量之后，如果在野外停下来休息，就有可能因为外界气温低、汗水无法及时逸散而在衣服内层形成水滴，即所谓的“结露”现象。一种被称为“低结露”的特殊透湿性整理工艺能在身体大量蒸发汗液时吸收过多的水蒸气，从而避免了衣服内部水蒸气超过饱和蒸汽压而转化为水滴的现象。

外裤与外衣一样具有防风、防水、透气、耐磨、轻便和较为宽松的功能特点，并且脱换方便。

三、其他装备

（一）帽子

头部是人体最重要的部位之一，头部的任何一个器官出现问题都将影响野外活动的进行。所以，从主要功能的角度看，野外活动中所使用的帽子主要有两种功能：一类以保暖为主；一类以遮阳为主。前者厚实，保暖性好，有些还有防冻耳、防风沙和防雨雪的功能，并有一定的透气性（图8-2-5）；后者轻便，宽边，遮阳性能好，有一定的防雨作用（图8-2-6）。

图8-2-5　保暖帽

（据蔡勇，户外运动与安全防卫技能，2016年）

图8-2-6　遮阳帽

（据蔡勇，户外运动与安全防卫技能，2016年）

（二）护目镜

护目镜的主要功能是防风沙、防紫外线和减弱过强的阳光等。根据作用的不同，有太阳镜、防风沙镜、防紫外线镜、防电弧镜和防偏振光镜等。有的护目镜将多种功能结合起来，最常见的就是将防紫外线和防风沙两种功能结合起来的综合性护目镜（图8-2-7）。

图8-2-7　护目镜

（据蔡勇，户外运动与安全防卫技能，2016年）

（三）手套

手套在野外活动中的主要功能是保护手部，厚手套有保暖作用，薄手套有些用于厚手套的内层，有吸汗作用，增加保暖效果，有些用于手部防晒和防蚊虫叮咬。优质手套不仅具备良好的保暖、吸汗、透气和防水性能，而且具有耐磨等特点。

手套分为分指型和连指型两类。前者手指能灵活运动，但保温效果稍差，后者保温效果好，但不够灵活（图8-2-8）。

图 8-2-8　手套

（据蔡勇，户外运动与安全防卫技能，2016 年）

第三节　野外专用包

每一名运动爱好者在开展野外运动的过程中，一定会随身携带两个包：背包与救生包。前者主要起到放置各种必备物品的作用，而后者则旨在面对危急时刻可帮助运动者摆脱危机。

一、背包

登山背包是装带各种旅行物品的重要装备，是旅行必不可少的。

（一）背包的选择

普通的旅行背包在挑选时应当注意以下几个问题：背包外料是用密实防水的耐磨、防燃、防撕裂材料制造，多用人造纤维及高密度牛津尼龙布，一般用 D 来区分它们的功用，如 420D 牛津尼龙、1000D 人造纤维尼龙等，数值越大功能越强，越具有专业性，其缝线有些有防水喷胶膜处理。较宽且厚实的背带、腰带及背垫，背垫有排汗通气槽等。主包容积应当在 50L 左右，并至少有 2~3 个侧包或顶盖包（图 8-3-1）。

（二）背包的背负

根据背负重物的受力规律，完美的结合合理的重力传递是最科学的负重。

那么怎样才能做到完美的结合合理的重力传递呢？这涉及背包的一个核心技术，即背负系统的设计，而背负系统的舒适、承重在设计上需要解决四个环节，即稳定性、贴合性、通风性和重力传递合理性，其实四个环节在背负系统的设计中是融合在一起的。

稳定性要求首先确定合理的承重点。根据背包承重原理，尾骨上方的腰窝是主承重点，腰窝到双侧胯骨顶端是主要受力区，双肩是辅助受力并掌握平衡的区域，因此背包要在受力区域解决好合理的承重支点分布。经试验三点支撑的受力方式最合理，肩部两

图 8-3-1　背包

（据户外运动与安全防卫技能，蔡勇，2016 年）

个支点左右排列可以避免背包横向摆动（旋转），腰部和肩部的支点上下排列可以避免背包前后摆动（旋转），通风性要求支点尽量少，而稳定性至少需要三个支点，因此背负的承重支点最好是三点合理分布。

贴合性要解决的问题是背包与身体的可靠结合，可靠结合也是稳定性的要求。贴合要求松紧适度，松则不稳、紧则箍，因此背负贴合性的设计上通常是用连接调整方式解决的，用腰带调整腰部、胯部的贴合，用双肩带调整背部上方的贴合，用包底受力带调整背包底部的贴合，用双肩受力带调整背包上方的贴合，当合理调整四个贴合受力结构后，背包和身体便有机融合在一起。

通风性要解决的是散热问题。人体在运动中会产生大量的热量，尤其是在炎热季节。背负系统的设计在解决稳定性、贴合性的同时，把支撑点凸起，而凹下去的部分就成了空气通道，使运动中的热量得到及时的散发。

重力传递的合理性是背负系统的关键，而解决重力的合理传递首先要了解重力传导的规律。人类的祖先在背负重物过程中摸索了许多宝贵的经验，像葡萄牙人背酒的木桶，尼泊尔人的背篓，中国南方山区采药人的背篓都是人类祖先背负重物的经典之作，他们使用的背具具有一个共同特点，那就是形状都是锥形。因此，背包的合理形状可以认为是上大下小的锥形，当然背负系统的贴合也很重要。

在认识了重力传递合理性之后，还需要了解科学负重问题，就是说什么样的负重方式最省力？常有这类说法，背着大包走天下、背着大包野营去，客观上讲这种说法是错误的。背的概念是肩部受力承重，重力的传递是从肩到腰，从腰到胯，从胯到腿再到脚，实际上全身都在用力，多环节力量传递，增加体力消耗是不难理解的。如果纯粹用肩部承受重量，一天下来，一定是肩酸腰疼。登山包的科学使用应该是腰部主要承重受力，而重心放在腰部，减少了承重受力的传递环节，也减少了不必要的体力消耗。所以，正确的使用方法应是驮着大包，肩部只是掌握平衡和辅助受力。

二、救生包

救生包，即紧急维持生命的小包，救生包用途非常广泛；救生衣，在紧急的时候可以救命；救生绳，由8mm的尼龙绳做成，可浮于水面，可固定在牢固物体上；救命食物，救生口粮和救生淡水；信号工具，锂电求救灯、哨子等发出求救信号；简易保温袋，在寒冷环境中御寒之用（图8-3-2）。

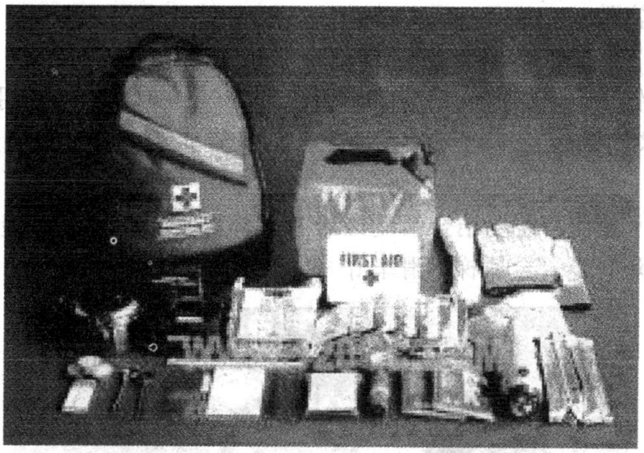

图8-3-2　救生包

（据蔡勇，户外运动与安全防卫技能，2016年）

救生包可在洪水多发地广泛使用，也可根据泥石流多发地、火灾场所的不同特点和要求配置不同的救生包。

第四节　野外生存的必要工具

对于热爱野外活动的运动者来说，一些具有较强实用性的装备工具始终放在自己的包中，以备不时之需。根据开展活动的场所不同，运动者需要随身携带的工具与登山和涉水两个方面有关，如登山的基本装备以及渔具。另外，为了安全起见，运动者应该带足照明与信号工具。

一、登山的主要装备

（一）日用装备

所谓日用装备，就是生活用具与用品。由于登山运动所需的时间长，运动员需要将各种用具用品准备好。各种起居、照明、卫生所需的用具、用于缝制的便捷工具以及常备药品等。

（二）技术装备

在登山装备中，技术装备必不可少。

（1）冰镐，旨在清理道路、辅助前进，同时还可以保护运动者。

（2）冰爪，在冰坡上前行的时候，冰爪能够充分发挥功能，即固定与防滑。冰爪的材质为轻硬金属。由于冰爪多装在高山靴的底部，又与猫爪相似而得名。

（3）安全带，构成部分为圈套、带子和卡子，用法为系在胸部，组合为不同形式保护技术的联结装置。

（4）雪铲，旨在平整营地、搭建雪洞等相关铲挖工作。

（5）铁锁，铁锁既可以起到辅助的作用，也可以成为滑轮的替用品。辅助作用主要体现在为避免烦琐的结绳、解绳操作，便于装备之间交替不断地进行联结和解脱，让操作更快。

基于上述技术装备，需要结合活动区域的具体路况，更新、制造一些增效技术装备，如上升（下降）器、金属梯、滑车等（图 8-4-1）。

图 8-4-1　技术装备

（据蔡勇，户外运动与安全防卫技能，2016 年）

（三）露营装备

有帐篷、睡袋、灶具为常见的露营装备。

（1）帐篷，它是运动员在山上的“卧室”。常见的有低山帐篷与高山帐篷。前者多用单层料，后者则用双层料，旨在制造空气层，提高保暖性能。通常，每个帐篷有大约 $4m^3$ 空间，可供 2~4 人在其中居住。

如果为团队行动，那么供团员所有人居住的帐篷应该根据不同的功能，分为医务帐篷、炊事帐篷、住宿帐篷等，旨在突出实用性。帐篷的顶部形状，最好为弧形，旨在提高帐篷的结构力，一般来说，帐篷需要具备防水性、绝缘性、通气性，且出入口开合便利。

（2）睡袋，其材质和羽绒类衣着类似，差异在于保温层，睡袋的材质更厚。另外，需要在睡袋下垫毛毡，旨在防水防潮。

(3) 灶具，既可以用于炊事，同时也可以起到取暖、保温的作用。常见的户外炊具为汽油炉与煤气炉。如果是在海拔 7000m 以上空气稀薄的高山地区活动的话，选择煤气炉效果更好。

(四) 保障装备

保障装备，是指能够积极应对各种突发情况或其他目的而备用的器材与用具。常见的保障装备有：医救器材、供氧装备，用于自卫的武器、交通工具，通信、摄影器材，各种观测仪器等。虽然市面上的保障装备的种类繁多，但也要结合活动的性质以及团队的规模，或从简，或增加。其中供氧装备、通信与摄影器材尤为重要。

1. 供氧装备

供氧装备一般多用在攀登海拔 7500m 以上高峰地区。使用目的为解决高山缺氧问题和医疗急救问题。氧气装备的构成很简单，分为储气筒、指示装置和面具三大部分。其中储存氧气的容器为储气筒，而筒壁的材质需要满足质轻、耐高压的要求，较为复杂的是指示装置，它由两部分构成：调节器与气压表。储气筒显示筒内氧气储量。指示装置控制与显示用氧时的流量。而面具由两部分构成：面罩及其下部的缓冲囊。面罩用法为将其戴于面部，让面部的口、鼻与氧气装备可以形成一个密闭的系统，利用缓冲囊与皮管吸用氧气。

2. 通信器材

通信器材多适用于基地营与周边城市、基地营与周边山区，起到辅助联络的作用。如果在基地营与周边城市之间进行联络的话，应该结合实际距离，选择适合型号的无线电收发报设备。如果在基地营与周边山区之间进行联络的话，选择高性能的小型报话机进行联络更为合适。另外，在山区联络的过程中，运动员需要多掌握一些基本的联络方式，如旗语、灯语、哨语等。为了便于上述联络方式的使用，应该提前准备一些旗子、手电筒、信号枪、哨子等。一旦上面所提到的方式都无法使用或是没有发挥效果的时候，应该及时结合之前与队员所指定好的方案，通过燃烧服装、身上的可燃物件等的火光进行彼此之间简单的通报。

3. 摄影器材

登山运动的目的有很多，如果以攀登高峰为活动目标的话，摄影器材就显得尤为重要。如此一来，摄影就成为记录各种登顶资料的主要方式。常见的摄影器材有：照相机、摄像机等。

二、必要的渔具

渔具是一种常见的野外生存工具。在登山运动中，经常出现要在河（湖）边钓鱼以饱腹的情况，可见渔具的重要性。除了可以购买、携带渔具之外，户外运动者还可以利用手中的物体来制造必要的渔具。具体如下。

1. 渔钩的制作

渔钩的制作较为简洁。通过大头针、缝衣针、金属线、小钉子等金属品，可以制造渔钩；另外，还能够通过木头、椰子壳、骨头、荆棘、燧石、海贝、海龟壳等在野外环境中经常出现的物体来制作渔钩。有时，为了提高自制渔钩的质量，可以把上述物体组合在一起来制渔钩。

2. 渔线的制作

（1）鱼线所需材料。通常户外运动者会利用吊绳来制造渔线。而通过植物纤维来制造渔线也较为常见，如树的内皮。如果上述材料都没有，可以利用衣服中的纤维来制作渔线。

（2）利用纤维做渔线步骤：第一步，把两根线的一端牢系在一起。双手各拿一根线，沿着顺时针方向拧转，之后把拧好的两根线沿着逆时针方向揉在一起。如要想要增加渔线的长度，可以适当增加纤维。

3. 鱼饵的寻找

一般来说，鱼类会吃在它们生长环境中的饵食，所以可以在接近河（湖）岸边的水里去寻找各种可食用的河鲜，如螃蟹、小鱼等。另外，户外运动者可以在河（湖）岸边找一些可以充当鱼饵的生物，如蠕虫、昆虫等。除了上述生物诱饵，还可以通过人工诱饵来制作鱼饵，如羽毛、颜色艳丽的布、发亮的金属、贝壳等。

三、必要的照明与信号工具

通常，用于野外运动的电筒需要满足照射距离不小于 50m 的基本要求，同时电池使用时间必须长于 5h，另外，实用性的电筒应该具备一定的防水性，而备用灯泡也是电筒所必备的部件。一般来说，如果携带装备中有佩戴式头灯就非常方便，其能够解放夜行者的双手，这样一来，夜行者就可以用双手去做辅助动作或其他事情。

除了专用的电筒可以用来照明，发光 2h 以上的荧光棒也能够成为辅助光源在户外环境使用。

第五节　野外生存的必需物品

在野外开展活动的过程中，运动者需要随身携带一些必需物品，如医药用品，多用于治疗急性病；食物，包括水、盐、各种可食用的动植物，主要用于饱腹增加热量；火种以及生火用品，既可用于取暖也可用于做饭。

一、必备物品之医药用品

在野外环境进行运动实践，安全性是第一位。由于环境的复杂性，任何人都不能将所有事情都预料到，而急救箱的存在，对于一些突发医疗事件来说，是帮助延长人生命的关键，可见，开展户外活动，医药用品是必备的。下面具体来介绍一些需要在急救箱里存放的物品，以便不备之需。

（1）绷带。现有不同的宽度与质料的绷带，这些种类各异的绷带可以积极应对处理不同面积和种类的跌打损伤。

①纱布滚动条绷带：一般伤口，可选择纱布滚动条绷带，旨在与敷料一起使用。

②弹性滚动条绷带：与纱布式相比，这种绷带更富有弹性，其具有两种功能：其一，处理伤口；其二，处理一般拉伤、扭伤、静脉曲张等症症，达到有效固定伤肢及减少肿胀的效果。

③三角绷带：这种绷带的使用范围很广，既可以全幅使用，也可以折叠为大小、宽窄各异的绷带。一般来说，三角碰带可以当作手挂使用，承托上肢。

（2）敷料。多层纱布可制成敷料，具有柔软不失韧性的质地。旨在做覆盖伤口与吸收分泌物。如果需要处理流血及分泌物较多的伤口，可以适当加厚敷料在伤口处的覆盖。

（3）敷料包。与敷料相比，敷料包的构成更复杂一些，分为棉垫与滚动条绷带两部分。敷料包的用法为先用棉垫（即敷料）将伤口覆盖好，然后将附带的滚动条绷带，起到固定的作用。

（4）消毒药水。下面介绍几种常用消毒药水。

①龙胆紫：俗称紫药水，它可以起到加快伤口结痂与愈合的作用。

②红汞：俗称红药水，旨在防止伤口感染，达到抗菌的效果。

③酒精和碘酒：这两种消毒药水不能用在破损伤口处。其主要用于非黏膜伤口的表面消毒。

④过氧化氢：多用在受感染的黏膜或破损伤口处，旨在消毒。

（5）棉花球。在使用这种棉花球之前，要先保证其清洁度。其可以清洁伤口，多与消毒药水搭配一起使用。

（6）消毒胶布。多用于处理面积不大的伤口。在粘贴消毒胶布之前，应该保证伤口附近的皮肤干爽清洁，以防消毒胶布的掉落。

（7）胶布。旨在与敷料、滚动条绷带或三角绷带等一同使用，起到固定的作用。

（8）药丸。感冒药：康泰克、感冒通；缓解上火症状：牛黄解毒片；治疗中暑：藿香正气丸、十滴水以及各种胃药等。

二、必备物品之食物

食物，是人类生存与生活所必需的物品。在户外活动，运动者需要准备充足的食物，以保证热量与营养。无论是身体状态良好的运动者，还是正处于伤病复愈期的人，都需要食物所提供的、经消化系统消化吸收的生成新组织的原料。

对于身体健康的人来说，他们可以通过自身储存在组织中的营养在没有额外摄入食物的前提下存活一段时间，但体温却无法保证，即缺少食物人体的温度会下降。如果没有一定量的食物，过度劳累以及伤病复愈的人都无法完全将自己的身体状况恢复好。

值得庆幸的是，由于人类属于广谱型的杂食性动物，在户外环境中，运动者可以从自然环境中获取几乎全部无毒性种类以食用。

在这里要强调一点，在户外获取食物的时候，不能只依赖比较容易得到的食物。对于户外运动者来说，营养均衡才是饮食的基本原则。

一旦运动者需要在野兔多的地区暂时停留休息的话，需要引起人们注意的不是复杂的环境，而是这些外表看起来“可爱”的兔子。现在出现了很多由于长期食用兔肉，而死亡的案例，这是因为长期食用兔肉，导致营养缺陷综合征。

综上所述，在野外生存饮食必须保证类别的多样化，营养比例要合理均衡，而且还要确保一切生理活动所消耗的能量可以得到及时地填补。人体生存活动所需要的营养成分如下：蛋白质、碳水化合物、脂肪、矿物质、其他微量元素以及维生素等。

（一）植物类食物

在世界任何地形区，除了个别及其恶劣的环境，植物都是存在的。在众多植物类别中，总有一些可以食用，同时能够为人类活动提供营养。这是因为在这些可食用的植物体内富含各种维生素、矿物质、蛋白质以及碳水化合物。甚至部分植物富含脂肪，基本上植物都富含纤维素。

在这里需要强调的是，不能长时间把某一植物种类当成食物的唯一来源，以免营养不良。由于在自然环境中，绝大多数的食物皆源自植物界，在获取植物类食物的时候，还需要对植物的属性进行识别，即将有毒植物正确地辨别出来。下面具体介绍一些常见植物的指导性常识，从而帮助读者扩展野外活动所需要知晓的植物常识。

在春季与夏季交际的时候，部分植物还存有柔软鲜嫩的根茎，这种植物就比较适合采集。部分种类适合生吃，但绝大部分依旧需要煮熟才能食用，特别是柳叶、猫尾草、所罗门印草和羊齿类植物。这些植物在食用之前，应该先在清水中清洗，把外表绒毛全都清理掉，然后用蒸汽沸煮并蒸熟。

由于嫩叶具有足量的维生素、矿物质，对于野外生存来说，这些鲜嫩的茎叶是可以提供营养的食物之一。对于茎叶来说，煮熟可以改善口感。切忌过度沸煮，以致于维生素 C、维生素 E、维生素 K、维生素 B、维生素 A 造成破坏。

（二）可食用的动物

在有机生物界，除了植物可以食用之外，一些野生动物也可以成为户外活动者的食物来源。下面具体介绍可食用动物的寻找方式。

第一步需要了解野生动物的栖息地，知晓这些动物的生活规律，从而采用一些实用性方式来获取可食用动物，如压捕、套猎、捕兽卡、射杀等。但上述猎捕方式都应该在专家的专业指导下，同时通过长时间的训练与实践，方可真正学会与掌握。下面对一些在野外环境中出现的可食用昆虫的类型、食用方法进行简单介绍。

如今，在全球范围内，人们食用的昆虫如下：蜗牛、蚯蚓、蚂蚁、蝉、蟋蟀、瑚蝶等。即便多数人并不适应食用昆虫这件事，甚至感到恶心，但在特殊情况下，为保证生理机能的正常运转，同时周围也没有其他可以食用的食物，可以尝试一下食用上述这些昆虫。但要牢记，食用昆虫之前应该煮熟或烤透，从而避免人体因昆虫体内的寄生虫而造成中毒或引发其他疾病。

常见的可食昆虫分为如下几类：蝗虫，食用法为烧烤，然后浸酱油吃，而煮或炒也是可以选择的食用方法；螳螂，需要先将翅膀去除，然后通过烤、炒，方可食用；蜻蜓，多利用炸这种方式来处理；蝉，其幼虫也可以成为食物，常见的吃法为干炸；蜈蚣，这种昆虫的口感不佳，一般通过干炸来处理；天牛，这种昆虫的幼虫可以不通过其他烹饪方式来处理，直接食用即可；蚂蚁，为突出口感，多通过炒来处理；蜘蛛，需要先将昆虫的脚去除，然后通过烤制，再食用。

（三）水

水是生命之源。生活在地球上的生物都需要水的滋养，而地球上的生物都必须含水。如果失去食物，普通人平均可以存活三周，没有水，人类的存活时间超过三天。通常，普通人平均每天需要进水 2~3L。

在野外活动，人体每天失去的水分增多，因此必须通过补充水分，才能维持人身体内水分的平衡。可见，水是野外活动应该率先考虑的因素，一般来说，最理想的水源为流动的水源。

为了保证体液的平衡，让水分消耗到最少，如下几种措施可积极采用：多休息，少运动；不要抽烟；尽量在阴凉场所休息；不要躺在被太阳炙烤的地面上；不要进食或尽可能少进食；不要饮酒；尽量用鼻子呼吸，少用嘴直接呼吸。

1. 寻找水源

如果可以在户外场所找到水源，这对开展活动来说非常有利。寻找水源的最佳场所为山谷底部地区，尤其是绿色植物的分布带。另外，在干涸河床或沟渠下面有很大的机率存在泉眼，特别是沙石地带。如果户外场所为高山地区，那么寻找水源时应该沿着岩石裂缝。如果在海边活动，在海岸边寻找水源的时候，在最高流水线以上挖坑是可行之法，特别是在沙丘地带，通常会有一层厚约 5cm 的沉滤淡水，浮在密度较大的海水层上。这层水可以饮用，但会有一些盐味。

在这里需要强调的：在所有绿色植物附近的池塘或者植物周围所出现的动物残骸的地方，应该仔细观察保持警惕，因为这些植物生长所在的水源可能已被污染。另外，含有矿物质的水常多为碱性，在池塘里的水应该煮沸，否则不能直接饮用。除此之外，沙漠地区一些无源头的死湖会成为盐湖，这些水必须通过蒸馏，否则不能饮用。

2. 收集雨露

所有地区的雨水多数可以饮用，而在部分工业化国家出现的增加土壤污染的酸雨除外。对于户外运动者来说，收集雨露也是一种可以获取水的方式。

（1）露水的收集。在日夜温差大的区域，露水很常见。当露水凝结在金属体上，运动者就可以直接将这些露水揩抹或者直接舔吸。另外，还可以把身上的衣服系在腿上，然后在潮湿的植被中行进，再把水拧出来或直接吮吸。

在这里需要强调一点，在野外生活，控制少流汗是必需的，但限定饮水是不可取的。如果必须限量，可以通过小口吸饮的方式。如果缺水较长时间，即便找到了水源，也不能直接豪饮，起初应啜饮，之后再正常引用。这是由于大量豪饮猛灌会造成脱水者出现呕吐现象。

（2）凝结水。由于植物根部在地下吸收水分以维持生长，户外运动者可以选择健壮、枝叶浓密的嫩枝条，在这些枝条上套一些塑料袋，袋口应该向上，袋的一角靠下，这时由于叶面的蒸腾作用，袋内会形成凝结水。

（3）蒸发水汽。这种方式比较适合在沙漠地区或者日夜温差大的地区使用。具体方式为：在地面挖一大约宽 90cm，深 45cm 的坑，坑底中央放一收集皿，在坑上悬一条拉成弧形的塑料膜。由于地区内的太阳照射充足，坑内潮湿土壤和空气的温度都会升高，从而造成蒸发，形成水汽。之后水汽慢慢饱和，与塑料膜接触遇冷凝结成水珠，下滑至收集皿中。这种方式一般在一天之内可以收集 55mL 左右的水。

至于蒸馏器皿，作为救生装置的组成部分，即便当下没有，也应就地取材，具体做法为把软管一端插入一只盛满水的密闭容器顶部，另一端插进一封闭的冷却皿中，然后让盛水的容器升温，经过水沸腾形成的蒸汽，通过管子散发到冷却皿中，之后遇冷凝结为可饮用的洁净水。

3. 冰雪化水

与融冰进行比较，融雪更为便捷，因为其只需很少的热能，就可以化水。化雪为水的具体做法为：第一步，把融化为小块的雪置于罐内，之后慢慢加多。切记不要一次性放太多的雪块，否则会因底部雪融化成的水会被上部的雪浸吸，从而形成中空，这对于进一步传热来说没有益处。最坏的情况会将锅烧坏。户外运动者可以从雪层的底部取出雪颗粒，由于底部的结构比表层要更密实，可以产生更多的水。

除此之外，还可以利用海上冰块来产生水，但受限于海上的冰块含盐高，即便化成水也不能作为饮用水。一般可以作为饮用水的海冰，多为年代古老的冰，含盐量少。因此结成时间短的冰块，含盐量自然高，而这些“年轻”的冰轮廓较为粗糙，多为乳白色。而古老的冰块多为天蓝色，这是因为受到气候交替的影响，冰块的边缘并不光滑。

（四）盐

盐也是人维持身体机能所必需的食物。在正常饮食的情况下，每个人每日只需摄入大约 10g 盐。一旦盐的排出量大于摄入量，那么人体就会因失去盐分而产生机能异常。由于每日的排汗与排尿都会流失盐分，气温的升高，盐分损失就越多。另外，体力活动会也造成耗盐量的增加。

缺盐的主要症状为肌肉痉挛、头晕目眩、恶心和易于疲惫乏力，想要补充盐的方式如下：在大约 1L 的水内加一小撮盐，在此溶解后，直接饮下。如果手中有盐片，那么应该将其捣碎，再加一定量的水溶解，切忌直接吞服，导致肠胃出现不适症状，甚至可能损伤肾脏。

如果户外运动者所在的地区没有盐，那么需要寻找盐分。不同的地理环境，获取盐分的方式不同，如当运动者身处海岸边或海上，海水便是盐分的最佳来源。切忌直接饮用海水，需要先把海水进行稀释。

如果运动者在内陆地区活动，那么应该及时、尽快解决盐分问题。由于哺乳动物都需要盐分来维持生命，运动者可以观察这些动物的行踪，从而找到盐。

由于部分植物也含盐，也可以从这些植物身上寻找盐。在北美洲，核桃树根就富含盐，可以从中获取盐分；在东南亚，夏柏榈的根也富含盐，可以把树根烧烤至所有水分全部蒸发，从而析出黑色的盐晶。

如果通过上述方式都无法直接找到盐，采取间接的方式也可以找到盐，如动物血液是矿物质元素的来源之一，因此不能随便抛弃。

三、必备物品之火种、生火用品

（一）火柴

火柴是可随身携带，且最为便利的点火工具。可见，户外运动者应该携带一些具备安全性的火柴，将这些火柴扎成一捆放在防水容器内，防止以火柴的相互摩擦而自燃，造成危险。

除此之外，还可以通过一些手段避免火柴变潮。在这里需要强调的是，即便火柴受潮，通过一些手段也可以解决这个问题。如果运动者的头发干燥且不出油，可以把潮湿的火柴放在头发上进行摩擦，从而产生的静电，会让火柴干燥。还有一种防潮方式：在火柴上滴蜡，这样也可以避免火柴变潮。注意在利用火柴点火的时候，可利用指甲把蜡层去掉。

（二）放大镜

利用放大镜、望远镜以及照相机里的凸透镜，都能够取火，这是基本的物理常识。除此之外，还可以利用手电筒取火，如在反光碗的焦点上放火种，向着太阳也可以获取火种。如果户外运动者身处冰雪环境中，可以把冰块加工为中间厚，周边薄的形状，这种方式旨在代替凸透镜。

（三）击石取火

这种方式是比较原始的取火方式。具体做法为，先找一块坚硬的石头，将其视为“火石”，利用刀的背部或小片钢铁向下敲击石头，让火花直接落到大火种上。通常，一条边缘带齿的钢锯可形成的火星更多。在火种开始冒烟的时候，通过慢慢地吹或扇的方式，燃起明火。事实上，并非所有的石头都可以点燃火种，石头击出的火花应该有足够的热量与持续时间。

（四）电池生火

如果运动者身上有电量较大的电池，可以把正负两极接在铅笔芯（削了木皮的）的两端，铅笔芯宛若电炉丝一样被烧得通红。

如果户外运动者是驾车活动的话，那么可以充分利用汽车的部件来完成取火，具体做法为，取两根长导线，连在电瓶的正负两极接线柱上。若没有电线，可以用两个扳手或其他金属工具来代替电线。如果出现有电线但长度不够的情况，应该把电池从车中取出。将两根导线末端逐渐接触，此时会出现短路，从而产生火花。通常，一块沾有汽油的布就可变为好用的导火用具。

第九章　户外运动的野外生存探险技巧

本章内容主要介绍户外运动的野外生存探险的相关技巧，包括野外生存基本知识、野外生存探险技能以及野外生存应急措施三个大的方面。下面进行具体阐述。

第一节　野外生存基本知识

在野外生存中，必须对基本知识有一定的了解和掌握，必要的基本知识在野外生存中会起到至关重要的作用。

一、野外带队方法

在野外活动中，领导者既是管理者，也是过程中的领导者。团队是否偏离方向，团队成员是否容易受伤，休息地点是否科学，营地的选择是否合适都与领导者有关。领导必须为他人的生命负责。记住，“安全第一”！

作为领队（教师），在出发前、途中、返回这三个过程中应该注意以下几个问题：

（1）在接待团队后，首先，向大家介绍自己。然后，向大家介绍自己的责任和义务，并强调自己的权利。最后，礼貌地请大家配合。

（2）上车后（或在路上），重新讲解起点、路线、目的地、文化环境等，一般不随意改变计划。

（3）当到达目的地并准备进入野外时，首先要做的就是集合队伍，清点人数，点名，打包背包，分发公共用品。

（4）行进中隔一段时间要报数，带出去多少人，就必须带回来多少人。

（5）领导和先锋必须经常沟通，不时检查地图，纠正路线，纠正错误，甚至返回原路线。

（6）遇到岔路口、障碍、方向不明时，先锋必须征求领队意见，由领队做出决定，不得发表意见。

（7）在紧急情况下，领队必须保持冷静，正确判断并做出决定。所有队员必须服从领队，帮助领队。

（8）如果途中觉得团队太慢，不能按时到达营地，领队可以调整团队成员的位置，这样最慢的团队成员可以带路，可以自由设定速度。这种形式的激励往往能加快团队的步伐。

（9）任何队友都不应该落后，无论是第一个还是最后一个。等待最后一个队员赶上，给他足够的时间休息。如果遇到一些反应太慢的队员，可以考虑让副队长或者让一名队员陪他回到起点或者在指定的安全地点等待。

(10) 领队不仅要考虑如何前进，而且还要考虑如何返回。在旅途中，应经常观察周围的地形特征，如树木、河道、凸出物、草地等，并计划返回，是否有第二个计划等。

二、营地选择方法

不管是做好准备去野外生存，还是意外掉队在野外建立临时的住所，露营的重中之重就是露营地点的选择。在什么位置、用什么材料来构建一个临时的住所是很有讲究的。庇护所的质量对睡眠的质量、体力的恢复具有很大的影响。除此之外，庇护所的位置与野生动物的安全以及救援人员是否容易找到他们也有很大的联系。

(一) 宿营地的一般特征

野外的环境复杂多变，相对理想的宿营地点应包括以下几个特征：

(1) 选择地势相对平坦、开放的位置，便于发出各种求救信号，例如火。

(2) 寒冷的地区向阳，炎热的位置要庇荫。

(3) 选择地势相对高的位置，周围有排水沟。

(4) 距水源较近，取水方便同时避免与动物发生冲突。

(二) 选择宿营地点的注意事项

1. 要在风口搭建庇护所

在风口搭建“房子”很容易被风吹坏。同时还能迅速影响人的体温，导致疾病的产生。在风口，生火是很困难的。即使生了火，也不安全。

2. 不要在低洼地和干涸的河道（水道）上建立营地

在野外，尤其是在雨季，注意防水是很有必要的，因为野外的环境比城市更不确定，在我们看起来很干燥的地方，在半夜的时候可能就会变得潮湿。如果你不想发现自己睡在水里或者被水冲走，那么在选择营地位置的时候就要观察好周围的环境，不要选在雨水的必经之处。

3. 不要堵住野兽的通道

许多动物的通道是相对固定的，尤其是在它们经常出没的地方。如果附近有水源，而这又是它们唯一的饮用水来源，营地就不应该位于水源附近，也不应该阻止动物的饮水方式。动物对水的依赖程度不亚于对食物的依赖，即使没有蛇或大型食肉动物经过，食草动物也可能践踏新建的营地。

4. 不要在距离水源太近的地方扎营

蚊子、小虫和马蝇在水源附近更常见。虽然大多数人并不在意在极度危险的情况下被昆虫咬几口，但它们会干扰你的睡眠，影响自身体力的恢复。此外，野生蚊子可能传播森林脑炎。

5. 不要在瀑布下面宿营

瀑布的下方及其附近湿度会较大，因此衣服也会变得很潮湿。同时水的导热性很强，潮湿的衣服保暖性也会降低。

瀑布的下面和附近会有很多湿气，湿气会慢慢地把衣服弄湿，很不舒服。瀑布还会发出很大的噪音，加大人们的心理负担。更重要的是，噪音使我们听不到救援人员的呼喊，忽略了过往的飞机和偶尔的行人，也使我们更难察觉到野兽的靠近。

6. 不要在孤立的高树下面扎营

孤零零的高大树木很可能是雷击的目标，住在树下，很可能是闪电的间接受害者。此外，高大、独立的树木往往是动物留下气味的地方，特别是领地意识极强和凶猛的动物。

7. 警惕“飞”来之祸

在山脚下建一个庇护所，抬头看看山坡上是否有“不安分”的石头。在风雨中，山上的石头很容易松动，尤其是椭圆形的石头，滑下山坡非常快，一旦击中，后果不堪设想。在野外，不少人被石头击中，许多人严重受伤。此外，腐烂的死树也应该是防范的重点，没有人知道它们什么时候会倒下。

8. 别捅“马蜂窝”

蜂类是一种群居昆虫。野生蜜蜂有很多，尤其是黄蜂和黄蜂。一般来说，蜂类不会主动攻击人类，但如果它们侵犯了人类的领地或不小心撞到了蜂巢，情况就会有所不同。许多蜂类在蛰刺后会产生一种易挥发的激素，当它们的配偶收到信息时，它们会立即加强。许多人在野外被蛰伤，全身受伤，甚至死于中毒，仅仅因为招惹了其中一只。在建立营地时，仔细观察有多少蜜蜂会在蜂巢附近游荡，很容易发现，不应该与他们发生“冲突”。

9. 大雪无情

寒冷是被雪围困面临的最大问题，雪崩也是死亡的主要原因。经常处理雪的人知道雪是很好的隔热材料，所以很多人用它来建造庇护所，正因为如此，许多人都从雪中学到了一个教训。在雪中，你不能在有遮蔽的通风口下建造一个遮蔽处来保护自己免受风的伤害。否则，你很快就会发现自己被雪覆盖。由于有雪崩的危险，在积雪较厚、坡度较陡的山坡上，不能在山脚或半山腰处修建掩体。

10. 密林深处不安“家”

不要在森林深处搭建帐篷或临时住所，除非你没有或无法到达开阔地带。原因是燃火时很容易引起森林火灾。如果你出去寻找食物，当你回来的时候，你可能找不到“家”。没有办法发送求救信号；在飞机搜索中，很难或不能找到森林下面的目标，很难或不可能找到一个精疲力竭（尤其是受伤），不得不被动等待帮助的人。

三、营地卫生

（一）环境保护

在野外活动中，露营对环境的影响比较大，所以在野外露营时要注意保护环境。参加户外活动的人，就算不是环保行家，至少也是热爱大自然的人。在环保问题上，我们不仅要以身作则，更要积极参与环保宣传。

1. 爱护自然资源

在旷野露营的人，没有权利砍伐树木，污染水源，杀害动物。对于那些遇到危险，被迫生活在野外的人来说，当他们没有受到饥饿和寒冷的威胁时，也没有理由使用动植物资源。即使在最需要它们的时候，也应以不浪费、不破坏的原则为基础，使用能够保证最低生活需要的自然资源。在可以生火的地方，不要为了生火而砍伐树木（潮湿的木头也不容易燃烧），而是组织人们收集枯叶和其他燃料。

2. 恢复原貌

临走前，把临时建立的厕所、挖在帐篷周围的排水沟一概填平；把炉灶拆除，石头放回原处。扶起被意外压倒的小树。尽你最大的努力把营地恢复到它原来的样子。有修养的人甚至会在填平的厕所上立一块标志物（木头、石头），在上面写上日期，这里曾经是厕所。这并不多，因为有经验的人有相似的领域知识，而且通常知道建厕所的最佳地点在哪里。

3. 垃圾处理

将可以自然分解的废物（食物废物、纸制品、营火余烬等）埋入深坑之中，无法或不易自然分解的垃圾（塑料袋、易拉罐、包装袋等）放入垃圾袋，从原有环境中取出，放入小区垃圾箱。在自然界中，户外运动者本身就是一群环境志愿者。他们不仅不把垃圾储存在野外，他们还悄悄地充当清洁工的角色，我们经常能看到这样动人的场面，一群户外爱好者从山上走出来，手里拿着一个塑料袋。保护自然，爱护环境是户外活动的最高境界！

（二）营地功能区的划分

下面的问题是针对那些参加户外活动的人，对于那些被迫在野外生存的人来说，这可能还不够。大量的人在野外露营时，必须做好营地的职能分工，这样不仅便于管理，而且还能保持营地卫生，使野外生活有序进行。

如果营地长期使用，应该选派专人负责各功能区的安全与卫生。

（1）营火区。营火区是营火点燃的地方，点火点应放置在不影响周围植物、不易产生火灾的地方，离开时便于清理。营火区应与帐篷区保持适当的距离，以便在起风时不会烧到帐篷。

（2）炊事区。靠近营火区，尽量安排好营火区的风出口。

（3）饮水区。饮水处应位于营地的上游，远离动物饮水处。

（4）洗漱区。应该位于较低的斜坡或下游的水，靠近水源。

（5）帐篷区。由于熟睡以后的防御能力大大降低，帐篷区应是营地中最平整、最安全的区域，考虑到水和火的抵抗力，干燥的沙地或松软的草地最适合。

（6）活动区域用于娱乐、聊天、制作等休闲活动。户外活动也有休息时间，活动区域指定在一定范围内有利于营地的清洁。活动区通常在篝火区附近，用于晚上的活动。

（7）厕所。在营地的下风口，找一个隐蔽的地方用树枝搭一个简单的厕所，如果可能的话，在厕所和活动区之间用一片灌木丛隔开。另外，在卫生间的门上设置一个标志，并通过共同的协议确定如何放置标志来表示有（没有）人。

为了防止污染，不要在水源附近建厕所，并确保废物不会流入水源。正确的方法是在围起来的地面上挖一个长条坑，准备把铲子放在旁边，每次使用后，用沙土尽行掩盖。

（8）警戒线。用石头、树木或人工竖立的标记作为基准。天黑后，任何人不能越过。

（三）营地健康

1. 饮食卫生

参加户外活动的人会带来一定量的食物。食物的保存是非常重要的，尤其是在炎热的夏天，因为在野外腹泻是非常痛苦和危险的。注意不要在夏天将易腐烂的食物带到野外。如果你有一个炉子，在那里你可以得到足够的水，尽量带来一些方便的食物，并在户外烹饪。

如果没有足够的食物，或者因为意外事故延长了预期的回程，需要解决现场的供应问题。未煮熟的食物不要吃生的。

食物不能直接放到地上，以免会吸引老鼠、蟋蟀、猴子等动物。放在帐篷里也不是好的方式。最好的方法是使用一个方便袋（在炎热的夏天应该使用一个透气的纱线袋），挂在远离树干和地面的树枝上。

2. 晾晒寝具

如果你在野外露营，一定要在阳光明媚的日子里把你的被褥挂起来进行晾晒。干燥床上用品不仅仅是为了舒适，紫外线也能杀死一些细菌和病毒。晾干睡袋的时候，打开所有的拉锁，把睡袋翻过来，确认是否有小动物钻进来。

3. 防止感冒

学生参加野外生活通常很兴奋，第一次玩得很热闹，就进入帐篷必定感觉通风不顺畅，所以大多数人会打开帐篷通风的洞，晚上的温度通常很低，在野外，睡着的人（特别是最近出汗的人）很容易感冒。

4. 防虫叮咬

营地之中很容易出现一些“不速之客”，汗水容易吸引各种昆虫，食物容易吸引老鼠。不要低估这些小动物，它们不仅影响你的休息，更可怕的是它们的很多成员都有病毒和细菌。

四、渡河方法

河流是野外活动中经常遇到的障碍。要完成野外活动，必须认真对待河流，并战胜它（图9-1-1）。

图 9-1-1　渡桥方法

（据孟刚，《户外运动》2008 年）

（1）首先要了解河流的深度、流速和结构。通过仔细观察，确定穿越地点和方法。

（2）涉水时应选择河流较浅、水流平缓、无暗礁、无暗流、无漩涡的地方。如果涉水过腰部以上的急流，流速超过每秒 4 米，没有保护就不能过河。涉水过河时，一定要穿鞋，以免水底锋利的石头划伤脚，同时保持身体平衡。如果河底是淤泥，应脱鞋脱袜，赤脚过河。

（3）河谷河流通常水流湍急，河床高低不平，岩石大小不一，过河时应妥善保护。最好是用杆子或绳子来保护，人多时相互环抱肩部，面向上游横排侧行。

①在向上游前进时，手持一根竹竿、帐篷竿等作为支撑。

②腰间要求系一根保护绳，在水中摔倒或被水冲倒时，具有保护作用。

③把绳子系在河两边的岩石或树木上。

④在河上架设一根保护绳索。两、三、四个人在过河时肩并肩地走着。

⑤冬季的冰覆盖应该在早上进行，因为水的主要来源是冰川融化。夜间温度低，熔融体积小。早上河水较浅，容易过渡。

第二节　野外生存探险技能

本节内容对野外生存中所需要的相关探险技能进行简单的介绍，对这些技能的掌握在野外生存探险中也是必不可少的。

一、野外取水

在野外，水是所有生存物质中最重要的，没有水就没有生命。如果缺乏食物，在一定的条件下人可以继续维持生命。但是，如果缺水，人们几天内就会死亡。因此，在野外，除了携带少量的水，在生活环境中寻找水是非常重要的。

（一）水源线索

寻找水源时，应注意以下线索：

（1）多种生长茂盛的植物。

（2）大片郁郁葱葱的草地：有水的地方，才有可能出现成片草地。

（3）动物的足迹：往往会通向水源地。许多动物会在拂晓或者黄昏时分出来觅水。

（4）岩石地带的泉水与渗出的流水。

（二）制水方法

（1）利用太阳能蒸馏器。

（2）利用植物蒸发袋。

（3）严重干旱或沙漠地区取水：聚集地面所蒸发的水分，天气越热越能得到更多的水。首先，要准备储水的锅或玻璃杯。要尽量找广口的，但如果没有的话，用碎布片及塑胶袋等也可代替，以透明的为好。取水步骤是：

①挖个能被现有的布（如床单等）盖住的圆洞，深度即是圆洞的半径长。首先垂直挖洞壁，然后向中央倾斜。

②在洞的中央放置容器，若以塑胶袋代替时，要将凹处埋进地面。

③用布盖住整个洞，以石块固定住四周。在布的中央，也就是在容器上方的那一点放上小石子，使布的斜度在25°~40°之间。使得水滴流向布的尖端，存入容器内。水分凝结成水滴，约要1~2小时。如果有由容器到穴外的长管子，就可不必破坏取水装置而喝到水；若没有管子，在取出水后再做同样的装置就可以了。

（三）水的净化方法

（1）把水煮沸。浊水直接喝是危险的，不过不论水多么浊，只要经过煮沸并澄清，就安全了。病原菌大约在沸煮后的10分钟就会被消灭。由于耐热性的病原菌很少，所以煮沸的水可安全饮用；若要求万无一失，就应在水中放入森炭而煮沸，然后重叠3层细风目的布对水进行过滤，这利用了木炭的高吸附性，杂质都会被其吸收。

（2）利用水质净化药片（清水用1片、浑水用2片）。

（3）在清水内滴入2%的碘溶液，静置30分钟以后可饮用。

（四）污染水质的识别方法

（1）带有异常气味，或者水面上漂浮着泡沫、气泡的水源。

（2）已经改变颜色或者褪色的水源。

（3）水源地周围缺少健康绿色植物。

二、寻找食物

（一）野外能食用的植物茎、叶、花

普通夜樱草：分布在相对干燥的开阔地带。体型较高，多叶，叶面多毛。叶片呈梭形，叶片边缘皱褶。大的黄色四瓣花有时生长在红色茎的顶端。根煮时可食用，煮时应多次加水，以稀释刺鼻气味。

菩提树：树干笔直，高达26米，常分布在潮湿的森林地区。叶大，心形，锯齿边，黄色的花在芳香的簇上。嫩叶和未伸展的嫩芽可以生吃，花可以用来泡茶。

蛇麻草：分布在灌木丛林中的一种攀缘性植物，有长长的弯曲的茎，锯齿状的叶子和三瓣状的形状。绿色钟形雌花，外皮幼茎，切成片待煮；花是用来泡茶的。

（二）野外能食用的植物根

大多数植物的根或块茎富含淀粉，但最好将它们充分煮沸。

结结草：平均高度约30~60厘米，叶狭三角形，花蕊呈白色或淡紫色；主要生于荒野或森林地区。将根浸泡以去除苦味，煮至熟透。

银草：体积较小，匍生，叶序上小叶对生，背部呈银白色。顶部纤细，茎上有一朵黄色的五瓣花，主要生长在潮湿地区。根肉可以生吃，但最好是煮熟的。

野豌豆：匍生，高30~60厘米，叶面椭圆形。黄绿色的花，多生于草地、灌木或沙地。

（三）野外能食用的植物果实

从夏天开始，野生水果或坚果将逐渐成为最重要的食物来源之一。一些野生水果种类非常广泛，它们甚至可以在北部冻土带生存。

山楂类：小而多刺的灌木，分布在灌木和荒地中，羽状叶，白色、淡紫色或红色的花簇生在花枝上，秋天果实鲜红，果肉酸甜，可以生食。嫩茎的顶端也可以食用。

山梨树：常见于森林或多石地区，高可达15米，树皮灰白色，光滑，复叶相对，边缘有小齿，花萼伞上生白色花。果实簇生，成熟，橙红色，可食用，刺激性酸味。

野桑树：一般高6~20米，卵形叶，叶腋部生有柔荑花序，浆果为红褐色，可生吃。广泛分布在温带和森林地区。

柿树：产于东亚和美国南部温暖干燥的地区。它高达两米。叶小，波浪状，梭形，可制成茶，富含维生素C。这种水果是浆果，类似西红柿，黄、红至紫红色，可以生吃。

栗子：高大的灌木，多分布于山坡田。叶卵形到心形，革质，边缘锯齿。褐黄色壳果，营养丰富，叶多毛。

（四）淡水区域能食用的鱼虾

河蟹、小龙虾、螯虾：河蟹通常藏在岩石下或瀑布下的小河里，只要能找到它们的巢穴，就能被抓住。如果是湖泊、池塘或清水，你可以捕到一些透明的虾。由于它移动

迅速，在水中也很难找到，所以无法用手抓住它。然而，用昆虫网或纱布做成的袋子很容易捉到。

三、燃火

在野外可采用打火机取火，也可使用放大镜、冰磨制凸透镜等聚焦太阳光，或使用钻木取火等方式取火。

自备燃料炉和充足的燃料是最好的选择，不仅可以轻松快速地燃烧，也不会对周围的环境造成更大的危害。但遇到某些意外情况，要掌握野外燃火的技巧。

（一）燃火材料

（1）火种：随身携带的棉花等，应把火种保存在一个防火防潮的容器里。

（2）引火物：干燥的树枝、树叶等。

（3）燃料：干枯的大木棍或树干、成捆的干草、干燥的牛粪等。

（二）燃火地点

燃火之前应选择一个良好的地点以满足取暖和安全烹饪食物的要求，同时注意避免引燃其他物品，防止野外森林火灾。

（1）选择隐藏位置。

（2）将地面上直径 2 米的碎片清扫至土壤暴露。

（3）如果地面潮湿，首先用树木搭建一个有一层沙子或碎石的平台。

（4）遇有风时，可以在土坑内挖一个土坑，在土坑内生火。

（5）不要在潮湿或多孔的岩石附近生火，因为当热量达到一定温度时，岩石可能会爆炸。

（6）准备一桶沙子或水，如果火太大，可以扑灭。

四、行走的方法

野外行走是野外活动的一项基本技能。野外行走的基本原则是安全，即避免危险事故和迷失方向，节约体力，提高速度（图 9-2-1）。

（一）步行技术

一般来说，在行走过程中要尽量使整个脚掌着地，身体起伏不要过大，姿势要自然，膝盖要有弹性。

1. 节奏与速度

走路的节奏是以呼吸频率为基础的，节奏与呼吸是同步的。如果你走得比你呼吸的快，你会感到不舒服和疲倦。如果你上气不接下气，就放慢脚步，稍作停顿来调整你的呼吸。走路时，步伐太快或太慢容易疲劳，速度应该因人而异；在身体适应步伐之前，最好是慢慢地、小步地走。

图 9-2-1 行走方式

（据孟刚，《户外运动》2008 年）

2. 身体重心移动

在攀爬的过程中，应尽量脚掌着地，尽量不要用脚后跟，腰部应该微微弯曲，上身稍向前，身体重心应该从一边到另一边摇摆地支持脚，避免脚尖走路。

3. 斜坡的攀登和方向转换

在爬陡峭的斜坡时，脚尖要稍微伸展，使斜坡上的脚呈“八”字形。当坡度较陡（低于 30 度）时，可采用之字形行走。当向左转时，应该先左脚；当向右转时，应该先右脚，这样才能保持平衡。

4. 下山

山越陡，走得越慢，就像上山一样。稍微弯曲膝盖，把整个重量压在脚上。当下山时，腿部的肌肉会变得僵硬和疲劳，如果保持站立不动的姿势，会使重心向后移动，很容易滑倒。

5. 距离与时间

一般说，进展缓慢，山麓和平地每小时 5 公里。海拔高度对旅行的速度有很大的影响。海拔在 2000 米以下，可以保持平地的正常速度，每上升 2000 米，比平地慢 1 小时左右。雪和冰的移动速度更慢，平均每人在 5000 米以上每小时上升 75 米。

6. 体力分配

体力的分配，通常是登山用三分之一，下山三分之一，留下三分之一的余力，只有这样才能将体力很好地分配，持续行走，减少事故的发生。

（二）在其他环境下行走

（1）山地旅行的原则是走梁不走沟，走纵不走横。有路的时候，沿着路走，不要越过森林翻过山；没有路的时候，尽量走在山脊上、山梁上和有稀疏树木的地方。这些地方地形相对简单，视野开阔。不必行走在深谷险峻、沟壑茂密的森林、灌丛和竹林中。

（2）长距离步行的原则是相当缓慢的，而不是在你感到累的时候休息。一般来说，爬山的速度是每分钟 70 步左右，休息一分钟相当于少走几十米。因此，当你感到疲倦时，试着放慢脚步或转移注意力来放松自己。

（3）在山谷中，人们应根据季节的特点，尽量避免可能发生的危险，如山洪、塌方等。如果你对这个复杂的地形不确定，你可以绕道避开它。

（4）沼泽地是一个极其危险的地区。如果无法避免的话，应该用拐杖引导，前后之间要保持一定距离，尽量不要走直线。

（三）休息方法

（1）目的口休息的目的首先是为了恢复体力，同时也可以进行行装调整、喝水及进餐。为了确定所在位置，辨认周围地形也可作短暂停留与休息。

（2）休息时间的掌握。开始行进 20~30 分钟后，为调整行装、整理鞋袜、增减衣物等可进行第一次休息。以后每 50~60 分钟休息一次，每次 5~10 分钟。休息时要使身体充分放松。

（3）进餐时间。在行进途中有时要做较长时间的休息，以便较好地恢复体力与进餐。这时可先做体操，以放松僵直的身体，然后再进行其他项目和进餐：由于消化功能减退，进餐可分为几次完成。要注意补充一定的糖和盐。

（4）休息场所的选定。选择风景好、稍有风，而且安全的地方为佳。垃圾要随时集中起来进行处理，以保护环境。

（5）时间分配。一天行程中休息时间的分配与行进时间的分配相同，要结合路线难易情况、身体状况、天气情况以及全程所需时间具体考虑确定。

五、野炊与野餐

（一）野炊炉灶

野外地形的应用是野外生活中的一项重要技能。炉子是根据可用的燃料建造的。

如今，野生生物可以携带汽油炉、煤气炉等现代化设备，但当这些条件得不到满足时，就有必要建造简单实用的水炉、炊具等。

1. 三石炉灶

三石炉是最简单、最古老的一种炉。三个同样高的石头放在一个三角形里，壶或水壶架放在中间。一般情况下，壶或壶底离地约 2cm（根据使用的燃料确定高度，牛粪的高度不超过 20cm，木柴的高度可适当增加）（图 9-2-2）。

图 9-2-2 三石炉灶

（据孟刚，《户外运动》2008 年）

2. 吊灶

找两根上方有杈的树枝，平行插在地上，中间横加一根木棍或树枝、帐篷杆子等，把锅或壶挂在横梁上，下方生火。石头也可以用来建造一堵“U”形墙，上面有一根木棍或树枝，锅上挂着木棍，下面的火，“U”形的口应该指向吹的方向，便于燃烧（图 9-2-3）。

图 9-2-3 吊灶

（据孟刚，《户外运动》2008 年）

3. 木架灶

有时森林地区没有合适的石头建立一个火炉，可以找到 4~6 根树枝（最好是新的或湿树枝）约 30~40 厘米长，末端用刀削尖，根据锅底的面积，或锅里一插，成方形或六角形钉在地上，将锅或壶架在木桩上，下方生火（图 9-2-4）。

图 9-2-4 木架灶

（据孟刚，《户外运动》2008 年）

4. 坑灶

如果没有合适的岩石或树枝，也可以在地上挖一个坑灶。在地上挖了大约 20~30

厘米深，长约120厘米，宽约30～40厘米斜形穴坑，坑口向风吹方向，用木棍或帐篷杆架在坑的两边用土堆起的土包上，将锅或壶吊挂在木棍或帐篷杆等（一般掌握在锅底、壶底和坑底之间的距离需在20厘米以上）（图9-2-5）。

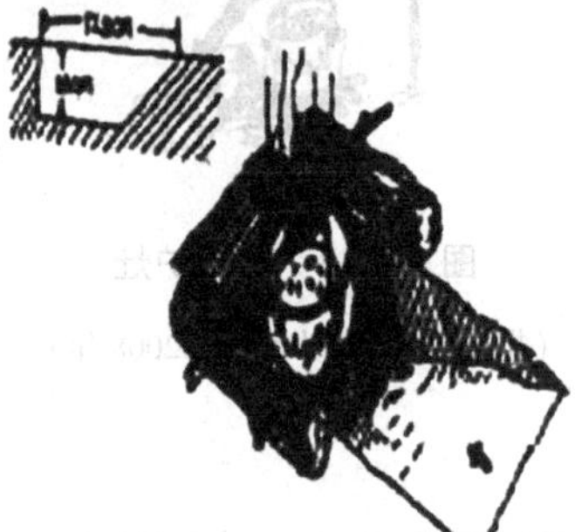

图9-2-5　炕灶

（据孟刚，《户外运动》2008年）

5. 火塘灶

火塘是一种篝火。应该在斜坡下选择一个掩体，挖一个大约20厘米深的方形或圆形塘坑。坑里是生火的地方，食物可以在坑里烤着吃（图9-2-6）。

图9-2-6　火塘灶

（据孟刚，《户外运动》2008年）

在现场使用时，应特别注意防火。建灶时，清除杂草等可燃性材料并做好防火措施。使用后的余火要熄灭或用泥土掩埋，以免留下火灾隐患。

（二）野外食物的调理

野外生活中的户外野餐不仅直接影响着活动过程中的营养和健康，还能让参与者在野外学习到很多关于合理营养的知识和野餐技巧。

外出前应准备好食物。中国的方便食品行业近年来发展迅速，目前市场上有很多方便食品。如方便面、火腿肠、罐头、饼干、面包、真空包装肉制品和蔬菜。有许多可食用的野生植物，真菌，活鱼和虾，甚至新鲜的山珍野味。另外，准备一些调味品，腌蔬菜等。户外菜单可以按照以下原则进行设计。

(1) 好吃。疲劳、食欲不振时，好吃的食品可增进食欲。

(2) 营养。由于野外活动时运动量比较大，每日的热量摄取应不少于300卡，并保证一定的蛋白质类（如鱼类、瘦肉类、豆制品类等）、碳水化合物的补充，这是野外补充体力的重要食品。

(3) 简单方便。每个人均能轻易烹调的食品，烹调前处理简单、不费时、调理方便迅速。

(4) 不浪费水、不污染环境。

(5) 在安全、卫生的前提下可采摘、食用野菜、山菇等，配合经过处理的生食品来加工，如咸肉、酱腌菜、灌肠、火腿、干菜等。

第三节 野外生存应急措施

本节内容主要介绍的是在野外生存中必备的一些应急措施以及相关的安全防范与急救措施。

一、野外生存中安全防范与急救

(一) 野外险情的处理

1. 暴风雨

在遇到暴风雨的情况下，领队应根据路段、降雨量和队员的情况迅速决定是继续前进还是避难。

当继续前进的时候，应该更加注意能辨别的方向。路面湿滑，必要时使用安全绳确保安全。

在宿营地遭遇暴风雨时：

(1) 应注意保暖，防雷击，防山洪；

(2) 对帐篷进行加固，挖好排水沟；

(3) 将帐篷内多余物品整理好，收入背包中，准备随时撤离；

(4) 轮班派人外出巡逻，一旦发现有山洪暴发、泥石流等危险存在，马上撤离帐篷。

2. 雷击

野外活动中有遭雷击的危险。但通过采取科学有效的措施，可以显著降低风险。雷电通常会击中室外最高物体的顶部，所以孤立的高大树木或建筑物最容易受到雷击。在雷暴期间，应遵守下列规则以确保安全。

(1) 预测雷击和闪电。看到混乱的积雨云生长，很快就会变成雷雨云，迅速到安全的地方躲避；收音机里有一种刺耳的声音，突然下起雨来是打雷的征兆.

(2) 跑向低地。

(3) 远离高树或密叶树林。

（4）远离铁塔，去除身上的金属物，装入塑料袋中。

（5）如在水域活动，要赶紧上岸。

（6）不要聚集在一起，应分散开。

（7）小屋内、汽车内、岩背阴处或凹处也是很好的躲避之处，但注意不要靠墙。

遭雷击的急救方法：

（1）被雷电击中后，往往会出现“假死”的状态，这时应采取紧急措施抢救。首先应进行口对口人工呼吸。雷击后的人工呼吸越早，受伤的人恢复得越好，因为缺氧超过10分钟的人有死亡的危险。

（2）应对伤者进行心脏按摩，并迅速通知医院。

（3）如果一个人被雷击，衣服着火了，让他立即躺下，这样火焰就不会灼伤他的脸，并向他身上泼水，或者用厚衣服、毯子将伤者包裹住。

3．*泥石流*

在经过可能有泥石流的地区时，要听当地的报告。例如，中国云南和川藏高速公路的部分路段容易发生泥石流。泥石流的发生可能导致区域山洪暴发和地质灾害。泥石流的破坏力如此之大，所到之处一切都被摧毁了。如果人们参与其中，几乎没有生存的机会。在山区或中部山区旅行时，如果听到异常的噪音，就会看到石头和泥土经常掉落或朝某个方向冲去，说明附近可能有泥石流；如果噪音越来越大，泥土、石头等明显可见，这意味着泥石流即将发生。逃生时，向泥石流方向的两侧（水平方向）跑去。如果泥石流是从北向南或从南向北，则向东或向西流动。泥石流的范围一般不是很广。如果人们保持警惕，他们在逃离时就会相对主动。逃生时，根据场地地形，到顶部无泥石流逃生。在山中露营时，不要选择山谷低洪水渠、河湾、河湾接头的位置露营。

4．*雪崩*

雪崩的威胁非常大。因此，在野外生存训练时，首先询问当地居民哪些地方容易发生雪崩，并尽量在旅行时避开这些地方。雪崩区域也可以从地形判断。例如，山坡上有大的雪崩槽，山坡上有漂浮的冰川，山脊上有雪檐。在雪崩之前，雪和冰会下落。确定冰下落的方向，然后决定逃离。尽快横着跑进雪崩中。试图朝同一个方向跑是错误的。雪崩以每秒2500米的速度滑动，人们无法从同一方向逃离。一旦你没有时间逃跑，进入雪崩，移动你的手和脚一样快的话，你可以扔掉一些你携带的物品标记，以便别人能找到你被埋在哪里，并及时救援。当雪崩发生时，通常会有低沉的隆隆声或雪裂，这很容易被察觉。如果你站得很高，看到某个地方有一团白色尘埃，这也意味着那里发生了雪崩。

5．*遇蛇*

在野外生存训练中，遇到蛇的情况通常是这样的：意外踩到蛇，抓树枝摸蛇，早上背包时发现蛇。这基本上是由行人闯入蛇的领地引起的。蛇很可怕，一旦被咬了，就会很危险。预防蛇咬的一种方法是准备一根手杖来打草惊蛇。蛇很少主动攻击人类，在惊吓中离开。如果你发现一条蛇，最好远离它。这是避免被咬的最好方法。此外，在进行野外活动时，经过经常有蛇出没的地方时，应戴帽子，穿长桅衣，穿有毅力保护脚和坚韧靴子的裤子，并服用蛇药。在捕捉或杀死毒蛇的时候，试着用石头或“Y”形的树枝击打或控制蛇的头部。尽量不要用手碰蛇。

6. 遇到野兽

（1）野外行走遇到野兽时，不要紧张慌乱，如果野兽离得很远，可以迅速离开危险地带，到安全区域躲藏；如果野兽虽然较近，但尚未发现自己，可以躲藏起来，让它自行离去。

（2）晚上在野外宿营遇到野兽时，可以在四周点上火堆，利用野兽害怕火的特点，吓跑野兽。

（3）如果被野兽发现并且被追赶，不能慌不择路，应借助沟坎等掩体或障碍物，挡住它们的追击。逃避时，注意不要摔倒。摔伤是次要的，最重要的是因摔倒受伤而被野兽抓住那才是致命的。

（4）如果狼突然从后面用爪子扒住你的双肩，不能回头观望，否则狼会张口咬住你的喉咙，那是十分危险的。此时应该用双手抓住两只狼爪，用力前拉，同时头部后扬顶住狼的颈部，然后呼救，或向有人的地方走去求救。注意不要摔倒，不要松手，即使狼的后爪拼命撕拉蹬踢你的背部或臀部，也不能松手。如果远离居住区或附近没有人，但自己有十分的把握时，也可以双手用力将狼从头顶向前摔出，将其摔伤或摔至沟内。

（5）为防止发生意外，野外活动时，应带好防身武器如刀棍等。

7. 断水

在野外找水最简单的方法就是去听或去看。注意山脚下，山峡，悬崖，盆地，山谷，是否有山涧的声音或瀑布流水，是否有青蛙的声音和水鸟的叫声。如果能听到这些声音，就离水的位置不远了，可以证明水是流动的，可以直接饮用。如果闻到了潮湿的味道，或者是风带来的泥土和海藻的味道，可以沿着气味的方向寻找水。

（1）去观察动物、植物、气象、气候及地理环境等因素也可以找到水源。

（2）根据地形判断地下水位。一条小溪通常在两个高高的山脊之间。山脚下经常有地下水，低洼地区地下水的水位较高，有雨水池和水库下游。此外，它位于河床下面，在河湾外面的最低点。

（3）在炎热的夏天，地面总是很潮湿。在相同的气候条件下，地面就像薄雾一样。晚上，露水很浓。在寒冷的冬天，地面上的缝隙有霜冻时，地面的高度会更高。在春季解冻早、冬季冻结晚、雪融化快的地区，地下水水位很高。

乱生长着香蒲、沙柳、马莲、金针（也称黄花）、木芥的地方，水位比较高，且水质也好。地下水中生长着灰色蔬菜、蓬蒿、沙里旺，但水质不好，有苦味或涩味，或带铁锈；初春时，其他树枝还没发芽时，当看到独有一处树已发芽，这表明此处有地下水；入秋时，当同一地方其他树已经枯黄，而独有一处树叶不黄，这也表明此处有地下水；另外，在杨树、梧桐、柳树、盐香柏等植物生长的地方，在它们下面也能挖出地下水。

（5）在夏天蚊子聚集的地方一定有水，它们以圆柱形飞行。还有青蛙、蚂蚁和蜗牛生活的地方。此外，燕子飞过的路线和它们带泥筑巢的地方都是有水和更高的地下水位的地方。同时，鹌鹑在晚上飞向水面，早上飞回来。斑鸠早晚会飞向水源，这也是判断水源的基础。

（6）在南部丛林，有野生芭蕉，也被称为仙人蕉。植物的核心含有大量的水分。只要你用刀从底部迅速切下，干净的液体就会从茎部滴出来。还可以从野葛藤、葡萄藤、五味子等藤蔓植物中获得饮用水。

此外，当树木在春天发芽时，可以从桦树和山榆的树干和树枝中获得饮用水。警告：不要饮用含有乳剂的葡萄藤或树木，乳剂通常有毒。饮用水也可以从芦荟，仙人掌和水果。从植物中饮水容易变质。最好是马上喝，而不要长时间存放。

（二）野外生存的自救与互救

1. 晕厥

晕厥，俗称晕倒，是由于缺乏实时脑血流而引起的短暂意识丧失：当晕厥发生时，患者应立即仰面躺下，头放低。大多数病例在治疗后可以很快恢复。持续者可按压人中、百会、合谷等，做完或送至医院诊治。

2. 呕吐

（1）卧床时要把病人的脸侧向一边，能坐起的应让病人坐起。

（2）呕吐物要赶快从病人面前拿走，清洁口腔，以防呕吐物流入鼻腔或呼吸道。

（3）止吐后，由于水分丧失，要给予补充。除补充水分外，还应注意补充无机物。

（4）有精神性和习惯性呕吐的人应该找出原因，尽量避免。

3. 蚊虫叮咬

蚊子、虱子、跳蚤、螨虫和吸血苍蝇都属于昆虫纲。它们是各种传染源的载体，都以吸血为生，并传播疾病。例如，蚊子可以传播黄热病、疟疾、乙型脑炎、登革热、东方马脑炎、函方马脑炎和委内瑞拉马脑炎。如被蚊虫叮咬，局部使用复方炉甘石洗剂或樟脑水及氯醛合剂擦洗。有全身过敏反应，可服用苯海拉明或扑尔敏。重症患者应口服强地松或地塞米松，其他相关传染病应尽快就医。

4. 骨折

骨折的处理包括现场的急救和处理。

急救的目的是拯救生命，减轻痛苦，防止组织损伤和修复，创造良好的运输条件。在急救中，特别是在救援现场发生的一些重大事故，必须全面、细致、及时、准确，根据受伤的严重程度先后给予治疗。同时应特别注意向就近的医疗单位或公安机关寻求帮助。

对出血伤员进行包扎；在休克的情况下，应及时查明休克的原因，如疼痛和出血，应及时查明或加重，但使用抗体疗法除外。对于有严重疼痛、无意识和呼吸系统症状的患者，可以先用止痛剂止痛。对于可能发生脊柱骨折的患者，应注意运输方法和工具，尽量保持脊柱功能或中立位，避免出现可加重或损伤脊髓的扭曲或旋转。临时应急固定对四肢骨折非常重要，可作为夹板、木棒、硬纸板、树枝等使用。无物可用时，可使用布条、三角毛巾等挂上肢并固定在胸前。以上治疗应及时进行。联系救援队或送往医院进行康复治疗。

5. 损伤出血

在野外生存和生活训练中，意外伤害的概率增加，全身各部位出血的概率增加。一般情况下，轻微出血无须特殊治疗即可自行止血。但大出血会危及患者的生命安全，应及时采取人工方法止血。

常见的出血有外出血和内出血两种。外出血则指鲜血从伤口中流出。内出血是指在人体腔或组织间形成血肿，体表无出血现象。止血方法有几种：

（1）手指压迫止血法：直接按压伤口出血部位，但不可太久。受压部位可位于伤口近端动脉或直接位于伤口出血部位。一般颈部、锁骨上窝、腋窝及腹股沟等大血管出血，可直接压迫出血部位，以暂时止血。

（2）加压包扎止血法：

用敷料盖在伤口上，并用绷带紧紧包扎。这是急救中最常用的临时止血方法，适用于静脉或中等动脉出血。

（3）局部填塞止血法：将清洁纱布、明胶海绵或止血海绵填充伤口，用加压绷带包扎。

（4）止血带止血法：

这是一种简单有效的止血方法，用于治疗肢体大出血。止血用各种临时绳等东西更换，最好是空气止血带。止血带的止血效果好，但最大的缺点是完全阻断肢体血液循环，增加了肢体的感染和坏死率，在一般情况下不易使用。

还要注意：把伤口绑得离伤口越近越好。膝盖和肘部以下的绷带没有停止作用。上臂与血带结合时，应避免桡神经损伤。止血带时应加盖衣服、毛巾等布类，不得直接接触皮肤。同时要注意衬垫物要放平。止血带的松紧腰合适，过紧则损伤组织神经。太松使静脉血回流受阻，出血增加。在冬季止血带使用后应注意身体发热，但不要发热，以免发生意外。上止血带的时间每次不超过 2 小时，在收紧前每小时放松几秒钟。当然，也有少数患者不允许再次失血，或者大的血管性损伤很可能导致大量失血，不能轻易松开。

二、野外生存中应急措施

（一）迷途迷向怎么办

白天在野外行进时，如果你怀疑自己迷失了方向，如果你盲目前进，你的处境会更糟。所以在这种情况下，你应该立即停下来休息一会儿，找到正确的方向，然后继续走。

1. 利用现有条件判断方向

（1）如果有地图，可以将地图与野外的地理特征进行比较，找到正确的方向；它也可以用来指向正确的方向，调整前进的路线。

（2）没有地图或指针，观察周围的环境。寻找房子，电线，烟等，并走向他们。在没有这些条件的情况下，考虑往回走，回到更熟悉的道路，重新定位自己。

（3）观察周围的地理特征，粗略估计其位置，根据已知的区域情况推断附近山脉、河流、丛林和道路的分布特征，然后选择测试方向。如果试验证明是正确的，就有希望摆脱困境。

（4）利用太阳来确定方向。中午的时候，北半球的太阳在天空中，而南半球的太阳正好相反。如果太阳被云挡住了，可以用小刀、火柴梗、钢笔尖等竖放在信用卡、小镜子等光洁物的表现，找到光的影子根据这个可以推断出太阳的位置。

(5) 如果佩戴的手表有指针，并且已经根据当地时间进行了校准，请平放在手腕上，顺时针指向太阳。从时针到12点的角平分线是正南，正北方向9在北半球时，角平分线是正南，南半球则指向正北。

(6) 在浓密的森林里或其他看不见太阳的地方，可通过观察树干或岩石上的苔藓判断方向。苔藓多长在背光处，在北半球，朝北或朝东北一面的苔藓较多；在南半球，则朝南或朝东南那一面的苔藓较多。另外朝向太阳的树干上的树皮一般会比阴面的树皮粗糙一些，因此，树皮粗糙的一面一般指向南方或西南方（南半球相反）。但应注意，这两种方法有时是不太可靠的，如有太阳还是选择利用太阳确定方向更为可靠。

(7) 没有手表或其他工具时，可在原地停留一段时间，将一根木棍竖在土地上，在其地面阴影顶端做出记号，每小时标记一次，把几次的记号连成一条曲线，该曲线大致指向东西方向。

2. 在风雨中迷路的注意事项

(1) 穿好雨衣，或用塑料袋等保护好身体，离开高地、大树，到稍低洼的地方暂避一时。注意：也不能到深沟大壑处。以防洪水暴发，使自已陷入更加危险的境地。

(2) 如果有地图，或能找到附近人家，应设法弄清前面是否有危险地形，如地图上密集的等高线表示山势陡峭，要绕道而行。

(3) 如果在山上，可以沿着溪流的流向下山，但不要贴近溪流而行。因为山洪冲击力极大，河岸两侧一般非常陡峭，而且雨季山洪随时有可能暴发。因此，正确的做法是循着水声沿溪流下山。

(4) 随时注意前方道路情况。不能走近浅绿色穗状草丛的洼地，那儿很可能是沼泽。

(5) 留意路旁有没有住家及其他可避风雨的藏身之所。

3. 夜晚迷路可采取的方式

在夜晚，人的方位感明显降低，容易迷失方向。

(1) 如果月色依稀可见，可据此观察周围环境寻求帮助。一旦在黑夜迷了路，寻找公路、农舍以求帮助。

(2) 利用星星来辨别方向。在北半球，可以根据北斗七星找到正北方的北极星；在南半球，南十字星座大致指向南方。

(3) 如果既无月光，又没有星辰，四周漆黑一片，看不见周围环境，这是应停止前进，找一个栖身之地。一段残垣断壁或山脚岩石后面，都可以暂避风寒。多穿几件随身携带的衣服，钻进维生袋或睡袋（如果有）以取暖。人多时可以抱成一团来取暖，隔一段时间应互相易位，以免外围有人冻伤。等熬过黑夜到了白天，再按白天判断方向的办法，寻找正确的路线。

（二）独自走散怎么办

要避免这种情况，始终要互相照顾，避免单独行动。与此同时，重要的是事先考虑如果离队了该怎么办。

第一，所有的团队成员必须清楚地知道旅程和目的地，他们不能把所有的事情都交给领导，盲目地跟随。

第二，每个人都应该带一张地图和必要的个人设备，如指南针、水壶、食物和灯具。

如果确信可以继续到达你的目的地，按照计划进行。在一个大团队的情况下，如果有队员没有按照规定的时间到达目的地，团队应该考虑下一步行动，决定是派人去寻找他还是留在原地。这种判断基于经验和条件。比如人的身体状况，地形是否复杂，风险性是否高都不确定。

（三）天黑之前未到达目的地怎么办

在进行野外活动时，如果比预定时间晚了，或者在到达目的地之前天就黑了怎么办？

如果路线很明显，目前的位置很清楚，可以假设离目的地不远，可以用手电筒继续前进，尽快到达目的地，与大家见面。但是，如果其他不利条件，比如下雨、气温下降、迷路、无法回到现在的位置、团队成员身体不适或者在黑暗中工作环境危险，那么就决定是否要露宿野外。在这一点上，如果有一个帐篷，可以找到一个地方扎营，可以像往常一样扎营过夜。但如果在斜坡上没有帐篷或营地，那就尽量多穿衣服，保持温暖。如果有食物和炊具，可以做饭。

（四）脚底打泡怎么办

在野外活动中，鞋子不舒服或走路时间长了，脚容易起泡。较小的水泡，最好不要刺破它，局部涂些抗菌素软膏或碘酒，包扎好就可以了。如果水泡很大，清洗脚并消毒（局部使用碘和酒精），然后用烧伤消毒针刺破水泡，挤出水，然后用消毒纱布覆盖。如果水泡自然破裂，应立即消毒，用无菌纱布覆盖，不要再穿脏袜子或鞋子。

此外，也可试用这种民间方法：用白萝卜籽炒（适量），用明矾（适量）磨碎。把这两种药结合起来放到鞋子里。

（五）地图遗失怎么办

没有地图，就无法顺利前进。因此，在野外活动过程中管好地图，千万不能丢失。

在自然界中，不可预知的事件可能随时随地发生。天气可能变得更糟，所以我们不得不改变路线。此时，必须讨论如何根据地图更改路线。如果你只是直观地想要通过一个复杂的地形，即使理论上有此可能，也是相当危险的。如果经常从事野外活动，请务必随身携带地图并进行备份。

参考文献

[1] 王翔等. 定向运动 [M]. 2 版. 北京：高等教育出版社，2009.

[2] 张惠红，陶于. 定向运动与野外生存 [M]. 北京：高等教育出版社，2006.

[3] 麦克纳伯. 野外生存手册 [M]. 甘庆坚，译. 北京：解放军出版社，2010.

[4] 厉丽玉. 户外运动与拓展训练 [M]. 杭州：浙江大学出版社，2012.

[5] 张瑞林. 户外运动 [M]. 北京：高等教育出版社，2005.

[6] 孟刚. 户外运动 [M]. 北京：北京师范大学出版社，2008.

[7] 董范，刘华荣，国伟. 户外运动组织与管理 [M]. 武汉：中国地质大学出版社，2009.

[8] 史国生，邹国忠. 体育竞赛组织与管理 [M]. 南京：南京师范大学出版社，2008.

[9] 陈维霖. 登山 [M]. 北京：人民体育出版社，2005.

[10] 于洪杰. 地形学与定向运动 [M]. 哈尔滨：哈尔滨地图出版社，2006.

[11] 孟昭莉，吕永新. 定向运动 [M]. 大连：大连理工大学出版社，2007.

[12] 运动心理学教材小组. 运动心理学 [M]. 北京：人民体育出版社，2005.

[13] 李一新. 最新野外生存手册 [M]. 北京：石油工业出版社，2007.

[14] 梁传成，梁传声. 野外生存教程 [M]. 北京：高等教育出版社，2005.

[15] 陶宇平. 户外运动与拓展训练教程 [M]. 成都：电子科技大学出版社，2006.

[16] 丁绍虎. 野外生存 [M]. 石家庄：河北科学技术出版社，2005.

[17] 杨汉. 山地户外运动 [M]. 武汉：中国地质大学出版社，2006.

[18] 王小源. 户外运动用品与装备手册 [M]. 北京：中国水利水电出版社，2005.

[19] 钱永健. 拓展训练 [M]. 北京：企业管理出版社，2006.

[20] 张建新，牛小洪. 户外运动宝典 [M]. 武汉：湖北科学技术出版社，2009.

[21] 拜格肖. 户外运动终极手册 [M]. 杨雪，译. 沈阳：辽宁科学技术出版社，2005.

[22] 董立. 大学生户外运动 [M]. 成都：西南交通大学出版社，2010.

[23] 柴松，王洪武. 大学生野外生存生活指南 [M]. 合肥：中国科技大学出版社，2008.

[24] 王桂忠，邱世亮，范锦勤. 野外生存教育教程 [M]. 广州：暨南大学出版社，2009.

[25] 李舒平，邹凯. 户外运动的风险管理 [M]. 广州：广东科技出版社，2009.

[26] 邹纯学，李远乐. 户外运动 [M]. 长沙：湖南科学技术出版社，2005.

［27］王奉安. 云——气象万千［M］. 北京：气象出版社，2007.

［28］李一新. 最新遭祸遇险求生手册［M］. 北京：石油工业出版社，2007.

［29］周红伟. 我国户外运动安全保障系统的构建研究［J］. 南京体育学院学报，2010（2）：92-96.

［30］齐震. 论我国户外运动安全保障体系的构建［J］. 管理观察，2009（4）：190-192.

［31］赵兵辉. 试论拓展训练中的安全管理［J］. 成功：教育，2011（14）：284-285.